2025年度版

福岡県・福岡市・北九州市の 養護教諭

過 去 問

協同教育研究会 編

協同出版

本書には，福岡県・福岡市・北九州市の教員採用試験の過去問題を収録しています。各問題ごとに，以下のように5段階表記で，難易度，頻出度を示しています。

難 易 度

非常に難しい　☆☆☆☆☆
やや難しい　　☆☆☆☆
普通の難易度　☆☆☆
やや易しい　　☆☆
非常に易しい　☆

頻 出 度

◎　　　　ほとんど出題されない
◎◎　　　あまり出題されない
◎◎◎　　普通の頻出度
◎◎◎◎　よく出題される
◎◎◎◎◎　非常によく出題される

※本書の過去問題における資料，法令文等の取り扱いについて
　本書の過去問題で使用されている資料や法令文の表記や基準は，出題された当時の内容に準拠しているため，解答・解説も当時のものを使用しています。ご了承ください。

はじめに～「過去問」シリーズ利用に際して～

　教育を取り巻く環境は変化しつつあり，日本の公教育そのものも，教員免許更新制の廃止やGIGAスクール構想の実現などの改革が進められています。また，現行の学習指導要領では「主体的・対話的で深い学び」を実現するため，指導方法や指導体制の工夫改善により，「個に応じた指導」の充実を図るとともに，コンピュータや情報通信ネットワーク等の情報手段を活用するために必要な環境を整えることが示されています。

　一方で，いじめや体罰，不登校，暴力行為など，教育現場の問題もあいかわらず取り沙汰されており，教員に求められるスキルは，今後さらに高いものになっていくことが予想されます。

　本書の基本構成としては，出題傾向と対策，過去5年間の出題傾向分析表，過去問題，解答および解説を掲載しています。各自治体や教科によって掲載年数をはじめ，「チェックテスト」や「問題演習」を掲載するなど，内容が異なります。

　また原則的には一般受験を対象としております。特別選考等については対応していない場合があります。なお，実際に配布された問題の順番や構成を，編集の都合上，変更している場合があります。あらかじめご了承ください。

　最後に，この「過去問」シリーズは，「参考書」シリーズとの併用を前提に編集されております。参考書で要点整理を行い，過去問で実力試しを行う，セットでの活用をおすすめいたします。

　みなさまが，この書籍を徹底的に活用し，教員採用試験の合格を勝ち取って，教壇に立っていただければ，それはわたくしたちにとって最上の喜びです。

協同教育研究会

C O N T E N T S

第1部 福岡県・福岡市・北九州市の
養護教諭　出題傾向分析 ……3

第2部 福岡県・福岡市・北九州市の
教員採用試験実施問題 …11

福岡県・福岡市・ 北九州市の 養護教諭 出題傾向分析

福岡県・福岡市・北九州市の 養護教諭 傾向と対策

　福岡県・福岡市・北九州市の出題分類の特徴は，全分類にわたってまんべんなく出題されていることである。毎年出題されている項目を押さえながら，広範囲にわたった学習が必要になる。

　法規・答申では，学校保健安全法が毎年出題されている。一方，中央教育審議会答申については，2024年度から2021年度は出題されなかった。学校保健安全法では，2024年度は第4条，第6条，第15条，第18条，同法施行令第4条，第6条，第7条，同法施行規則第22条(福岡市を除く)から出題された。過去には第1条，第5条，第17条，第19条，第27条，第28条，第29条，同法施行規則第6条(福岡市を除く)，第9条(2023年度)，第8条，第12条，第20条，第30条，同法施行規則から第21条(2022年度)，第9条，第10条，第14条，第29条，第24条，同法施行令第8条，同法施行規則第18条(2021年度)，第6条，第7条，第18条，第23条，第26条，同法施行規則第3条・第19条(2020年度)，第2条，第5条，第16条，第23条，第27条，同法施行規則第10条，第24条(2019年度)が出題されている。中央教育審議会答申では，2020年度に「チームとしての学校の在り方と今後の改善方策について」から養護教諭について出題されている。学校保健に関わる答申も確認して内容を理解しておくことが肝要である。

　法令では，2024年度は出題がなかったが，2021年度は，ギャンブル等依存症対策基本法第2条の定義，また児童虐待の防止等に関する法律第5条(児童虐待の早期発見)，第6条(児童虐待に係る通告)について出題されている。過去には，アレルギー疾患対策基本法，がん対策基本法が出題されているので確認しておくとよい。

　保健管理では，例年，健康診断，環境衛生検査，感染症が頻出である。健康診断では，2024年度は聴力検査，整形外科関連の疾患，脊柱の異常(福岡市を除く)が出題された。過去には色覚検査，健康診断の実施，健康診断の項目(2023年度)，むし歯と歯周病，健康診断の実施についての留意点，屈折異常(2022年度)，視力に関する検査の方法及び技術的基準，

4

健康診断時に注意すべき不整脈，治療の指示のあった疾病(学校保健安全法施行令第8条規定の疾病)の医療援助に関する問題(2021年度)，身長の検査方法，心臓疾患，難聴について(2020年度)，脊柱胸郭・四肢，耳鼻咽喉疾患の検査手順，定期健康診断の検査項目と実施学年，注意すべき疾病及び異常の学校生活管理指導表(2019年度)が出題されている。これらは基礎・基本部分の幅広い知識が求められているといえる。健康診断においては，「児童生徒等の健康診断マニュアル」をしっかりと頭に入れておこう。感染症では，2024年度は感染症の特徴について出題された。過去には，「学校において予防すべき感染症の解説」から百日咳及び水痘について正誤問題，「学校における新型コロナウイルス感染症に関する衛生管理マニュアル」からその内容について(2023年度)，「学校において予防すべき感染症の解説」から，溶連菌感染症，麻しん，風しん，ノロウイルス感染症，マイコプラズマ感染症の症状について(2022年度)，学校保健安全法施行規則第18条の学校において予防すべき感染症の種類の第1種～第3種(2021年度)，「学校において予防すべき感染症の解説」から結核について(2020年度)が出題されている。新型コロナ感染症の流行もあるので，感染症に関しては，病原体，症状，潜伏期間，出席停止期間を含めてしっかり押さえておくことが必要である。

　環境衛生検査では，2024年度は教室の環境に関わる学校環境衛生基準から出題された。2023年度も学校環境衛生基準より基準値の出題がされている。過去には，「学校環境衛生管理マニュアル(平成30年度改訂版)」から，採光及び照明の検査方法(2022年度)，教室等の環境衛生基準，水泳プールに関する環境衛生基準(2021年度)，「学校環境衛生基準の一部改正」について(2020年度)，教室等の環境衛生基準(2019年度)が出題されている。その他の事項では，近年は健康観察(主な精神疾患)，歯科保健(歯・口腔の健康診断票の書き方)が出題されている。2024年度から2020年度は出題がなかったが歯科保健の出題も多い。歯式，歯の組織図，むし歯全般について，歯周疾患，歯列・咬合，発達段階に即した歯磨き指導が出題されている。関連資料を入念に確認しておくことが必要である。

　保健室では，救急処置に関して，2024年度は溺水，刺傷，窒息，エピペン，咬傷のファーストエイドについて，心肺蘇生法について(福岡市を

除く)出題された。過去の出題は，圧迫止血，鼻出血，包帯法，RICE処置，骨折の処置について(2023年度)，圧迫止血，歯の脱臼，RICE処置，熱中症について(2022年度)，熱傷の応急処置と心肺蘇生の手順(2021年度)，応急手当一般の正誤問題(2020年度)，頭頸部外傷(2019年度)などである。日本スポーツ振興センターは，2024年度は怪我の統計について出題された。過去には，災害共済給付制度について(2023～2019年度)出題されている。日本スポーツ振興センターに関する問題は毎年出題されているので，災害共済給付制度について目を通しておくこと。その他の事項では，2022年度より出題が続いている保健室経営計画について，2023年度に引き続いて医薬品について，健康相談から不登校に関しての出題があった。過去にも「現代的健康課題を抱える子供達への支援～養護教諭の役割を中心として～」から養護教諭の役割や校内委員会について，「学校における薬品管理マニュアル」から，薬品管理についての出題があった。文部科学省や公益社団法人日本学校保健会から出されている通知，資料等をよく読み込み，基礎的知識の着実な学習と発展的な学習をバランスよく積み重ねていこう。

　疾病等では，2024年度はアレルギー，月経及び月経随伴症状について出題された。過去には，食中毒，ネフローゼ症候群，アレルギー，スキャモンの発達曲線(2023年度)，血液凝固，気管支ぜん息，学校における水泳プールと関係の深い疾病(中耳炎，伝染性膿痂疹，低体温症，流行性角結膜炎，あたまじらみ等)，定期予防接種を行う疾病等幅広く疾病についての知識を必要とする問題(2022年度)，バイタルサイン，虫垂炎の判断，急性腎炎，ネフローゼ，糖尿病，伝染性軟属腫，下垂体性低身長症，チック症，性感染症(2021年度)が出題されている。解剖生理は毎年出題されている。2024年度は手のひらの解剖，血液と体液，睡眠について，骨の解剖(福岡市を除く)について出題された。過去には，眼についてとスキャモンの発達曲線について(2023年度)，2022年度は心臓と耳，2021年度は足関節部分の解剖と，女性生殖器の解剖と月経のメカニズムについて，2020年度は動脈の名称と脳，肝臓の機能が出題された。どこが出題されても答えられるように，解剖生理の基本的な知識について覚えておくとよい。その他の項目では，2024年度は虐待の早期発見・早期

対応について出題されたが，近年の頻出分野である。過去には，虐待から，健康診断でのチェックポイントについて(2023年度)，種類別発生件数について，メンタルヘルスから，「教師が知っておきたい自殺予防」の自殺の危険が高まっている子どもの対応，精神疾患(統合失調症，うつ病，強迫性障害)(2022年度)，「性同一性障害や性的指向・性自認に係る，児童生徒に対するきめ細かな対応等の実施について(教職員向け)」からの出題(2021年度)，摂食障害(2020年度)，子どもの心のケア，吃音(2018年度)が出題されている。虐待等近年関心の高まっている現代的な健康課題については今後も出題される可能性が高い。通知文等をよく読み込み，専門的な知識に関して幅広く周到な学習が求められる。

保健教育では，学習指導要領が毎年出題されている。2024年度は中学校の保健分野から「健康的な生活と疾病の予防」について出題された。また，薬物乱用について，喫煙について(福岡市を除く)出題があった。過去には，小学校の保健分野から2題，高等学校の保健分野から1題，さらに小中高等学校での心の健康に関する教育について横断的な内容(2023年度)が出題された。新学習指導要領を中心に幅広く確実に知識を身につけ，十分な学習準備をしておこう。その他の出題として過去には，「『生きる力』をはぐくむ学校での安全教育」から安全教育について(2022年度)，薬物乱用と健康について，ヘルスプロモーション(2021年度)が出題されている。喫煙・飲酒・薬物乱用についてはここ数年出題が続いている。

問題数は過去4年は25〜38題で，全国と比較して多い傾向になる。また，2024年度は福岡県と北九州市が25題，福岡市が20題と問題数が異なり，福岡県と北九州市の志願者のみが解答する問題があった。出題形式は，正誤について正しい組み合わせを選ぶといった形式が中心で，福岡県と北九州市の志願者のみが解答する問題については空欄補充(記述式)の形式であった。問題は基礎知識については選択式で問われるが，正解を迷う問題もある。受験生は，出題内容の領域の広さとレベル及び問題数に圧倒されることのないよう，過去問で十分に学習しておこう。

過去5年間の出題傾向分析

※ ●＝3～4題出題, ○＝1～2題出題

分類	主な出題事項	2020年度	2021年度	2022年度		2023年度		2024年度	
				県	市	県	市	県	市
法規・答申	学校保健安全法	○	●	○	○	●	●	●	○
	中央教育審議会答申	○							
	法令	○							
保健管理	環境衛生検査	○	○	○	○	○	○	○	○
	健康診断	●	○	●	○	●	○	●	○
	感染症	○	○	○	○	○	○	○	○
	ノロウイルス								
	健康観察					○			
	学校保健計画								
	学校保健委員会								
	歯科保健								
	学校保健統計			○	○				
	学校安全								
	学校生活管理指導表								
保健室	健康相談	○						○	○
	健康相談と保健指導			○	○				
	救急処置	○	○	○	○	○	○	○	○
	心肺蘇生		○						
	日本スポーツ振興センター	○	○	○	○				
	医薬品		○				○	○	○
	保健室利用	○							
	保健室経営計画			○	○	○			○
疾病等	語句の説明			○	○				
	疾病	○	○	●	●	○	○	○	○
	アレルギー	○				○	○	○	○
	解剖	●	●	○	○	○		○	
	災害(PTSDを含む)	○							
	熱中症	○						○	○
	虐待			○	○	○			
	性感染症		○						
	色覚								
	生理					○	○	○	○
	ヘルスプロモーション		○						
	メンタルヘルス	○	○	○	○				

8

分類	主な出題事項	2020年度	2021年度	2022年度		2023年度		2024年度	
				県	市	県	市	県	市
保健教育	学習指導要領	●	●	●	○	●	●	○	○
	生徒指導提要								
	薬物乱用	○	○			○	○	○	○
	喫煙		○	○	○	○	○		
	飲酒		○	○		○	○		
	性教育								
	食育								
	保健学習	○				○	○		
	安全教育			○	○				

第2部

福岡県・福岡市・北九州市の教員採用試験実施問題

2024年度　　実施問題

※福岡市を志望する場合は，【1】～【20】を解答してください。

【1】次の各文は，「学校保健安全法」(昭和33年法律第56号)の条文の一部を抜粋したものである。文中の下線部a～dについて，正しいものを○，誤っているものを×としたとき，正しい組合せを選びなさい。

第4条

　　学校の設置者は，その設置する学校の児童生徒等及び職員の心身の健康の保持増進を図るため，当該学校の施設及び設備並びに _a環境の整備充実その他の必要な措置を講ずるよう努めるものとする。

第6条

　　文部科学大臣は，学校における換気，採光，照明，保温，_b清潔保持その他環境衛生に係る事項(略)について，児童生徒等及び職員の健康を保護する上で維持されることが望ましい基準(略)を定めるものとする。

第15条

　　_c学校の設置者は，毎学年定期に，学校の職員の健康診断を行わなければならない。

第18条

　　学校の設置者は，この法律の規定による健康診断を行おうとする場合その他政令で定める場合においては，_d学校医と連絡するものとする。

---

	a	b	c	d
①	×	○	○	×
②	○	○	×	×
③	×	×	○	○
④	×	×	×	○
⑤	○	×	○	×

(☆☆☆☆○○○○)

【2】次の文は，「学校保健安全法施行令」(昭和33年政令第174号)の条文の一部を抜粋したものである。文中の下線部a～eについて，正しいものを○，誤っているものを×としたとき，正しい組合せを選びなさい。

第4条
2　市町村の教育委員会は，翌学年の初めから_a3月前までに，就学時健康診断票を就学時の健康診断を受けた者の入学する学校の校長に送付しなければならない。

第6条
　校長は，法第19条の規定により_b学校の休業を行うときは，その_c理由及び_d期間を明らかにして，幼児，児童又は生徒(略)にあつてはその保護者に，高等学校の生徒又は学生にあつては当該生徒又は学生にこれを指示しなければならない。

第7条
　校長は，前条第1項の規定による指示をしたときは，文部科学省令で定めるところにより，その旨を_e保健所に報告しなければならない。

	a	b	c	d	e
①	×	○	×	○	○
②	○	○	○	×	×
③	○	×	×	○	×
④	×	○	○	×	○
⑤	×	×	○	○	×

(☆☆☆◎◎◎)

【3】次のア～オの各文は，「児童生徒等の健康診断マニュアル(平成27年度改訂)」(平成27年8月公益財団法人日本学校保健会)「第1章　児童，生徒，学生及び幼児の健康診断の実施」の聴力に関する検査の方法及び技術的基準について述べたものである。正しいものを○，誤っているものを×としたとき，正しい組合せを選びなさい。

ア　選別聴力検査は聞こえのよい耳から始めるが，どちらがよく聞こえるか分からないときは左耳から始める。

イ　まず，1,000Hz30dBの音を聞かせ，聞こえるかどうか応答させる。明確な応答が得られたら4,000Hz25dBの音を聞かせ応答を確かめる。

ウ　聴力は平均聴力で示される。例えば，500Hzの閾値adB，1,000Hzの閾値bdB，2,000Hzの閾値cdBとすると，平均聴力は，次の式で算出される。

○　平均聴力 $= \dfrac{(a+b+2c)}{4}$

エ　再検査では全く聞こえなくなったときから音量を次第に強めていき，初めて聞こえた点を閾値と決めることが重要である。

オ　検査学年は，全学年で行われることが原則であるが，小学校第2学年及び第6学年，中学校及び高等学校第2学年は除くことができる。

14

	ア	イ	ウ	エ	オ
①	○	○	×	×	×
②	×	○	×	○	×
③	×	×	○	×	○
④	○	×	×	○	×
⑤	×	×	○	○	×

(☆☆○○○○)

【4】次のア～オの各文は,「児童生徒等の健康診断マニュアル(平成27年度改訂)」(平成27年8月公益財団法人日本学校保健会)「第2章　健康診断時に注意すべき疾病及び異常」の整形外科関連について述べたものである。正しいものを○,誤っているものを×としたとき,正しい組合せを選びなさい。

ア　脊柱の疾患・障害について,健康診断の目的は捻れを伴う機能性側わん症のなかでも,特発性脊柱側わん症の早期発見である。

イ　特発性脊柱側わん症は,姿勢が悪い,重量物を持ち上げた,過激な運動をしたなどが主な原因で生じることがある。

ウ　腰椎分離(すべり症)は,成長期において,過度な腰椎伸展を繰り返し行うスポーツにより椎骨に力学的ストレスが加わって生じる疲労骨折である。

エ　ペルテス病は,大腿骨頭に栄養を送る血液の流れがなんらかの原因によって悪くなり,骨頭が一時的に壊死を起こす疾患である。発症の頻度が最も高いのは中学生期で女子に多く見られる。

オ　大腿骨頭すべり症は,小学校高学年期から中学生期にかけて,特に肥満型の男子に多く見られる疾患である。

	ア	イ	ウ	エ	オ
①	×	○	○	×	×
②	×	○	×	○	○
③	×	×	○	×	○
④	○	○	×	×	○
⑤	○	×	○	○	×

(☆☆☆☆◎◎)

【５】次の表は，ある学校で，学校環境衛生基準(平成21年文部科学省告示第60号)に基づいて実施した，教室の環境に関する定期検査結果の一部を示したものである。表中の検査項目の中で，検査結果が学校環境衛生基準に適合していないものを選びなさい。

	検査項目	検査結果
①	換気（二酸化炭素）	1300ppm
②	相対湿度	75%
③	二酸化窒素	0.05ppm
④	揮発性有機化合物（キシレン）	500μg/㎥
⑤	照度（教室及び黒板）	600lx（ルクス）

(☆☆◎◎◎◎◎)

【６】次のア～ウの各文は，熱中症について述べたものである。文中の下線部a～eについて，正しいものを○，誤っているものを×としたとき，正しい組合せを選びなさい。

　ア　熱中症を「軽症」「中等症」「重症」に分類すると，a熱けいれんは軽症に分類される。また，b熱疲労は中等症に分類され，全身の倦怠感や脱力，頭痛，吐き気，嘔吐，下痢等が見られる。最重症はc熱失神と呼ばれ，高体温に加え意識障害と発汗停止が主な症状である。

　イ　暑さ指数(WBGT)がd30℃の場合，日本スポーツ協会による熱中症予防運動指針では，すべての生活活動で熱中症が起こる危険性があることから，「運動は原則中止」と示されている。

16

ウ　熱中症が疑われる時の対応として，「呼びかけや刺激に対する反
　応や応答がおかしい」場合，すぐに救急車を要請し，_e口から水分
　を補給させる。

	a	b	c	d	e
①	○	×	×	○	×
②	×	○	○	×	○
③	○	○	×	×	×
④	○	×	○	×	○
⑤	×	×	○	○	×

(☆☆○○○○)

【7】次のア～オの各文は，学校における救急処置について述べたもので
　ある。医療機関に搬送する前に行う処置として，正しいものを○，誤
　っているものを×としたとき，正しい組合せを選びなさい。

　ア　プールでの水泳学習中に子供が溺れ，心肺蘇生が必要と判断した
　　ため，まずは腹部を圧迫して水を吐かせる処置を行い，その後に胸
　　骨圧迫を開始した。

　イ　休憩時間中に教室の窓ガラスが割れ，子供の眼にガラスの破片が
　　刺さったため，眼を観察して刺さったガラスを抜き，ガーゼで保護
　　した。

　ウ　給食時間にパンをのどに詰まらせた子供が苦しんでいたため，ま
　　ずは強い咳をするように声をかけた。子供が強い咳ができなかっ
　　たため，背部叩打法を試み，効果がなかったため腹部突き上げ法も試
　　みた。

　エ　5時間目の授業の前に，食物アレルギーでエピペン®を処方されて
　　いる子供が「息がしにくい」と苦しみだしたため，他の症状は確認
　　できなかったが，緊急性が高いと判断して，ただちにエピペン®を
　　使用した。

　オ　校外学習中に子供がヘビ(ヤマカガシ)に咬まれたため，手足を曲
　　げ伸ばししないように安静にさせるとともに，ヘビの毒素により脱

水症状を起こしやすいため，水分を与えた。

	ア	イ	ウ	エ	オ
①	○	○	○	×	×
②	×	×	○	○	○
③	○	○	×	×	○
④	×	○	×	○	○
⑤	×	×	○	×	×

(☆☆☆☆◎◎◎◎◎)

【8】次のア〜オの各文は，ヒトの血液及び体液と体の状態について述べたものである。正しいものを○，誤っているものを×としたとき，正しい組合せを選びなさい。

ア　循環血液中のヘモグロビン量が減少した状態を貧血といい，貧血の原因として最も多いのが鉄欠乏性貧血である。

イ　血糖値は通常70〜120mg/dl(空腹時)に維持されており，血糖値を増加させるホルモンは複数あるが，血糖値を低下させるホルモンはインスリンのみである。

ウ　体液の約40％を占めるのは，血しょうであり，血しょう中に最も多く含まれるイオンはカリウムイオンである。

エ　血中の還元ヘモグロビン量が減少し，皮膚や粘膜が青紫色になった状態をチアノーゼという。

オ　高カリウム血症は，圧挫症候群(クラッシュシンドローム)により発症することがあり，重症の不整脈から心停止となることもある。

	ア	イ	ウ	エ	オ
①	○	○	×	×	○
②	○	×	×	○	×
③	○	×	○	×	○
④	×	○	×	○	○
⑤	×	×	○	×	×

(☆☆☆☆◎◎)

【9】次の図は，ヒトの右手の骨格の構造を示したものである。図中の
（　ア　）〜（　オ　）に当てはまる語句の正しい組合せを選びなさい。

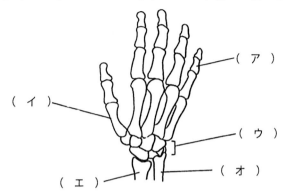

	ア	イ	ウ	エ	オ
①	中手骨	中節骨	手根骨	尺骨	橈骨
②	中節骨	中手骨	手根骨	橈骨	尺骨
③	中手骨	手根骨	基節骨	橈骨	尺骨
④	中節骨	中手骨	手根骨	尺骨	橈骨
⑤	中手骨	中節骨	基節骨	橈骨	尺骨

(☆☆◎◎)

【10】次のア〜オの各文は，「保健室」及び「保健室経営」について述べ
たものである。正しいものを○，誤っているものを×としたとき，正
しい組合せを選びなさい。

ア　学校教育法施行規則第1条において，「学校には，その学校の目的
を実現するために必要な校地，校舎，校具，運動場，図書館又は図
書室，保健室その他の設備を設けなければならない。」とあり，保
健室を設置することが義務付けられている。

イ　「子どもの心身の健康を守り，安全・安心を確保するために学校
全体としての取組を進めるための方策について(答申)」(平成20年
1月中央教育審議会)においては，子供の健康づくりを効果的に推進
するために，保健室の経営の充実を図ることが求められた。

ウ　保健室経営は，学校全体に関わり学校・家庭・地域の連携のもと推進していく必要があることから，学校経営の観点に立って取り組むことが必要である。

エ　保健室経営計画は，養護教諭が児童生徒の健康課題を踏まえ，保健室経営において達成すべき目標を立て，保健室を運営するために作成する計画であり，当該学校の教育目標の具現化を図ることを目的とするものではない。

オ　保健室経営は全職員に関わることではないため，保健室経営計画を教職員に周知を図る必要はない。

	ア	イ	ウ	エ	オ
①	×	○	×	×	○
②	○	○	○	×	×
③	×	○	×	○	×
④	○	×	○	×	×
⑤	×	×	○	○	○

(☆☆◎◎◎◎)

【11】次の各文は，感染症について述べたものである。適切でないものを選びなさい。

①	流行性耳下腺炎は，合併症としては無菌性髄膜炎が多く，また不可逆的な難聴の原因としても注意すべきである。思春期以降のり患では，精巣炎，卵巣炎などの合併がある。
②	伝染性紅斑は，かぜ様症状の後に，顔面，頬部に蝶のような形の紅斑が，手足にはレース状の紅斑がみられ，発疹期には感染力がある。
③	感染性胃腸炎では，症状のある間が主なウイルスの排出期間であるが，回復後も数週にわたって便からウイルスが排出されることがある。
④	手足口病の感染経路は，飛沫感染，接触感染，経口感染である。
⑤	咽頭結膜熱の病原体は，アデノウイルスである。

(☆☆◎◎◎◎)

20

【12】次の各文は，アトピー性皮膚炎について述べたものである。適切でないものを選びなさい。

①	かゆみのある湿疹が身体の広い範囲に現れ，良くなったり悪くなったりしながら長く続く病気である。適切な治療によって症状のコントロールは可能である。
②	湿疹は，顔，首，肘の内側，膝の裏側などによく現れる。軽症では，皮膚がカサカサと乾燥していることが多く，悪化するとジュクジュクしたり，硬く厚くなったりする。強い炎症を伴う部位が体表面積の10％以上に見られる場合は，重症と分類される。
③	アトピー性皮膚炎の子供は，食物アレルギーを合併しやすい。学童期以降では，原因食品の摂取により，直接アトピー性皮膚炎の悪化を招くことが多いため，血清総IgE値を検査して，アレルゲンを特定することが重要である。
④	汗はアトピー性皮膚炎の悪化因子であることが多い。重症のアトピー性皮膚炎の場合，全身に大量の汗をかいた時に，シャワーを浴びて汗を洗い流すことは症状緩和に効果的である。
⑤	どうしてもかゆいときの緊急処置として，かゆみを生じた部位を冷やすことで，ある程度症状を和らげることができる。学校においては，ぬれタオルを保健室の冷蔵庫に保管しておき，休憩時間などに取り出して患部に当てて使うことは有用である。

(☆☆☆◎◎)

【13】次のア～オの各文は，「学校における薬品管理マニュアル(令和4年度改訂)」(令和5年3月公益財団法人日本学校保健会)に基づき，医薬品及び学校における医薬品の取扱いについて述べたものである。正しい文の組合せを選びなさい。

ア　医薬品のうち，「医療用医薬品」及び「要指導医薬品」は，原則として医師・歯科医師の診断に基づく処方箋が必要で，薬局において薬剤師から購入が可能である。

イ　学校で，児童生徒に一般用医薬品のうち「第三類医薬品」を提供することは適当ではない。学校において一般用医薬品を購入する場合には，可能な限り，安全性の高い「第一類医薬品」を選ぶように

する。

ウ　便や吐物の付着した箇所は，0.1％(1,000ppm)次亜塩素酸ナトリウム消毒液で消毒する。次亜塩素酸ナトリウムは，有機物に触れると消毒効果が下がるため，ペーパータオルを使ったり木の床を消毒する場合には，0.2％(2,000ppm)以上の濃度のものを使用する。

エ　湿布薬や貼付薬の中には，その副作用等により日常生活に支障を来す程度の健康被害が生ずるおそれがある「第二類医薬品」があり，学校では安易に用いないよう注意が必要である。

オ　学校において児童生徒が使用する医療用医薬品を預かることに関して，法令上の規制はない。そのため，児童生徒本人による保管・管理が困難な場合などは，保護者等の申し出により，学校で医療用医薬品を預かることも考えられる。

①	ア・イ・ウ
②	ア・イ・オ
③	ア・エ・オ
④	イ・ウ・エ
⑤	ウ・エ・オ

(☆☆☆☆◎◎)

【14】次のア～エの各文は，「令和3年度　児童生徒の問題行動・不登校等生徒指導上の諸課題に関する調査結果について(通知)」(令和4年10月27日文部科学省)について述べたものである。正しいものを○，誤っているものを×としたとき，正しい組合せを選びなさい。

ア　小・中学校における不登校児童生徒数は，過去最多であった。

イ　小・中学校における児童生徒1,000人当たりの不登校児童生徒数は平成24年度では10.9人であったが，平成25年度以降増え続け，令和3年度では25.7人であり，10年で2倍以上の増加がみられた。

ウ　小・中学校における不登校の要因として最も多いのは，「生活リズムの乱れ，あそび，非行」であり，次いで多かったのは，「いじめを除く友人関係をめぐる問題」，3番目に多いのは「無気力，不安」

という内容であった。

　エ　小・中・高等学校から報告のあった自殺した児童生徒数は，調査開始以来過去最多であった令和2年度より減少したものの，小・中学生は増加傾向であった。

	ア	イ	ウ	エ
①	×	○	×	×
②	○	○	×	○
③	×	×	×	○
④	○	×	○	○
⑤	○	×	○	×

(☆☆☆☆◎◎)

【15】次のア～オの各文は，「養護教諭のための児童虐待対応の手引」(平成19年10月文部科学省)「第3章　児童虐待の早期発見・早期対応」について述べたものである。正しいものを○，誤っているものを×としたとき，正しい組合せを選びなさい。

　ア　虐待が疑われる子供の受傷原因が不明確である場合は，保護者と子供が同席している場で受傷原因について尋ねた方がよい。

　イ　不慮の事故による外傷は，額や膝など骨張っていて脂肪組織が少ない場所に生じやすく，児童虐待による外傷は臀部や大腿内側など脂肪組織が豊富で柔らかいところ，頸部や腋窩などの引っ込んでいるところ，外陰部などの隠れているところに起こりやすいという相違がある。

　ウ　スラッピング・マークとは平手打ちによってできる皮下出血であり，平手で打ち付けられた部分のうち指と指の間の箇所に残る線条痕である。虐待の際に見られる特徴のある外傷所見である。

　エ　性的虐待を受けた子供にみられる心理的な影響として，自己肯定感の低下や親密な人間関係をもつことが困難であること，性的な問題を引き起こしやすいことなどが挙げられる。

　オ　学校で，性的な被害体験を子供から相談され，性的虐待が疑われ

る場合には，児童相談所などの専門家に相談する前に，学校として
積極的な情報の収集確認を行っておく必要がある。

	ア	イ	ウ	エ	オ
①	×	○	○	○	×
②	○	×	○	×	×
③	×	×	×	○	○
④	○	×	○	×	○
⑤	×	○	×	×	○

(☆○○○○○)

【16】次のア～オの各文は，中学校学習指導要領解説保健体育編(平成
29年文部科学省)「第2章　保健体育科の目標及び内容」「第2節　各分
野の目標及び内容」〔保健分野〕「2　内容」及び「3　内容の取扱い」
について述べたものである。正しいものを○，誤っているものを×と
したとき，正しい組合せを選びなさい。

ア　内容の「(1)　健康な生活と疾病の予防」の「ア　知識」のうち，
「(オ)感染症の予防」の「㋑　エイズ及び性感染症の予防」につい
ては，第3学年で取り扱う。

イ　「エイズ及び性感染症の予防」では，エイズ及び性感染症の増加
傾向と青少年の感染が社会問題になっていることから，それらの疾
病概念や感染経路について理解できるようにする。

ウ　「エイズ及び性感染症の予防」では，指導に当たっては，発達の
段階を踏まえること，学校全体で共通理解を図ること，保護者の理
解を得ることなどに配慮することが大切である。

エ　内容の「(2)　心身の機能の発達と心の健康」の「ア　知識及び技
能」のうち，「(イ)生殖に関わる機能の成熟」については，第2学年
で取り扱う。

オ　「生殖に関わる機能の成熟」では，思春期には，視床下部から分
泌される性腺刺激ホルモンの働きにより生殖器の発育とともに生殖
機能が発達し，男子では射精，女子は月経が見られ，妊娠が可能と

24

なることを理解できるようにする。

	ア	イ	ウ	エ	オ
①	×	○	○	×	○
②	○	○	×	○	○
③	×	×	○	○	×
④	○	○	○	×	×
⑤	○	×	×	○	×

(☆☆☆☆◎)

【17】次のア～オの各文は，薬物乱用の現状と薬物乱用防止教育について述べたものである。文中の(a)～(e)に当てはまる語句の最も適切な組合せを選びなさい。

ア 「令和4年における組織犯罪の情勢」(警察庁)によると，令和4年の大麻事犯の検挙人員は5,342人で，年齢別にみると30歳未満の検挙人員が全体のおよそ(a)を占める。

イ 「令和4年における少年非行及び子供の性被害の状況」(警察庁)によると，令和4年の大麻事犯の学職別検挙人員は，中学生が11人，高校生が(b)人である。

ウ 「令和4年における少年非行及び子供の性被害の状況」(警察庁)によると，令和4年の覚醒剤事犯の覚醒剤乱用少年検挙人員の推移において，20歳未満の検挙人員は103人で，平成29年以降ほぼ(c)となっている。

エ 薬物乱用とは，(d)薬物等の物質を社会的許容から逸脱した目的や方法で自己使用することである。

オ 高等学校学習指導要領解説保健体育編　体育編(平成30年文部科学省)「保健」において，「喫煙，飲酒，薬物乱用と健康」に関しては，「(e)」の内容のまとまりで取り扱うことと示されている。

	a	b	c	d	e
①	7割	150	横ばい	1回でも	現代社会と健康
②	4割	50	横ばい	継続して	現代社会と健康
③	7割	50	2倍	継続して	生涯を通じる健康
④	4割	150	2倍	1回でも	生涯を通じる健康
⑤	7割	50	2倍	1回でも	現代社会と健康

(☆☆◎◎◎◎)

【18】次のア〜ウの各文は,「学校の管理下の災害[令和4年版]」(令和4年12月独立行政法人日本スポーツ振興センター)に示された, 令和3年度中に医療費を給付した負傷・疾病の概況について述べたものである。文中の下線部a〜eについて, 正しいものを〇, 誤っているものを×としたとき, 正しい組合せを選びなさい。

ア　場合別では, 小学校において「a休憩時間」に最も多く発生し, 全体の約半数を占めている。

イ　「頭部」「顔部」「体幹部」「上肢部」「下肢部」に分けた部位別では, 小学校においては「b顔部」中学校においては「c下肢部」が最も多い。

ウ　運動種目別では, 小学校では「d跳箱運動」が他の種目より格段に多い。また, 中学校では「eバレーボール」,「サッカー・フットサル」の順で多く発生している。

	a	b	c	d	e
①	〇	×	〇	×	×
②	×	×	×	〇	〇
③	〇	〇	×	×	〇
④	〇	×	〇	〇	×
⑤	×	〇	〇	×	〇

(☆☆☆☆◎◎◎◎)

【19】次の文は, 睡眠について述べたものである。文中の(ア)〜(オ)に当てはまる語句を≪語群≫a〜hから選んだとき, 正しい組

合せを選びなさい。ただし，同じ記号には同じ語句が入る。

> 　日が沈んで夜になると，睡眠に入ることを促す（　ア　）が分泌される。
>
> 　睡眠には，（　イ　）と（　ウ　）の2種類があり，寝ている間に交互に繰り返される。寝て最初に現れるのは，脳を休ませる深い眠りの（　イ　），次に身体を休ませ修復する浅い眠りの（　ウ　）が現れる。
>
> 　朝食で（　エ　）を多く含む食品をとり太陽光を浴びることで，覚醒を促す脳内ホルモンである（　オ　）の分泌が活発になり，すっきりとした目覚めや集中力の向上につながる。（　オ　）は（　ア　）の材料にもなる。

≪語群≫

a　メラトニン　　　b　成長ホルモン　　　c　レム睡眠
d　ノンレム睡眠　　e　たんぱく質　　　　f　ビタミン
g　コルチゾール　　h　セロトニン

	ア	イ	ウ	エ	オ
①	a	c	d	f	h
②	b	d	c	e	g
③	a	c	d	f	g
④	b	d	c	f	h
⑤	a	d	c	e	h

(☆☆◎◎)

【20】次のア～オの各文は，月経及び月経関連疾患とそれに係る学校での対応について述べたものである。正しい文の組合せを選びなさい。

ア　月経前症候群(PMS)は，下腹痛や気分の落ち込み，肌荒れなど人によってさまざまな症状があり，ホルモンの影響を受けていることがわかってきているが，はっきりとした原因は不明である。

イ　月経困難症は，診察しても特に原因となる疾患や異常がみられな

い「器質性月経困難症」と，子宮筋腫，子宮腺筋症など何らかの異常がみられる「機能性月経困難症」の2つに分類される。

ウ　初経を迎えたあと，妊娠していないにも関わらず5ヵ月以上月経が停止している状態を「原発性無月経」といい，染色体異常，ホルモン異常などの可能性がある。

エ　運動量に見合った適切な食事量がとれていないと，「運動性無月経」になることがある。無月経になると女性ホルモンが低下し，それに伴い骨密度も低下し，結果として疲労骨折のリスクが高まる。

オ　学校における定期健康診断を実施する際には，保健調査票等に女子の月経随伴症状等を含む月経に伴う諸症状について記入する欄を設け，必要に応じて産婦人科医への相談や治療につなげたりするなど，適切に対応する。

①	ア・イ・ウ
②	ア・ウ・エ
③	ア・エ・オ
④	イ・ウ・オ
⑤	イ・エ・オ

(☆☆◎◎)

【21】次の文は，「学校保健安全法施行規則」(昭和33年文部省令第18号)の条文の一部を抜粋したものである。文中の(　ア　)～(　オ　)に当てはまる語句を，条文のとおりに正しく記入しなさい。

第22条　学校医の職務執行の準則は，次の各号に掲げるとおりとする。
一　学校保健計画及び学校安全計画の立案に参与すること。
二　学校の環境衛生の維持及び改善に関し，学校薬剤師と協力して，必要な指導及び助言を行うこと。
三　法第8条の(　ア　)に従事すること。
四　法第9条の(　イ　)に従事すること。

　五　法第13条の健康診断に従事すること。

　六　法第14条の(ウ)に従事すること。

　七　法第2章第4節の感染症の予防に関し必要な指導及び助言を行い，並びに学校における感染症及び食中毒の予防処置に従事すること。

　八　校長の求めにより，(エ)に従事すること。

　九　市町村の教育委員会又は学校の設置者の求めにより，法第11条の健康診断又は法第15条第1項の健康診断に従事すること。

　十　前各号に掲げるもののほか，必要に応じ，学校における(オ)に関する専門的事項に関する指導に従事すること。

(☆☆☆☆◎)

【22】次の文は，「児童生徒等の健康診断マニュアル(平成27年度改訂)」(平成27年8月公益財団法人日本学校保健会)「第1章　児童，生徒，学生及び幼児の健康診断の実施」の脊柱及び胸郭の疾病及び異常の有無並びに四肢の状態に関する検査の方法及び技術的基準について述べたものである。文中の(ア)～(オ)に当てはまる語句を記入しなさい。

　　背骨が曲がっているかどうかを検査する際には，(ア)の高さ・(イ)の高さや後方への出っ張り・(ウ)の左右差の有無を確認する。また前屈テストを実施する。

　　前屈テストは，ゆっくり前屈させながら背中の(エ)の高さに左右差があるかどうか，腰椎部の高さに左右差があるかどうか確認する。児童生徒等がリラックスした状態で，両腕を左右差が生じないように下垂させ，両側の(オ)を合わせて両足の中央に来るようにすることが大切である。

(☆☆◎◎)

29

【23】次の図は，JRC蘇生ガイドライン2020(医学書院発行　一般社団法人日本蘇生協議会監修)に基づき，主に市民が行う一次救命処置の手順について示したものであり，以下の文は，手順における「呼吸の確認」について述べたものである。図中及び文中の(　ア　)～(　カ　)に当てはまる語句または数字を記入しなさい。ただし，同じ記号には，同じ語句が入る。

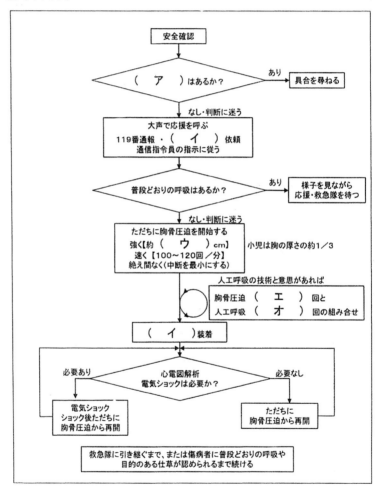

> 突然の心停止直後には「（　カ　）」と呼ばれる，しゃくりあげ
> るような途切れ途切れの呼吸が見られることがあるが，これは普
> 段どおりの呼吸ではないため，ただちに胸骨圧迫を開始する。

(☆◎◎◎◎◎)

【24】次の文は，ヒトの骨について述べたものであり，以下の図は長骨の
内部構造図である。文中及び図中の（　ア　）〜（　エ　）に当てはまる語
句を記入しなさい。ただし，同じ記号には同じ語句が入る。

長骨の中央部を（　ア　），両端を（　イ　）という。（　ア　）は，周辺
部（皮質）が緻密質でできており，内部には髄腔がある。（　ア　）と
（　イ　）の間には（　ウ　）という骨組織があり，青年期以前はこの部分
を（　エ　）と呼ぶ。骨は（　エ　）が増殖して骨に置換されることによっ
て，長く伸びる。

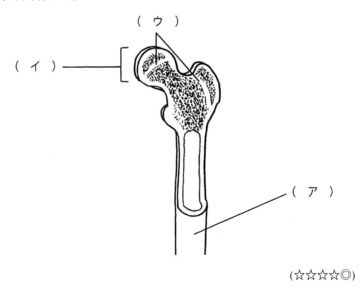

(☆☆☆☆◎)

【25】次の文は，中学校学習指導要領解説保健体育編(平成29年文部科学省)「第2章　保健体育科の目標及び内容」「第2節　各分野の目標及び内容」〔保健分野〕「2　内容」「(1)健康な生活と疾病の予防」の一部を抜粋したものである。文中の(a)～(e)に当てはまる語句を記入しなさい。

ア　知識

（I）　喫煙，飲酒，薬物乱用と健康

　㋐　喫煙と健康

　　　喫煙については，たばこの煙の中にはニコチン，(a)及び(b)などの有害物質が含まれていること，それらの作用により，(c)の収縮，心臓への負担，運動能力の低下など様々な急性影響が現れること，また，常習的な喫煙により，(d)や心臓病など様々な疾病を起こしやすくなることを理解できるようにする。特に，未成年者の喫煙については，身体に大きな影響を及ぼし，ニコチンの作用などにより(e)になりやすいことを理解できるようにする。

(☆☆◎◎)

解答・解説

【1】①

〈解説〉学校保健安全法第4条は学校保健に関する学校の設置者の責務について定めた項であり，a「環境」は誤りで正しくは「管理運営体制」である。同法第6条は学校環境衛生基準について定めた項であり，問題文は正しい。同法第15条は職員の健康診断について定めた項であり，問題文は正しい。同法第18条は保健所との連絡について定めた項であ

り，d「学校医」は誤りである。健康診断や感染症の予防のために保健所と連絡するものとされている。

【2】⑤

〈解説〉学校保健安全法施行令第4条は就学時健康診断票について定めた項であり，aは正しくは「15日前」である。入学前に就学時健康診断票を送付し，入学時の資料とする。同法施行令第6条は出席停止の指示について定めた項である。bは正しくは「出席を停止させようとする」ときである。c「理由」及びd「期間」を明らかにするのは正しい。同法施行令第7条は出席停止の報告についてであり，報告先はe「保健所」ではなく正しくは「学校の設置者」である。

【3】②

〈解説〉ア　聴力検査は聞こえのよい耳から行うが，わからない場合は右耳から行う。　ウ　平均聴力の算出方法は正しくは$\dfrac{(a+2b+c)}{4}$である。　オ　検査を省くことができるのは，正しくは小学校第4学年及び第6学年と，中学校及び高等学校第2学年である。

【4】③

〈解説〉ア　機能性側わん症とは普段の姿勢などの生活習慣に伴って起こる一時的な側わん症のことであり，健康診断で早期発見を目指すのは構築性側わん症の中の特発性脊柱側わん症である。　イ　特発性脊柱側わん症は原因不明で，脊柱が曲がるだけでなく回旋していることにより歪みが生じているのが特徴である。　エ　ペルテス病発症の頻度が最も高いのは，4〜8歳頃の男子である。

【5】④

〈解説〉教室の環境に関わる学校衛生基準は，二酸化炭素濃度1,500ppm以下，相対湿度30％以上80％以下，二酸化窒素0.06ppm以下，揮発性有機化合物(キシレン)200μg/m³以下，照度(教室及び黒板)500lx以上であ

るため，適合していないのは④の揮発性有機化合物(キシレン)である。

【6】③

〈解説〉ア　熱中症は2000年以降，応急処置と見守りが必要である軽症(Ⅰ度)，医療機関への搬送を必要とする中等症(Ⅱ度)，入院して集中治療の必要な重症(Ⅲ度)に分類されるようになった。熱けいれん(こむら返りなど)や熱失神(立ちくらみ)は軽症，熱疲労は中等症，熱射病は重症に分類されている。　イ　暑さ指数(WBGT)が31℃以上の場合に「運動は原則中止」となる。　ウ　熱中症が疑われて，反応や応答がおかしい場合は，誤飲の原因となるため無理に水を飲ませない。医療機関での点滴が必要となるため早急に搬送する。

【7】②

〈解説〉ア　溺れた際は，口腔内に水が残っていなければ無理に水を吐かせる必要はなく，まず心肺蘇生法を実施する。無理に腹部を圧迫することで吐き戻した水が気管に入る原因ともなる。　イ　目に刺さった異物は取り除かずそのまま医療機関へ搬送する。　ウ　気道閉塞時は本人により咳を続けさせることが最も効果的である。腹部突き上げ法は内臓を損傷する可能性があるため，試みた場合は救急隊や医師へ伝える。　エ　エピペン®を使用するタイミングとして「息がしにくい」は正しい。その他，繰り返す嘔吐や，ゼーゼーとした呼吸，ショック状態など，エピペン®を使用するタイミングは押さえておこう。　オ　ヘビに咬まれた場合は，毒のまわりを早めないためにも安静を保ち，できるだけ早く医療機関を受診する。また，ヘビの種類を判別することが治療にあたり重要なため，できるだけ特徴を捉えるか，写真などを撮れるとよい。

【8】①

〈解説〉ア　月経を有し，妊娠・出産を経験する年代の女性では，3人に1人が鉄欠乏性貧血状態であると言われている。　イ　血糖値を下げ

るホルモンはインスリンのみであり，膵臓で作られている。　ウ　成
人の体重に占める体液の割合はおよそ60％であり，このうち3分の2
(体重の40％)は細胞内液で，残りの3分の1(体重の20％)が血しょうや間
質液，リンパ液などの細胞外液である。カリウムイオンは細胞内液に
多く含まれ，血しょうなどの細胞外液にはナトリウムイオンやクロー
ルイオンが多く含まれている。　エ　チアノーゼの際は，血中の静脈
血である還元ヘモグロビンが増加し，皮膚や粘膜が青紫色になる。
オ　圧挫症候群は，挫滅症候群とも言う。

【9】②
〈解説〉手は小さな骨の集まりであり解剖学的には覚えにくい範囲である
が，それぞれが有効に働くことで手の細かな動きを形作っている。手
の指骨は，基節骨，アの中節骨，末節骨の3つで構成される(ただし，
親指には中節骨がなく，基節骨と末節骨のみである)。手のひらの部分
は中手骨といい，それぞれの指に一つずつ5本存在する。手の付け根
部分の骨は手根骨といい8つの骨で構成されている。手首をついたと
きに骨折しやすい部位である。前腕骨は親指側が橈骨であり，小指側
が尺骨である。

【10】②
〈解説〉エ　保健室経営計画は養護教諭が教育目標や学校保健目標を受け
て，その具現化のために保健室の経営において達成されるべき目標を
立てて，計画的・組織的に運営するために作成されるものである。
オ　中央教育審議会答申「子どもの心身の健康を守り，安全・安心を
確保するために学校全体としての取り組みを進めるための方策につい
て」(平成20年1月)で，保健室経営計画の重要性が示唆され，養護教諭
は保健室経営計画を立て，教職員に周知を図り連携していくことが求
められるようになった。

【11】②

〈解説〉伝染性紅斑(りんご病)の感染力は，発疹の現れる7〜10日前に微
　熱や風邪症状が見られることがあり，感染力はその頃をピークとして，
　発疹の現れた頃にはほぼ消失している。

【12】③

〈解説〉アレルギー疾患は，一度発症すると他のアレルギー疾患を引き起
　こしやすいアレルギーマーチと呼ばれる状態になりやすい。しかし，
　アトピー性皮膚炎の場合，学童期以降は原因食品を摂取しても直接ア
　トピー性皮膚炎の悪化を招くことはほとんどないとされる。

【13】⑤

〈解説〉ア　医療用医薬品は医師・歯科医師の診断による処方が必要な医
　薬品であるが，要指導医薬品は一般の人が薬剤師等からの情報提供を
　受けて自らの判断で購入，使用する医薬品のことである。　イ　一般
　用医薬品の中でも，第一類医薬品は薬剤師が購入者の年齢や症状，他
　の医薬品の使用状況を確認し購入者が注意事項などの情報提供を受
　け，理解した上で購入，使用する医薬品であるため，学校での使用は
　適当でない。一般用医薬品の選定・購入に当たっては前年度までの状
　況や学校の実情を踏まえ，学校医や学校薬剤師等の指導助言のもと学
　校長が判断することとされている。

【14】②

〈解説〉本問は，設問文にある文部科学省の「通知」からではなく，実際
　の調査結果をまとめた「令和3年度　児童生徒の問題行動・不登校等
　生徒指導上の諸課題に関する調査結果について」及び同概要版からの
　出題である。なお，この調査は毎年実施されるもので，2024年1月現
　在，令和4年度の調査結果が公表されている。最新のデータに目を通
　し直近の傾向を押さえておきたい。　ウ　不登校の要因として，小・
　中学生は学校に行きたくない明確な理由がわからないなど「無気力，不
　安」が原因のことが圧倒的に多い。学年が上がるにつれ，生活リズムの

乱れや非行などの課題が生じてくる。

【15】①

〈解説〉保健室では，健康診断の実施や，日常的な救急処置，健康相談活動等で虐待を疑う場面に触れる機会が多い。　ア　虐待が疑われる子どもに受傷原因を尋ねる場合は，保護者と同席している場で確認することは避ける。　オ　詳しい聞き取りを行うのは児童相談所職員等の専門の部署が行うことが望ましい。子どもは何度も同じことを聞かれるうちに記憶が曖昧になることもあるため，学校関係者はあまり踏み込んだ聴取や度重なる質問はしない方がよいとされている。

【16】④

〈解説〉エ　「生殖に関わる機能の成熟」については主に第1学年で取り扱う。　オ　視床下部から分泌されるのは性腺刺激ホルモンであり，これを受けて下垂体から性腺刺激ホルモンが分泌される。

【17】①

〈解説〉a　近年，大麻の乱用が増加しており，特に若年者の検挙人数が多いのが特徴である。20歳代の検挙人数のみで53.4％を占めており，20歳未満の17.1％と合わせると概ね7割となる。　b　中学生の検挙人数が11名であるのに対し，高校生は150名と急増している。　c　覚醒剤による検挙人数は長期的に減少傾向である。20歳未満もほぼ横ばいで推移している。　d　薬物乱用とは，一度でも社会的許容から逸脱した目的や方法で薬物を使用することである。　e　喫煙，飲酒，薬物乱用について取り扱う単元は，高等学校においては「現代社会と健康」であり，小学校では「病気の予防」，中学校では「健康な生活と疾病の予防」の単元で学習を積み重ねている。

【18】正答なし

〈解説〉a　正しい。　b・c　誤り。小学校・中学校とも，最も多い部位は「手・手指部」であるので，本問の分類によれば「上肢部」となる。d　正しい。　e　誤り。中学校では「バスケットボール」が最も多く，次いでサッカー・フットサル，バレーボール，野球の順となっている。なお，出題の資料は年度版であり，毎年11月〜3月頃に新版が刊行されている。令和5年版が公表され次第，最新の情報を確認しておいてほしい。

【19】⑤

〈解説〉メラトニンは脳の松果体から分泌されるホルモンである。概日リズム(サーカディアンリズム)の調整を行うホルモンであり，別名睡眠ホルモンとも言われている。夜間に多く分泌されるが，明るい光によって分泌が抑制される。一方，覚醒に影響する脳内の神経伝達物質はセロトニンといい，ドーパミンやノルアドレナリンを抑制し，精神を安定させる働きをする。セロトニンの生成には必須アミノ酸であるトリプトファンが必要であるが，これは体内で生成できないため，トリプトファンを多く含む大豆製品・乳製品・肉・魚類を朝食に摂ることがよいとされている。

【20】③

〈解説〉「児童生徒等の月経及び月経随伴症状等の早期発見及び保健指導等の実施について」(令和3年12月　文部科学省事務連絡)により，思春期の女子の月経異常等の早期発見や保健指導をより充実させるよう通知された。　イ　機能性月経困難症と器質性月経困難症の説明が逆である。　ウ　原発性無月経は18歳になっても初経が発来しないことであり，月経が3カ月以上来ないことは続発性無月経という。

【21】ア　健康相談　　イ　保健指導　　ウ　疾病の予防処置　　エ　救急処置　　オ　保健管理

〈解説〉学校に学校医を置くことは学校保健安全法第23条第1項で示されており，その職務内容については同第4項で定められている。出題の学校保健安全法施行規則第22条は，学校医の職務執行の準則を定めたもの。なお，職務については学校医執務記録簿に記入して校長に提出するものとされ，当記録簿は5年間保存されるべき書類とされていることも，併せて押さえておきたい。

【22】ア　肩　　イ　肩甲骨　　ウ　ウェストライン(脇線)　　エ　肋骨
　　オ　手掌(手のひら)
〈解説〉健康診断時に注意すべき疾患として，脊柱の疾患・障害では脊柱側わん症と腰椎すべり症が挙げられる。背骨の曲がり等をチェックする検査では，主に脊柱側わん症のスクリーニングとなる。脊柱側わん症では背骨が左右に曲がるだけでなく，ねじれ等を生じるため，前屈して検査を行う。

【23】ア　反応(意識)　　イ　AED　　ウ　5　　エ　30　　オ　5
　　カ　死戦期呼吸
〈解説〉JRC蘇生ガイドライン2020は，市民にとってためらいやすい心肺蘇生法をより実施しやすいように作成されている。心肺蘇生法については頻出問題であるので，一連の手順を押さえておこう。死戦期呼吸は本人に意識はなく，生命維持に有効な呼吸ではないため，呼吸なしとみなして胸骨圧迫を開始する必要がある。なお，小児の心停止は呼吸原生であることが多いため，学校現場ではできるだけ人工呼吸を含む心肺蘇生法を習得することが望ましいとされている。

【24】ア　骨幹　　イ　骨端　　ウ　骨端線　　エ　骨端軟骨
〈解説〉小児の骨は大人の骨よりも柔らかく，成長とともに変化していく。骨端線は，子どもの身長が十分に伸びるまで骨を伸ばす働きをする。レントゲン上では骨は白く写るのに対し，骨端線は黒く写り，身長の成長が止まる頃には骨端線が閉鎖され，レントゲンにも写らなくなる。

【25】a　タール　　b　一酸化炭素　　c　毛細血管　　d　がん　　e　依
　　存症

〈解説〉「喫煙，飲酒，薬物乱用と健康」は，主に中学校第2学年で取り組
　　む内容である。タバコの煙に含まれる有害物質と受動喫煙について，
　　急性影響と慢性影響について整理して伝えられるようにする。喫煙に
　　ついては，日本の喫煙率は年々低下し，喫煙を経験したことのある中
　　学生・高校生の割合も減少している。喫煙や飲酒は，薬物乱用のゲー
　　トウェイ・ドラッグとも言われており，薬物乱用防止のためにも喫煙
　　や飲酒を防止することは重要である。

2023年度　　実施問題

※福岡市を志望する場合は，【1】～【22】を解答してください。

【1】次の文は，「学校保健安全法」(平成27年法律第46号)の条文の一部を抜粋したものである。文中の下線部a～eについて，正しいものを○，誤っているものを×としたとき，正しい組合せを選びなさい。

第1条

　この法律は，学校における児童生徒等及び職員の健康の保持増進を図るため，学校における_a_保健管理_に関し必要な事項を定めるとともに，学校における教育活動が_b_衛生的な環境_において実施され，児童生徒等の_c_学習環境の保全_が図られるよう，学校における安全管理に関し必要な事項を定め，もつて_d_学校教育_の円滑な実施とその_e_充実_に資することを目的とする。

---

	a	b	c	d	e
①	○	×	×	○	×
②	○	○	×	×	○
③	×	×	○	○	○
④	○	○	×	○	×
⑤	×	○	○	×	×

(☆☆☆○○○○)

【2】次のア～エの各文は，「学校保健安全法」(平成27年法律第46号)の条文を抜粋したものである。文中の下線部a～eについて，正しいものを○，誤っているものを×としたとき，正しい組合せを選びなさい。

41

ア　(第5条)

　　学校においては，児童生徒等及び職員の心身の健康の保持増進を図るため，児童生徒等及び職員の健康診断，環境衛生検査，$_a$救急処置その他保健に関する事項について計画を策定し，これを実施しなければならない。

イ　(第17条)

　　$_b$環境衛生検査の方法及び技術的基準については，文部科学省令で定める。

ウ　(第19条)

　　$_c$校長は，感染症にかかつており，かかつている疑いがあり，又はかかるおそれのある児童生徒等があるときは，政令で定めるところにより，出席を停止させることができる。

エ　(第29条)

　　(略)

　3　学校においては，事故等により児童生徒等に危害が生じた場合において，当該児童生徒等及び当該事故等により$_d$心理的外傷その他の心身の健康に対する影響を受けた児童生徒等その他の関係者の心身の健康を$_e$回復させるため，これらの者に対して必要な支援を行うものとする。(略)

	a	b	c	d	e
①	○	○	×	○	○
②	○	○	○	○	×
③	×	×	×	×	○
④	○	×	○	×	×
⑤	×	×	○	○	○

(☆☆☆○○○○)

【3】次の文は，「学校保健安全法施行規則」(令和2年省令第39号)の条文の一部を抜粋したものである。文中の下線部a〜eについて，正しいものを○，誤っているものを×としたとき，正しい組合せを選びなさい。

> 第9条　学校においては，法第13条第1項の健康診断を行つたときは，_a三十日以内にその結果を幼児，児童又は生徒にあつては当該幼児，児童又は生徒及びその保護者(略)に，学生にあつては当該学生に通知するとともに，次の各号に定める基準により，法第14条の措置をとらなければならない。
>
> 一　疾病の予防処置を行うこと。
>
> 二　必要な医療を受けるよう指示すること。
>
> 三　必要な検査，_b予防接種等を受けるよう指示すること。
>
> 四　療養のため必要な期間学校において学習しないよう指導すること。
>
> 五　特別支援学級への編入について指導及び助言を行うこと。
>
> 六　学習又は運動・作業の軽減，停止，変更等を行うこと。
>
> 七　_c修学旅行・対外運動競技等への参加を制限すること。
>
> 八　机又は腰掛の調整，座席の変更及び_d教室環境の適正を図ること。
>
> 九　その他発育，健康状態等に応じて適当な_e支援を行うこと。

	a	b	c	d	e
①	×	×	○	×	○
②	○	×	×	○	×
③	×	○	○	×	×
④	○	○	×	×	○
⑤	×	×	○	○	×

(☆☆○○○○)

【4】次の文は，小学校学習指導要領解説体育編(平成29年文部科学省)「第2章　体育科の目標及び内容」「第2節　各学年の目標及び内容」

〔第3学年及び第4学年〕「2　内容」「G　保健」の一部を抜粋したものである。文中の(　a　)～(　e　)に当てはまる語句の正しい組合せを選びなさい。ただし，同じ記号には同じ語句が入る。

---

(1)　健康な生活

(略)

ア　知識

(ア)　健康な生活

　健康な状態には，(　a　)が意欲的であること，元気なこと，具合の悪いところがないことなどの心や体の調子がよい状態にあることを理解できるようにする。また，健康の状態には，1日の生活の仕方などの(　b　)の要因や身の回りの環境の要因が関わっていることを理解できるようにする。その際，心や体が健康であることは，人と関わりながら明るく充実した毎日の生活を送れることにつながり，健康がかけがえのないものであることにも触れるようにする。

(イ)　1日の生活の仕方

　健康の保持増進には，1日の生活の仕方が深く関わっており，1日の生活のリズムに合わせて，運動，食事，休養及び睡眠をとることが必要であることを理解できるようにする。その際，日常生活に(　c　)を取り入れることの大切さについても触れるようにする。

　また，手や足などの(　d　)，ハンカチや衣服などの(　d　)を保つことが必要であることを理解できるようにする。

(ウ)　身の回りの環境

　健康の保持増進には，生活環境が関わっており，部屋の(　e　)の調節や換気などの生活環境を整えることが必要であることを理解できるようにする。

---

	a	b	c	d	e
①	態度	主体	運動	衛生	温度
②	気持ち	主体	運動	清潔	明るさ
③	気持ち	個人	遊び	衛生	温度
④	態度	個人	運動	清潔	明るさ
⑤	気持ち	主体	遊び	清潔	温度

(☆☆◎◎◎)

【5】次の文は，小学校学習指導要領解説体育編(平成29年文部科学省)
「第2章　体育科の目標及び内容」「第2節　各学年の目標及び内容〔第
5学年及び第6学年〕「2　内容」「G　保健」の一部を抜粋したものであ
る。文中の(　a　)～(　e　)に当てはまる語句の正しい組合せを選びな
さい。

---

(2)　けがの防止
　(略)
　ア　知識及び技能
　　(ア)　交通事故や身の回りの生活の危険が原因となって起こ
　　　るけがとその防止
　　　⑦　毎年多くの交通事故や(　a　)が発生し，けがをする人
　　　　や死亡する人が少なくないこと，また，学校生活での事
　　　　故や，犯罪被害が発生していることを理解できるように
　　　　するとともに，これらの事故や犯罪，それらが原因とな
　　　　るけがなどは，(　b　)や環境が関わって発生している
　　　　ことを理解できるようにする。
　　　④　交通事故や身の回りの生活の危険が原因となって起こ
　　　　るけがを防止するためには，(　c　)をよく見極め，危
　　　　険に早く気付いて，的確な判断の下に安全に行動するこ
　　　　とが必要であることを理解できるようにする。その際，
　　　　交通事故の防止については，道路を横断する際の一時停
　　　　止や右左の安全確認などを，学校生活の事故によるけが

の防止については，廊下や階段の歩行の仕方，運動場などでの運動や遊び方などを，犯罪被害の防止については，犯罪が(　d　)場所を避けること，犯罪に巻き込まれそうになったらすぐに助けを求めることなどを取り上げるようにする。なお，心の状態や体の調子が的確な判断や行動に影響を及ぼすことについても触れるようにする。

(略)

(イ)　けがの手当

　㋐　けがをしたときには，けがの(　e　)を防ぐ対処として，けがの種類や程度などの状況をできるだけ速やかに把握して処置すること，近くの大人に知らせることが大切であることを理解できるようにする。また，自らできる簡単な手当には，傷口を清潔にする，圧迫して出血を止める，患部を冷やすなどの方法があることを理解できるようにする。

	a	b	c	d	e
①	転落事故	人の行動	周囲の状況	見えにくい	悪化
②	水の事故	人の行動	周囲の状況	起こりやすい	悪化
③	転落事故	周囲の状況	人の行動	見えにくい	悪化
④	転落事故	人の行動	周囲の状況	起こりやすい	再発
⑤	水の事故	周囲の状況	人の行動	起こりやすい	再発

(☆☆○○○)

【6】次の文は，高等学校学習指導要領解説保健体育編　体育編(平成30年文部科学省)「第2章　保健体育科の目標及び内容」「第2節　各科目の目標及び内容」「保健」「3　内容」の一部を抜粋したものである。文中の(　a　)～(　e　)に当てはまる語句の正しい組合せを選びなさい。ただし，同じ記号には同じ語句が入る。

(4) 健康を支える環境づくり

(略)

ア　知識

(略)

(ウ)　保健・医療制度及び地域の保健・医療機関

　㋐　我が国の保健・医療制度

　　　我が国には，人々の健康を支えるための保健・医療制度が存在し，行政及びその他の機関などから健康に関する情報，医療の供給，(　a　)の保障も含めた保健・医療サービスなどが提供されていることについて理解できるようにする。

(略)

　㋒　医薬品の制度とその活用

　　　医薬品は，医療用医薬品，要(　b　)医薬品，一般用医薬品の三つに大別され，承認制度によってその有効性や安全性が審査されており，(　c　)に規制が設けられていることについて理解できるようにする。

(略)

(エ)　様々な保健活動や(　d　)

　　　我が国や世界では，健康を支えるために，健康課題に対応して各種の保健活動や(　d　)が行われていることについて理解できるようにする。その際，日本赤十字社などの民間の機関や，特定非営利活動法人(NPO)・非政府組織(NGO)の諸活動，世界保健機関などの国際機関等の活動について，(　e　)の考え方に基づくものも含めて触れるようにする。

(略)

	a	b	c	d	e
①	介護費用	管理	使用	社会的対策	リプロダクティブ・ヘルス
②	医療費	指導	販売	社会的対策	ヘルスプロモーション
③	医療費	指導	使用	医療活動	ヘルスプロモーション
④	介護費用	指導	販売	医療活動	リプロダクティブ・ヘルス
⑤	介護費用	管理	使用	社会的対策	ヘルスプロモーション

(☆☆☆◎◎)

【7】次のア～オの各文は,「がん教育推進のための教材」(平成28年4月
文部科学省)のがんについて述べたものである。正しいものを○,誤っ
ているものを×としたとき,正しい組合せを選びなさい。

ア　健康な人の体でも毎日,多数のがん細胞が発生しているが,免疫
が働いてがん細胞を死滅させている。

イ　現在,日本人の二人に一人は,一生のうち何らかのがんにかかる
と推計されており,日本人の死因の約五割はがんとなっている。

ウ　近年,がん罹患数が最も多いのは,男女あわせて大腸がんであり,
死亡数が最も多いのは,男女あわせて胃がんである。

エ　がんは,全ての臓器に発生する可能性があり,一般的にはその発
生した臓器などから名称が決まる。「がん」という名称は用いられ
ていないが,白血病もがんの一種である。

オ　国が推奨しているがん検診のうち,子宮頸がん検診の対象年齢は,
20歳以上の女性である。

	ア	イ	ウ	エ	オ
①	○	×	○	○	×
②	×	○	×	○	×
③	×	○	×	×	×
④	○	×	×	○	○
⑤	○	×	○	×	○

(☆☆☆☆◎◎◎)

【8】次のア～オの各文は,「児童生徒等の健康診断マニュアル(平成27年度改訂)」(平成27年8月公益財団法人日本学校保健会)「第1章　児童,生徒,学生及び幼児の健康診断の実施」「6　その他」「10　色覚」について述べたものである。正しいものを○,誤っているものを×としたとき,正しい組合せを選びなさい。

ア　学校での色覚検査の実施の際には,必ずしも児童生徒等や保護者の事前の同意を求める必要はないが,プライバシーの保護に十分配慮して行う。

イ　色覚検査は,十分な明るさがある自然光の下で行う。ただし,直射日光は避け,北側の窓からの採光で,午前10時から午後3時の間が最も良いとされている。

ウ　検査室について,着色した壁やカーテンは検査に影響があるので避ける。

エ　被検査者が答えた内容については,念を押して確認し,正確な検査の実施に努める。

オ　検査表は変色を避けるため,使用後は暗所に置くなどして保管に留意する。また,10年程度で更新することが望ましい。

	ア	イ	ウ	エ	オ
①	×	○	○	×	×
②	×	○	×	○	×
③	×	×	○	○	○
④	○	○	×	×	○
⑤	○	×	○	×	○

(☆☆○○○)

【9】次のア～エの各文は,「児童生徒等の健康診断マニュアル(平成27年度改訂)」(平成27年8月公益財団法人日本学校保健会「第1章　児童,生徒,学生及び幼児の健康診断の実施」について述べたものである。文中の下線部a～eについて,正しいものを○,誤っているものを×としたとき,正しい組合せを選びなさい。

ア　学校における健康診断は，学習指導要領解説特別活動編において <u>a健康安全・体育的</u>行事として例示されており，教育活動として実施されるという一面も持っている。

イ　学校における健康診断の役割の一つは，家庭における健康観察を踏まえて，<u>b日常生活を送るに当たり支障があるかどうか</u>について疾病を<u>c診断</u>し，健康状態を把握することである。

ウ　診察や心電図検査等，衣服を脱いで実施するものは，<u>d全ての校種・学年</u>で男女別に実施するなどの配慮を行う。

エ　健康診断の結果は，心身に疾病や異常が認められず，健康と認められる児童生徒等については，<u>e事後措置として通知する必要はない</u>。

	a	b	c	d	e
①	○	○	×	×	×
②	×	×	○	○	○
③	○	×	×	○	×
④	○	○	×	×	○
⑤	×	○	○	○	×

(☆☆○○○○)

【10】次のア～エの各文は，独立行政法人日本スポーツ振興センターの災害共済給付制度について述べたものである。正しいものを○，誤っているものを×としたとき，正しい組合せを選びなさい。

ア　学校の管理下における災害により歯牙が1本欠損した場合は，歯牙欠損見舞金が支給される。「歯牙の欠損」とは，永久歯が根から全部取れてなくなったもの(喪失歯)，破折したものを指す。

イ　給付対象の範囲として，技能検定試験(柔・剣道の昇段試験，そろばん・簿記・調理・被服などの検定試験等)を学校の教育計画に位置付けて，教師の引率監督の下に参加した場合は，学校の管理下として給付対象になる。

ウ　給付の制限について，中学校，高等学校，高等専門学校及び高等

専修学校の生徒又は学生が，自己の故意の犯罪行為により，又は故意に負傷したり，疾病にかかったり，死亡したときは，医療費，障害見舞金，死亡見舞金のいずれの支給も行わない。

エ　松葉杖レンタル代は，給付対象にはならない。

	ア	イ	ウ	エ
①	×	×	○	○
②	×	○	×	○
③	×	○	○	×
④	○	×	×	×
⑤	○	○	×	×

(☆☆☆☆○○○○)

【11】次のア〜エの各文は，学校環境衛生基準(平成21年告示第60号)について述べたものである。文中の(a)〜(e)に当てはまる数字の正しい組合せを選びなさい。

第1　教室等の環境に係る学校環境衛生基準
ア　温度は，(a)℃以上，(b)℃以下であることが望ましい。
イ　一酸化炭素は，(c)ppm以下であること。
ウ　教室内の等価騒音レベル(LAeq)は，窓を開けているときはLAeq(d)dB以下であることが望ましい。
エ　ダニ又はダニアレルゲンは，(e)匹／m²以下又はこれと同等のアレルゲン量以下であること。

	a	b	c	d	e
①	18	28	8	50	100
②	18	30	8	50	200
③	18	28	6	55	100
④	17	30	6	55	200
⑤	17	28	8	55	200

(☆☆☆○○○○)

【12】次の各文は，応急手当について述べたものである。適切でないもの
を選びなさい。

①	直接圧迫止血法では，清潔なガーゼやハンカチなどを傷口に直接当てて，強く押さえて4分以上圧迫する。
②	鼻出血のとき，鼻翼（小鼻）をしっかりつまみ，顎を引いて，安静にする。
③	包帯を巻くとき，巻き終わりで結び目は傷の上にはせず体の内側にくるようにする。
④	捻挫や打撲のとき，氷や冷却パックで患部を冷やす場合，皮膚との間にタオルを挟むなどして皮膚に直接当てるのは避ける。
⑤	骨折が疑われ出血があるとき，まずは出血の手当をする。

(☆☆☆☆◎◎)

【13】次の文は，「学校保健安全法」(平成27年法律第46号)の条文の一部
を抜粋したものである。文中の下線部a～eについて，正しいものを○，
誤っているものを×としたとき，正しい組合せを選びなさい。

第27条
　　学校においては，児童生徒等の安全の確保を図るため，当該
　学校の施設及び設備の安全点検，児童生徒等に対する_a_課外活
　動を含めた学校生活その他の日常生活における安全に関する指
　導，職員の_b_研修その他学校における安全に関する事項につい
　て計画を策定し，これを実施しなければならない。
第28条
　　校長は，当該学校の_c_施設又は設備について，児童生徒等の
　安全の確保を図る上で支障となる事項があると認めた場合に
　は，遅滞なく，その改善を図るために必要な措置を講じ，又は
　当該措置を講ずることができないときは，当該学校の設置者に
　対し，その旨を申し出るものとする。
第29条
　　学校においては，児童生徒等の安全の確保を図るため，当該
　学校の実情に応じて，_d_災害等発生時において当該学校の_e_職員

がとるべき措置の具体的内容及び手順を定めた対処要領(略)を
作成するものとする。

	a	b	c	d	e
①	×	○	×	○	×
②	○	×	○	×	×
③	×	×	○	○	○
④	×	○	○	×	○
⑤	○	○	×	○	○

(☆☆☆◎◎)

【14】次のア〜オの各文は,「学校において予防すべき感染症の解説」(平
成30年3月公益財団法人日本学校保健会)の百日咳及び水痘(みずぼうそ
う)について述べたものである。正しいものを○,誤っているものを×
としたとき,正しい組合せを選びなさい。

ア　百日咳の病原体は,百日咳ウイルスである。

イ　百日咳の主な感染経路は空気感染,飛沫感染,接触感染である。
　　感染期間は,適切な治療を行わなければ,咳が出現してから8週目
　　頃までとされている。

ウ　水痘の病原体は,水痘・帯状疱疹ウイルスである。

エ　水痘では,発しん出現の5〜7日前から感染力が認められる。

オ　水痘の感染経路は空気感染,飛沫感染,接触感染である。潜伏期
　　間は14日〜16日とされている。

	ア	イ	ウ	エ	オ
①	×	×	○	×	○
②	×	○	○	○	×
③	○	×	×	○	○
④	○	○	○	×	×
⑤	×	○	×	×	○

(☆☆☆◎◎◎)

【15】次のア～オの各文は，「学校における新型コロナウイルス感染症に関する衛生管理マニュアル」(令和4年3月文部科学省)について述べたものである。正しいものを○，誤っているものを×としたとき，正しい組合せを選びなさい。

ア　基本的な感染予防対策は，3密や特にリスクの高い5つの場面(①飲酒を伴う懇親会等，②大人数や長時間におよぶ飲食，③マスクなしでの会話，④狭い空間での共同生活，⑤居場所の切り替わり)の回避，マスクの適切な着用，こまめな換気，手洗いなどが推奨されている。

イ　令和3年2月13日に施行された改正後の新型インフルエンザ等対策特別措置法(平成24年法律第31号)では，差別的取扱い等の防止に係る規定が設けられた。

ウ　児童生徒等が濃厚接触者に特定されない場合であっても，学校で感染者と接触(感染者の感染可能期間(発症3日前～)の接触)があった者のうち，会話の際にマスクを着用していないなど感染対策を行わずに飲食を共にした者等は出席停止の措置を取る。

エ　新型コロナウイルス感染症は，感染者の口や鼻から，咳，くしゃみ，会話等のときに排出される，ウイルスを含む飛沫又はエアロゾルと呼ばれる更に小さな水分を含んだ状態の粒子を吸入するか，感染者の目や鼻，口に直接的に接触することにより感染する。

オ　換気の目安としてCO_2モニターにより二酸化炭素濃度を計測することも考えられる。学校環境衛生基準では，1000ppmを基準としている。政府の新型コロナウイルス感染症対策分科会では，マスクを伴わない飲食を前提としている飲食店等の場合には，500ppm以下が望ましいとされており，昼食には換気を強化するなど，児童生徒の活動の態様に応じた換気が求められる。

	ア	イ	ウ	エ	オ
①	○	×	×	○	×
②	×	○	○	×	○
③	×	○	○	×	×
④	○	○	×	○	×
⑤	○	×	×	×	○

(☆☆☆☆◎◎◎)

【16】次の各文は，食中毒について述べたものである。「腸炎ビブリオ食中毒」に当てはまるものを選びなさい。

①	毒素型細菌性食中毒で頻度も高い。原因となる菌は，人の皮膚や鼻の中に広く分布し，化膿を起こす菌であるが，そのうち約半数が食物中で増殖しながら，耐熱性のエンテロトキシンという毒素を出す。潜伏期は3時間前後で，頭痛，唾液の増加とともに急に腹痛，吐き気，下痢が出現するが，発熱はないことが多い。1〜2日で治る。
②	原因となる菌は，動物，家畜，鳥の腸管に広く分布しており，食肉や卵を介したり，ネズミの糞尿を介して食品が汚染される。ペットが原因のこともある。潜伏期は12〜24時間で，吐き気，嘔吐，腹痛，下痢，発熱，頭痛，筋肉痛が見られる。1週間以内に治る。
③	毒素型細菌性食中毒で年間発生数は少ない。消化器症状のほか，神経症状が出現するのが特徴で，呼吸筋麻痺で死亡することが多い。潜伏期は12〜36時間とやや長く，まず消化器症状が出現し，次いでめまい，物が2つに見える（眼筋麻痺），視力障害，言語障害，嚥下困難などの神経症状が見られ，やがて呼吸麻痺が見られる。
④	日本で最も多い食中毒である。生の魚介類が原因食であることが多い。菌は，海底土中に常在し，魚介類に付いて陸揚げされる。潜伏期は12〜24時間で嘔吐，腹痛，下痢，特に血便，発熱がみられる。通常は2〜3日以内に治る。
⑤	原因となる菌が産出する強毒素のベロ毒素によるものである。潜伏期間は35日とされ，下痢，血便，腹痛，発熱が起こり，溶血性尿毒症症候群が併発すると重篤となる。

(☆☆☆☆◎◎)

【17】次のア〜オの各文は，アレルギーの症状とその対応について述べた
ものである。正しいものを○，誤っているものを×としたとき，正し
い組合せを選びなさい。

ア　花粉のアレルギーがある児童生徒等がそれらの花粉抗原と構造が
　　似た物質を含む生の果実や野菜を食べたときに，食後5分以内に口
　　腔内の症状(のどのかゆみ，ヒリヒリする，イガイガする，腫れぼ
　　ったいなど)が誘発されることを，交差反応という。

イ　食物依存性運動誘発アナフィラキシーにはIgE抗体が関係してお
　　り，原因食物として最も多いものは卵である。

ウ　食物依存性運動誘発アナフィラキシーは，運動と原因食物の組合
　　せにより，はじめて症状が誘発される。多くの場合は原因食物の摂
　　取後，2時間以内の運動で発症するとされているため，運動をする
　　予定があれば，原因食物を4時間以内に摂取しないようにする。

エ　食物アレルギーの症状としては，呼吸器症状が最も多く，次いで
　　皮膚症状である。

オ　アナフィラキシーが疑われる場合，まず適切な場所に足を頭より
　　高く上げた体位で寝かせ，嘔吐に備え，顔を横向きにする。

	ア	イ	ウ	エ	オ
①	○	×	×	○	○
②	×	○	×	×	×
③	○	○	○	○	×
④	×	×	×	×	○
⑤	○	×	○	×	○

(☆○○○○)

【18】次の文は，ネフローゼ症候群について述べたものである。文中の
（　ア　）〜（　オ　）に当てはまる語句を《語群》a〜jから選んだとき，
正しい組合せを選びなさい。ただし，同じ記号には同じ語句が入る。

> 　ネフローゼ症候群は，腎臓のろ過装置である（　ア　）から非常
> に多くの（　イ　）が漏れ出てしまい，その結果血液中の（　イ　）が
> 少なくなり，全身の（　ウ　）をきたす病気である。子供のネフロ
> ーゼ症候群の約（　エ　）%は原因が特定できない（　オ　）ネフロ
> ーゼ症候群である。

《語群》

a　50　　　　　b　半月体　　　c　蛋白質　　　d　ヘモグロビン
e　糸球体　　　f　特発性　　　g　腫脹　　　　h　浮腫
i　慢性　　　　j　90

	ア	イ	ウ	エ	オ
①	e	d	h	a	i
②	b	d	g	j	f
③	e	c	h	a	i
④	b	c	g	a	f
⑤	e	c	h	j	f

(☆☆◯◯◯)

【19】次のア〜オの各文は，精神疾患を含む学校における心の健康に関す
る教育について述べたものである。正しいものを◯，誤っているもの
を×としたとき，正しい組合せを選びなさい。
ア　小学校学習指導要領解説体育編(平成29年文部科学省)では，不安
や悩みへの対処には，不安や悩みの原因となる事柄に対処する，仲
間と遊ぶ，運動をするなどいろいろな方法があることが示されてい
る。
イ　中学校学習指導要領解説保健体育編(平成29年文部科学省)では，
心の健康を保つには，適切な生活習慣を身に付けるとともに，欲求

やストレスに適切に対処することが必要であることを理解できるようにすることが示されている。

ウ　中学校学習指導要領解説保健体育編(平成29年文部科学省)では，ストレスの影響は原因そのものの大きさとそれを受け止める人の心や身体の状態によって異なること，個人にとって適度なストレスは，精神発達上必要なものであることを理解できるようにすることが示されている。

エ　高等学校学習指導要領解説保健体育編　体育編(平成30年文部科学省)では，精神疾患は，精神機能の基盤となる心理的，生物的，または身体的な機能の障害などが原因となり，認知，情動，行動などの不調により，精神活動が不全になった状態であることを理解できるようにすることが示されている。

オ　高等学校学習指導要領解説保健体育編　体育編(平成30年文部科学省)では，うつ病，統合失調症，不安症，心的外傷後ストレス障害の疾患が示されており，いずれも若年で発症しやすいものである。

	ア	イ	ウ	エ	オ
①	×	×	○	×	○
②	○	○	×	×	×
③	×	×	×	○	○
④	×	○	○	×	×
⑤	○	×	○	○	×

(☆☆☆○○○○)

【20】 次の図は，スキャモンによって示された人の各器官の発育のしかた
を示したものである。図の(ア)～(エ)に当てはまる語句の正し
い組合せを選びなさい。

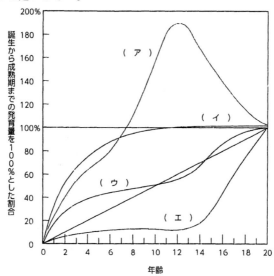

	ア	イ	ウ	エ
①	生殖型	一般型	神経型	リンパ型
②	生殖型	リンパ型	一般型	神経型
③	リンパ型	神経型	一般型	生殖型
④	一般型	生殖型	リンパ型	神経型
⑤	リンパ型	一般型	神経型	生殖型

(☆○○○○)

【21】 次のア～オの各文は，喫煙，飲酒，薬物乱用防止教育について述べ
たものである。正しいものを○，誤っているものを×としたとき，正
しい組合せを選びなさい。

ア 平成21年から令和元年の10年間でみると，20歳以上の男性の喫煙
率は低下しているが，20歳以上の女性の喫煙率は増加傾向にある。

イ 喫煙，飲酒を経験したことのある中，高校生の割合は，男女とも

に年々顕著に低下している。

ウ　学校における教育では，常習的な喫煙や飲酒が様々な疾病の原因
となることについて取扱うが，喫煙や飲酒のメリットについては触
れる必要はない。

エ　喫煙，飲酒，薬物乱用防止教育においては，指導内容を限定的に，
単発で実施することで教育効果が得られる。

オ　薬物乱用防止教育は，疾病予防の考え方としての二次予防を目的
にしている。

	ア	イ	ウ	エ	オ
①	×	○	○	×	×
②	○	○	×	×	○
③	○	×	○	○	○
④	×	×	×	○	×
⑤	○	×	○	×	×

(☆☆○○○)

【22】「学校におけるてんかん発作時の坐薬挿入について」(平成28年2月
文部科学省事務連絡)では，学校現場等で児童生徒がてんかんによるひ
きつけを起こし，生命が危険な状態等である場合に，現場に居合わせ
た教職員が，緊急やむを得ない措置として，坐薬を自ら挿入できない
本人に代わって挿入する場合に，医師法違反とはならないための条件
が示されている。次の各文は，その条件について述べたものである。
適切でないものを選びなさい。

①	当該児童生徒及びその保護者が，事前に医師から，学校においてやむを得ず坐薬を使用する必要性が認められている児童生徒であること及び坐薬の使用の際の留意事項に関して書面で指示を受けていること。
②	当該児童生徒及びその保護者が，学校に対して，やむを得ない場合には当該児童生徒に坐薬を使用することについて，具体的に依頼（医師から受けた坐薬の挿入の際の留意事項に関する書面を渡して説明しておくこと等を含む。）していること。

③	当該児童生徒を担当する教職員は，当該児童生徒がやむを得ず坐薬を使用することが認められる児童生徒本人であることを改めて確認し，坐薬の挿入の際の留意事項に関する書面の記載事項を遵守すること。
④	衛生上の観点から，手袋を装着した上で坐薬を挿入すること。
⑤	当該児童生徒の保護者又は教職員は，坐薬を使用した後，当該児童生徒の状態を経過観察し，発作がおさまらない場合は医療機関での受診をさせること。ただし，発作がおさまった場合は，必ずしも医療機関での受診をさせる必要はない。

(☆○○)

【23】次の文は，「学校保健安全法施行規則」(令和2年省令第39号)の条文の一部を抜粋したものである。文中の(ア)〜(オ)に当てはまる語句を，条文のとおりに漢字で記入しなさい。

> 第6条　法第13条第1項の健康診断における検査の項目は，次のとおりとする。
> 一　身長及び体重
> 二　(ア)
> 三　脊柱及び胸郭の疾病及び異常の有無並びに(イ)
> 四　視力及び聴力
> 五　眼の疾病及び異常の有無
> 六　(ウ)及び(エ)の有無
> 七　歯及び口腔の疾病及び異常の有無
> 八　(オ)の有無
> 九　心臓の疾病及び異常の有無
> 十　尿
> 十一　その他の疾病及び異常の有無

(☆☆○○○○)

【24】次の文は,「喫煙,飲酒,薬物乱用防止に関する指導参考資料小学
校編(令和元年度改訂)」(令和2年3月公益財団法人日本学校保健会)で示
された薬物乱用の健康への影響についての一部を抜粋したものであ
る。文中の(ア)～(エ)に当てはまる語句を記入しなさい。ただ
し,同じ記号には同じ語句が入る。

「薬物乱用」は,薬物等の物質を社会的許容から逸脱した目的や
方法で(ア)使用することです。覚醒剤や大麻などの違法薬物
の使用は,法に反しており「乱用」です。未成年者の喫煙や飲酒
も同様です。

(略)

「薬物依存」は,薬物乱用の繰り返しの結果,その薬物の使用に
対する(ア)コントロールを失った状態を言います。依存には,
「(イ)依存」と「(ウ)依存」があります。「(イ)依存」
とは,薬物が(イ)にあることが通常の状態になってしまった
後,急にその薬物がなくなることにより,「禁断症状(退薬症状と
もいう)」が現れることです。

(略)

「(ウ)依存」とは,薬効が切れてくると,その薬物をまた使
いたいという「渇望」が湧いてきて,この「渇望」をコントロー
ルできずに薬物を使ってしまう状態を言います。

「薬物(エ)」とは,薬物による健康被害のことを指し,「急
性(エ)」と「慢性(エ)」に分けられます。「急性(エ)」
とは,「依存」とは関係なく,「乱用」することで陥る可能性のあ
る一過性の病態のことです。

(☆☆☆☆◎◎)

【25】次の文は，眼について述べたものであり，以下の図は，眼球の水平断面図である。文中及び図中の(ア)～(オ)に当てはまる語句を正しく記入しなさい。ただし，同じ記号には同じ語句が入る。

> (ア)と強膜は眼球外壁の最外側をおおう膜で，この2つが眼球の形を保っている。中間の膜はぶどう膜といわれ，(イ)，(ウ)，(エ)の3つの部分に分けられる。(イ)の中央には瞳孔があり，眼に入る光の量を調整している。(ウ)は，(イ)と(エ)の間にあり，(オ)で水晶体をつり下げている。(ウ)のはたらきによって水晶体の厚さがかわり，網膜にはっきりした像が結ばれる。また，(ウ)は房水を産生して，(ア)と水晶体を栄養している。

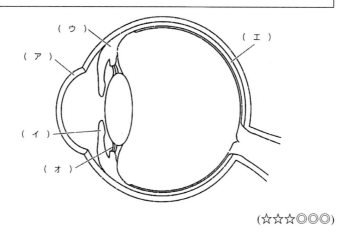

(☆☆☆◎◎◎)

【26】次の文は，「教職員のための子どもの健康観察の方法と問題への対応」(平成21年3月文部科学省)「第1章 健康観察」「2 健康観察の目的」を抜粋したものである。文中の(ア)～(ウ)に当てはまる語句を記入しなさい。

　健康観察の目的は，以下のとおりである。
① 子どもの心身の健康問題の早期発見・早期対応を図る。

②　感染症や食中毒などの集団発生状況を把握し，(　ア　)や予防を
　図る。
③　日々の継続的な実施によって，子どもに(　イ　)に興味・関心を
　もたせ，(　ウ　)の育成を図る。

(☆☆○○○○○)

【27】次の表は，健康診断時における虐待の早期発見の視点について示し
　たものである。表中の(　ア　)～(　オ　)に当てはまる語句を記入しな
　さい。ただし，(　ア　)～(　オ　)にはそれぞれ異なる語句を記入する
　こと。

内科検診	不自然な傷・あざ，(　ア　)，(　イ　)等
耳鼻科検診（聴力検査）	外傷の放置，(　ウ　)等
歯科検診	(　エ　)，歯の萌出の遅れ，(　オ　)等

(☆☆☆☆○○○○)

【28】次の文は，保健室経営計画を作成する必要性について述べたもので
　ある。文中の(　ア　)～(　ウ　)に当てはまる語句を記入しなさい。た
　だし，同じ記号には同じ語句が入る。
・(　ア　)や学校保健目標の具現化を図るための保健室経営を計画的，
　組織的に進めることができる。
・児童生徒の健康課題の解決に向けた保健室経営計画(課題解決型)を
　立てることによって児童生徒の健康課題を(　イ　)で共有すること
　ができる。
・保健室経営計画の自己(　ウ　)及び他者(　ウ　)(教職員等)を行うこ
　とにより，総合的な(　ウ　)ができるとともに課題がより明確にな
　り，次年度の保健室経営に生かすことができる。

(☆☆○○○)

解答・解説

【1】①

〈解説〉学校保健安全法第1条は，同法の目的を定めたもの。同法施行令および同法施行規則と併せて精読し，文言を正しく押さえておくこと。b「衛生的な環境」は誤りで正しくは「安全な環境」，c「学習環境の保全」は誤りで正しくは「安全の確保」，e「充実」は誤りで正しくは「成果の確保」である。

【2】⑤

〈解説〉学校保健安全法は，全32条と附則から成る。第1章が総則，続く第2章の学校保健では学校の管理運営等(第4条～第7条)，健康相談等(第8条～第10条)，健康診断(第11条～第18条)，感染症の予防(第19条～第21条)，学校保健技師並びに学校医，学校歯科医及び学校薬剤師(第22条，第23条)，地方公共団体の援助及び国の補助(第24条，第25条)，そして第3章の学校安全(第26条～第30条)，第4章の雑則(第31条，第32条)，最後に附則と続いている。大まかな並びも覚えておこう。a「救急処置」は誤りで正しくは「児童生徒等に対する指導」，b「環境衛生検査」は誤りで正しくは「健康診断」である。

【3】③

〈解説〉学校保健安全法施行規則第9条は，学校保健安全法第14条「学校においては，前条の健康診断の結果に基づき，疾病の予防処置を行い，又は治療を指示し，並びに運動及び作業を軽減する等適切な措置をとらなければならない」を受けて，健康診断の事後措置について規定したもの。学校保健安全法の文言も頻出であるので，併せて押さえておきたい。a「30日」は誤りで正しくは「21日，d「教室環境」は誤りで正しくは「学級の編成」，e「支援」は誤りで正しくは「保健指導」である。

【4】②

〈解説〉単元「健康な生活」は，小学校の体育で初めて扱われる保健学習
　である。児童が自他の健康に興味をもち，健康について考えられるよ
　うに，自らの生活の仕方や身の回りの環境を振り返って具体的に学ぶ
　ことで，今後の保健学習につながる要となる単元である。

【5】②

〈解説〉本項では，けがの防止について交通事故や身の回りの生活の危険
　などを取り上げ，それらの課題を見つけ，その解決を目指した活動か
　らけがの予防を考えたり，自分でできる簡単な手当ができたりするこ
　とを目標としている。また，犯罪被害の防止についてもこの単元で取
　り上げられている。子どもの死因(令和2年)のうち，不慮の事故は5〜9
　歳で2位，10〜14歳で3位と上位を占めている。その原因として多いの
　は交通事故，ついで溺水となっており，水の事故が子どもたちにとっ
　て脅威であることを覚えておきたい。

【6】②

〈解説〉個人の健康の保持増進や疾病の予防のためには，個人が行う取り
　組みとともに，社会の取り組みが有効であることは中学校で学習済み
　であるが，高等学校ではさらに発展させて，保健・医療制度や医薬品
　についても理解できるように指導する。bの正答である「要指導医薬
　品」とは，処方せんは不要であるものの，薬剤師が対面で情報提供な
　どを行うことを義務付けられている医薬品である。いわゆるOTC医薬
　品などの中でもリスクの高い薬が当てはまる。eの誤肢である「リプ
　ロダクティブ・ヘルス」とは性と生殖に関する健康を指す言葉である。

【7】④

〈解説〉がんは国をあげての重要課題とされており，健康に関する基礎知
　識のひとつとしてがん教育の推進が求められている。イの「日本人の
　死因の約5割はがんとなっている」は誤りで，正しくは「日本人の死

因の約3割はがんとなっている」。ウは，最も多い罹患数・死亡数ともに誤り。罹患・死亡するがんの種類は男女で異なる。男性のがん罹患率1位は前立腺がんであり，近年特に増加傾向である。女性のがん罹患率1位は乳がんである。死亡数が最も多いのは，男性は肺がん，女性は大腸がんである。

【8】①

〈解説〉ア　色覚検査は過去には健診の必須項目であったが，プライバシーの配慮や，事後指導が不十分であることなどから必須項目から除かれた。しかし，自分の特性に気がつかないまま進路選択を迎え，希望する職業等につけないなどの問題点が生じることを防止するために，児童生徒等や保護者の同意を得たうえで，希望者へ色覚検査を行うこととなっている。検査を行う場合は十分な明るさがある室内で行い，できるだけ個室やついたて，カーテンなどを使用し，プライバシーの配慮を行う。　エ　被検査者が答えた内容については，訂正や念押しをすることは認められていない。検査表は5年程度で更新することが望ましい。　オ　色覚は矯正等ができないため，教職員の理解を促し，チョークの色や，ディスプレイ画面の配色などへの配慮を行う必要がある。

【9】③

〈解説〉健康診断の目的は「①健康状態の把握」と「②健康教育に役立てる」ことに大別され，学習指導要領では健康教育での役立て方について例示されている。bの「日常」生活は誤りで正しくは「学校」生活であり，cの「診断」は誤りで正しくは「スクリーニング」である。eの「事後措置として通知する必要はない」は誤りで，健康の保持増進に役立てるという観点から，全ての児童生徒等へ事後措置として結果を通知する必要がある。

【10】②

〈解説〉スポーツの振興と健康の保持増進のために独立行政法人日本スポーツ振興センターが設置され，災害給付や健康の保持増進のための調査研究等を行っている。学校の管理下での災害には給付金が支給されるため，その流れと仕組みを理解しておくことが必要である。ア　歯牙の欠損の定義に違いがある。欠損とは「永久歯が根から全部取れてなくなったもの(喪失歯であり，治療過程で抜歯したものも含む)」とされ，破折は含まれない。また，脱落した歯牙が再植された場合も対象外である。　ウ　給付の制限については高等学校，高等専門学校及び高等専修学校の生徒又は学生が対象となり，中学校は含まれない。

【11】③

〈解説〉学校環境衛生基準は数値の見直しがよく行われるので，最新のものを確認しておこう。ア・イ　2022(令和4)年5月の一部改正で教室内の温度は下限が17℃から18℃へ変更され，一酸化炭素は上限が10ppmから6ppmへ変更になっている。　ウ　教室内の等価騒音レベルは窓を開けているときはLAeq55dB以下であるが，窓を閉めているときはLAeq50dB以下である。　エ　ダニ又はダニアレルゲンは100匹／m²以下である。ダニの死骸や糞は，気管支喘息，アトピー性皮膚炎，アレルギー性鼻炎・結膜炎など，様々なアレルギー疾患を引き起こす。

【12】③

〈解説〉③は誤り。体の内側に包帯の結び目があると，衣服などで擦れてほどけたり，はがれたりしやすいため，体の外側で結ぶのが一般的である。また，結び目が体を圧迫するので患者を寝かせたとき体の下にならないように，結び目が屈曲部の動きの邪魔をしたりしないように注意する。

【13】④

〈解説〉学校保健安全法の「学校安全」に関する条文からの出題である。a「課外活動」は誤りで正しくは「通学」である。第27条は「学校安全計画の策定等」を規定したもの。 d「災害等発生時」は誤りで正しくは「危険等発生時」である。第29条は、「危険等発生時対処要領の作成等」を規定したもので、危険等には事件・事故や自然災害などが含まれており、この条文により、各学校で危険等発生時対処要領(危機管理マニュアル)を作成することとされた。

【14】①

〈解説〉ア・イ 誤り。百日咳は、「百日咳ウイルス」ではなく「百日咳菌」が原因で起こる細菌感染症で、主な感染経路は飛沫感染と接触感染である。感染期間は適切な治療を行わなければ4週目頃までとされているが、抗菌治療を行えば5日程度で感染力は著しく低下する。よって、出席停止期間は、特有の咳が消失するまで、または5日間の抗菌薬療法が終了するまでである。 エ 誤り。水痘(みずぼうそう)は水痘・帯状疱疹ウイルスによる感染症であり、空気感染、飛沫感染、接触感染が主な感染経路である。感染期間は、発しん出現の「5～7日前」ではなく「1～2日前」から全ての発しんが痂皮化するまでである。出席停止期間は、全ての発しんがかさぶたになるまでとされている。

【15】④

〈解説〉2019(平成31)年に新型コロナウイルス感染症が流行し始めてから、学校における新型コロナウイルス感染症に関する衛生管理マニュアルは、幾度となく改訂を繰り返してきた。2023年2月末現在の最新版である「学校における新型コロナウイルス感染症に関する衛生管理マニュアル～『学校の新しい生活様式』～(2022.4.1. Ver.8)」によれば、ウの感染者の感染可能期間は「発症3日前～」は誤りで正しくは「発症2日前～」である。なお、ウの対応は、オミクロン株が流行し、濃厚接触者の特定や行動制限に大きく変化が見られたため変更されたもので

ある。オは，教室内の環境衛生基準と合わせて考えたい。学校環境衛生基準では教室内の二酸化炭素濃度は「1,000ppm」ではなく「1,500ppm」を基準としている。また，政府の新型コロナウイルス感染症対策分科会では，マスクを伴わない飲食を前提としている飲食店では「500ppm以下」ではなく「1,000ppm以下」が望ましいとされている。学校でも飲食中は政府の方針に則り，換気を強化できるとよい。なお，新型コロナウイルスの感染症法上の位置付けは，2023年5月8日から，季節性インフルエンザと同じ「5類」に引き下げられることになっている。これに伴い，学校等における対応や規定にも各種の変更が生じると思われる。常に最新情報を確認するようにしたい。

【16】④

〈解説〉食中毒は大きく分けて細菌性，ウイルス性，自然毒，化学物質，寄生虫に分けられる。①は黄色ブドウ球菌，②はカンピロバクター，③はボツリヌス菌，④は腸炎ビブリオ，⑤は腸管出血性大腸菌の説明文であり，全て細菌性食中毒である。細菌性食中毒は食品に付いた細菌が増殖し，体内に侵入することで発生する。一方，ウイルス性食中毒は食品中では増加しないので食品に付けないようにすることが大切である。

【17】⑤

〈解説〉「学校のアレルギー疾患に対する取り組みガイドライン(令和元年度改訂)」(公益財団法人日本学校保健会)を参照のこと。食物アレルギーは特定の食物を摂取することで，皮膚，呼吸器，消化器あるいは全身性に生じるアレルギー反応のことをいう。即時型の食物アレルギー，口がイガイガするなどの口腔アレルギー症候群，そして，食物摂取後に運動することによってアナフィラキシーが誘発される食物依存性運動誘発アナフィラキシーの3つの病型に分類される。イの食物依存性運動誘発アナフィラキシーの原因物質として最も多いとされるのは「卵」ではなく「小麦，甲殻」である。エの食物アレルギーの症状で

最も多いのは「呼吸器症状」ではなく「皮膚症状」である。

【18】⑤

〈解説〉ネフローゼ症候群は，尿中に大量のタンパクが出る疾患で，強い
むくみが現れることが多い病気である。子どもでは原因不明の特発性
ネフローゼ症候群が多く見られ，再発を繰り返す子どもも多い。治療
が長期にわたり，入院治療が必要なこともある。学校生活では運動管
理や食事管理などの生活管理が必要になることがあり，管理指導表を
もとに主治医と連携を取り対応する。また，治療薬であるステロイド
の長期服用による副作用などへの注意が必要である。

【19】④

〈解説〉精神疾患を含む心の健康は，日本において重要な健康課題と位置
付けられている。2018(平成30)年3月告示の高等学校学習指導要領にお
いて，保健の内容のひとつとして「精神疾患の予防と回復」について
学ぶ時間が確保されたことは，大きな変化であるので押さえておきた
い。 ア 小学校保健で取り組む不安や悩みへの対処については，
「原因となる事柄に対処する」は誤りで，正しくは「大人や友達に相
談する」である。誰もが経験する不安や悩みを経験した際には「家族
や先生，友達などと話したり相談したりすること」とされている。
エ 精神疾患の原因で述べられている「身体的な機能の障害」は誤り
で正しくは「社会的な機能の障害」である。 オ 高等学校学習指導
要領で取り上げられている精神疾患はうつ病，統合失調症，不安症，
摂食障害であり，「心的外傷後ストレス障害」は示されていない。

【20】③

〈解説〉人の誕生から20歳ごろの間までの成長具合をグラフで示したもの
がスキャモンの発育曲線である。出生後すぐに増加する神経型，出生
後すぐと思春期に大きく増加する身長等の一般型，第2次性徴ととも
に大幅に成長する生殖型，そして，胸腺等のリンパ型の4つが示され

ている。リンパ型は体を守るための免疫系であるが，免疫力は思春期前後にピークを迎え，20歳ごろにかけてゆっくりと低下していく。

【21】①

〈解説〉喫煙，飲酒，薬物乱用は心身の健康や生命に深刻な影響を及ぼす典型的な危険行動である。喫煙，飲酒，薬物乱用のきっかけとして，個人的要因や社会的要因が影響するなどの共通の特徴が見られ，これらを包括した防止教育が必要であるとされている。喫煙率や10代の飲酒率は減少している一方，大麻の検挙人員は増加しており，特に若年層で増加している。「喫煙，飲酒，薬物乱用防止に関する指導参考資料」(公益財団法人日本学校保健会)がよくまとまっているので参考にされたい。　ア　国立がん研究センター作成の資料によれば，2009(平成21)年から2019(令和元)年の10年間では，20歳以上の男性・女性の喫煙率は，全体として減少し続けている。　エ　「指導内容を限定的に，単発で実施する」のではなく，学校・家庭・地域社会が連携し，学校全体で組織的に行い，児童生徒の発達段階に応じた計画的・継続的な取組を実施することで，教育効果が得られる。　オ　学校における飲酒，喫煙，薬物乱用に関する教育は，未然に防ぐ1次予防が目的である。

【22】⑤

〈解説〉出題の「文部科学省事務連絡」を参照のこと。⑤の「発作が収まった場合は，必ずしも医療機関での受診をさせる必要がない」が誤りで，投与時は必ず医療機関を受診させ，薬剤を使用した旨を伝えなくてはならない。学校では，てんかん発作時の座薬挿入や，アナフィラキシー症状出現時のエピペン®投与など，条件を満たした上で限定的に許される行為がある。家庭や主治医との連携を行い，必要時に適切に投与できるように事前に確認しておかなければならない。

【23】ア　栄養状態　　イ　四肢の状態　　ウ　耳鼻咽頭疾患　　エ　皮膚疾患　　オ　結核

〈解説〉学校保健安全法施行規則第6条は，学校で行われる児童生徒の健康診断の検査の項目を定めたものである。項目や実施学年などは頻出問題であるので，覚えておくこと。また，各検査について，検査の意義，準備，検査方法，判定，事後措置などについても，「児童生徒等の健康診断マニュアル(平成27年度改訂)」(公益財団法人日本学校保健会)を確認しておきたい。

【24】ア　自己　　イ　身体　　ウ　精神　　エ　中毒

〈解説〉薬物の種類によって，身体依存や精神依存の起こりやすさは変わってくる。急性中毒は依存とは関係なく乱用から起こるもので，アルコールの一気飲みで起こる意識障害等がその一例である。一方，慢性中毒は依存から起こるもので，薬物等の使用を繰り返すことによって，人体に慢性・持続性異常状態が発現する。薬物による慢性中毒のひとつとして幻覚・妄想等が挙げられる。また，依存に基づく飲酒や喫煙から起こる肝硬変や肺がんも，慢性中毒に含まれる。

【25】ア　角膜　　イ　虹彩　　ウ　毛様体　　エ　脈絡膜　　オ　チン小帯

〈解説〉ものが見える仕組みはカメラの構造とよく似ており，光量を調節する虹彩やピント合わせをする水晶体などから成る。角膜は光を目に届けるために無色透明であるが，そのために血管による栄養補給が受けられないので，房水により栄養を受けている。なお，オのチン小帯は毛様体小帯ともいう。

【26】ア　感染の拡大防止　　イ　自他の健康　　ウ　自己管理能力

〈解説〉心身の健康問題は，小さいうちに対処をすることが円滑な教育活動につながるため，児童生徒の心身の体調面を教職員全体で把握できるように組織立てたい。感染症は集団生活を送る学校で流行すること

があるため，健康観察で流行の兆しを発見できるようにしておく。教職員が児童生徒の健康に注意をはらい大切にする姿勢から，生涯を通じて自己の健康状態を管理できる姿勢を身に付けさせることも目的のひとつである。なお，健康観察は，学校保健安全法第9条(保健指導)を法的根拠とすることを押さえておきたい。

【27】ア・イ　・発育の状態　　・身なりや身体の衛生状態　・保護者が精密検査を受けさせない　　・衣服を脱ぐことや診察を怖がるなどの様相　からそれぞれ1つ　　ウ　・身なりや身体の衛生状態　　・心因性難聴　　・保護者が精密検査を受けさせない　　・衣服を脱ぐことや診察を怖がるなどの様相　から1つ　　エ・オ　・身なりや身体の衛生状態　　・口腔内の外傷の放置　　・ひどいう歯　・保護者が精密検査を受けさせない　　・衣服を脱ぐことや診察を怖がるなどの様相　からそれぞれ1つ

〈解説〉虐待の問題に対応する際に，日常の児童生徒の様子は非常に有用な情報となる。また，健康診断では各種健診や検査が行われ，虐待を発見しやすい機会である。ただし，これらの症状や行動があるからといって，必ずしも虐待であるとは限らないことに留意する。「養護教諭のための児童虐待対応の手引」(2007(平成19)年10月，文部科学省)を確認しておくこと。

【28】ア　学校教育目標　　イ　全教職員　　ウ　評価

〈解説〉出題の文は，「保健室経営計画作成の手引(平成26年度改訂)」(2015(平成27)年2月，公益財団法人日本学校保健会)の「2−(2)　保健室経営計画の必要性」からの一部抜粋である。学校保健計画は全教職員が役割分担して組織的に推進していくものであるのに対して，保健室経営計画は養護教諭がどのような保健室をマネジメントするのか，学校教育目標や学校保健目標，児童生徒等の実態を踏まえて計画するものである。実践によって達成されたことや，課題として明らかになったことを評価の観点とすることで，次年度につなげることができる。

2022年度　　実施問題

※福岡市を志望する場合は，【1】～【23】を解答してください。

【1】次のア～エの各文は，「学校保健安全法」(平成27年法律第46号)の条文を抜粋したものである。文中の下線部a～eについて，正しいものを○，誤っているものを×としたとき，正しい組合せを選びなさい。

> ア　学校においては，児童生徒等の心身の健康に関し，_a健康相談を行うものとする。(第8条)
>
> イ　_b校長は，前条の健康診断の結果に基づき，治療を勧告し，保健上必要な助言を行い，及び学校教育法第17条第1項に規定する義務の猶予若しくは免除又は特別支援学校への就学に関し指導を行う等適切な措置をとらなければならない。(第12条)
>
> ウ　_c学校の設置者は，感染症の予防上必要があるときは，臨時に，学校の全部又は一部の休業を行うことができる。(第20条)
>
> エ　学校においては，児童生徒等の安全の確保を図るため，児童生徒等の保護者との連携を図るとともに，当該学校が所在する地域の_d実情に応じて，当該地域を管轄する_e保健所その他の関係機関，地域の安全を確保するための活動を行う団体その他の関係団体，当該地域の住民その他の関係者との連携を図るよう努めるものとする。(第30条)

	a	b	c	d	e
①	×	○	○	×	×
②	○	×	×	×	○
③	○	×	○	○	×
④	×	○	○	×	○
⑤	○	×	×	○	×

(☆☆☆☆○○○○○)

【2】次のア〜オの各文は，中学校学習指導要領(平成29年3月告示)「第5章　特別活動」「第2　各活動・学校行事の目標及び内容」〔学級活動〕「2　内容」の一部を抜粋したものである。文中の下線部a〜eについて，正しいものを○，誤っているものを×としたとき，正しい組合せを選びなさい。

> (2)　日常の生活や学習への適応と自己の成長及び健康安全
> 　ア　自他の個性の理解と尊重，よりよい人間関係の形成
> 　　　自他の個性を理解して尊重し，互いのよさや a 主体性を発揮しながらよりよい集団生活をつくること。
> 　イ　男女相互の理解と協力
> 　　　男女相互について理解するとともに，共に協力し b 励まし合い，充実した生活づくりに参画すること。
> 　ウ　思春期の不安や悩みの解決，c ストレスへの対応
> 　　　心や体に関する正しい理解を基に，適切な行動をとり，悩みや不安に向き合い乗り越えようとすること。
> 　エ　心身ともに健康で安全な生活態度や習慣の形成
> 　　　節度ある生活を送るなど現在及び生涯にわたって心身の健康を保持増進することや，d 事件や事故，災害等から身を守り安全に行動すること。
> 　オ　食育の観点を踏まえた学校給食と望ましい食習慣の形成
> 　　　給食の時間を中心としながら，成長や健康管理を意識するなど，望ましい食習慣の形成を図るとともに，食事を通して e 人間関係をよりよくすること。

	a	b	c	d	e
①	○	×	○	×	×
②	×	○	×	×	○
③	×	×	×	○	○
④	○	×	×	○	×
⑤	×	○	○	×	○

(☆☆☆☆○○○○○)

76

【3】次の図は，高等学校学習指導要領解説保健体育編　体育編(平成30年文部科学省)「第1部　保健体育編」「第2章　保健体育科の目標及び内容」「第2節　各科目の目標及び内容」「『保健』」「3　内容」の一部を抜粋したものである。図中の(a)～(e)に当てはまる語句の正しい組合せを選びなさい。ただし，同じ記号には同じ語句が入る。

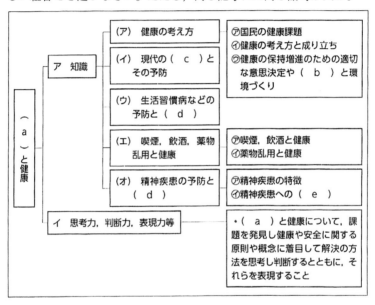

	a	b	c	d	e
①	社会生活	行動選択	疾病	回復	理解
②	現代社会	行動選択	疾病	対応	理解
③	社会生活	実践活動	感染症	対応	理解
④	現代社会	実践活動	感染症	対応	対処
⑤	現代社会	行動選択	感染症	回復	対処

(☆☆☆○○○○○)

【4】次のア～オの各文は，「児童生徒等の健康診断マニュアル(平成27年度改訂)」(平成27年8月公益財団法人日本学校保健会)「第2章　健康診

断時に注意すべき疾病及び異常」のむし歯と歯周病について述べたものである。正しいものを○，誤っているものを×としたとき，正しい組合せを選びなさい。

ア　歯垢内の酸性度(pH)が5.5以下になるとエナメル質の脱灰が始まる。しかし，唾液や歯垢中のタンパク質などの力で歯垢のpHが元に戻ってくると再石灰化が起こる。

イ　歯が萌出してから約2～3年間は，むし歯が発生しやすい時期である。

ウ　COとは，視診にて明らかなう窩は確認できないが，う蝕の初期病変の徴候(白濁，白斑，褐色斑)が認められ，放置するとむし歯に進行すると考えられている歯である。

エ　歯周病とは，歯の周りの組織に病変が起こる疾病の総称である。歯の周りの組織とは，歯肉，象牙質，歯槽骨及び歯根膜をいう。

オ　GOは歯石の沈着があり，歯肉に炎症が認められる者で，生活習慣の改善と注意深いブラッシング等によって炎症が改善されるような歯肉の状態の者をいう。

	ア	イ	ウ	エ	オ
①	○	○	○	×	×
②	×	○	×	○	×
③	×	○	×	×	○
④	○	×	○	○	×
⑤	×	×	○	○	○

(☆☆☆☆○○○○○)

【5】次のア～オの各文は，「児童生徒等の健康診断マニュアル(平成27年度改訂)」(平成27年8月公益財団法人日本学校保健会)「第1章　児童，生徒，学生及び幼児の健康診断の実施」について述べたものである。正しいものを○，誤っているものを×としたとき，正しい組合せを選びなさい。

ア　学校保健安全法施行規則第11条では，小学校入学時及び必要と認

めるときに保健調査を行うことが示されている。

イ　尿検査において，尿の潜血反応を陰性化するおそれのあるビタミンCを添加したお茶やウーロン茶，ビタミンCの含有量の多いジュースや薬剤は，検査前日から摂取を控えるよう指導する。

ウ　眼の疾病及び異常の有無に関する検査において，眼位検査では斜視を検出する。斜視とは，片眼を遮閉したときに，遮閉された眼が目標物を向かない状態である。

エ　結核の有無の検査において発病のおそれがあると診断された者については，おおむね6か月後に再度結核の有無の検査を行うことが規定されている。

オ　色覚の検査は定期健康診断の項目に含まれていないが，児童生徒等が自身の色覚の特性を知らないまま進学・就職等で不利益を受けることがないように，学校医による健康相談等において，必要に応じ個別に検査を行う。

	ア	イ	ウ	エ	オ
①	○	○	×	×	×
②	×	○	○	○	×
③	○	×	×	×	○
④	×	×	○	×	○
⑤	×	○	×	○	○

(☆☆☆☆○○○○○)

【6】次のア〜オの各文は，「令和元年度学校保健統計(学校保健統計調査報告書)」(令和2年3月文部科学省)の調査結果について述べたものである。正しい文の組合せを選びなさい。

ア　高等学校における「痩身傾向児」の割合は，いずれの学年においても男子より女子の方が高い。

イ　「裸眼視力1.0未満の者」は，小学校，中学校及び高等学校で過去最多である。

ウ　「むし歯(う歯)」と判定された者は，ピーク時(昭和40〜50年代)よ

り減少傾向が続いており，中学校及び高等学校で過去最少である。

エ　「鼻・副鼻腔疾患」と判定された者は，中学校及び高等学校で過去最多である。

オ　「ぜん息」と判定された者は，平成21年度より増加傾向が続いており，小学校で過去最多である。

①	ア ・ イ ・ オ
②	ア ・ ウ ・ エ
③	ア ・ ウ ・ オ
④	イ ・ ウ ・ エ
⑤	イ ・ エ ・ オ

(☆☆☆☆○○○○○)

【7】次のア〜オの各文は，独立行政法人日本スポーツ振興センターの災害共済給付制度について述べたものである。正しいものを○，誤っているものを×としたとき，正しい組合せを選びなさい。

ア　高等学校3年生のAさんは登山部の活動で登山を行った後，顔面が赤くただれたため，皮膚科で受診した。その結果，長時間にわたり日光光線に触れたことによる日光皮膚炎で医療を要すると診断されたが，この発症は個人的素質の影響が強いため災害共済給付の対象とはならない。

イ　中学校3年生のBさんは陸上部に所属しており，部活動の練習中に右足の踵が痛くなったため受診したところアキレス腱炎と診断された。Bさんは，学校の管理下外においても社会体育的活動として地域の陸上クラブで練習をしており，疾病発症の原因の所在が明らかでないが，学校の管理下における負傷として災害共済給付の対象となる。

ウ　小学校6年生のCさんは，1泊2日の修学旅行中の2日目に頭痛・鼻水の症状があった。修学旅行が終了し，帰宅後に発熱があったため翌日に受診したところ風邪と診断された。この場合は災害共済給付の対象とはならない。

エ　中学校2年生のDさんは，授業中にエスケープして学校外の道路を歩いていた際に，転倒して負傷した。この場合，授業中の災害であり，学校の管理下における負傷と認められるため災害共済給付の対象となる。

オ　小学校3年生のEさんは，下校途中に転倒して顔面を強打し，前歯3本が破折したため，受傷した当日に破折した部位に，歯冠修復を行う処置を受けた。この場合，歯牙障害による障害見舞金給付の対象となる。

	ア	イ	ウ	エ	オ
①	×	×	○	○	○
②	○	×	○	×	○
③	×	○	×	○	×
④	×	○	×	×	○
⑤	○	×	○	×	×

(☆☆☆☆☆○○○○○)

【8】次の表は，「学校の管理下の災害」(独立行政法人日本スポーツ振興センター)における，障害見舞金の給付対象となった事例(平成25年度〜令和元年度)について，障害別の発生件数の多かったものから順に学校種ごとに示したものである。表中の(ア)〜(オ)に当てはまる語句の正しい組合せを選びなさい。ただし，同じ記号には同じ語句が入る。

	第1位	第2位	第3位	第4位	第5位
小学校	(ア)	(イ)	歯牙障害	(ウ)	(エ)
中学校	(イ)	(ア)	歯牙障害	(ウ)	(エ)
高等学校・高等専門学校	歯牙障害	(イ)	(ウ)	(ア)	(オ)

	ア	イ	ウ	エ	オ
①	外貌・露出部分の醜状障害	視力・眼球運動障害	精神・神経障害	手指切断・機能障害	胸腹部臓器障害
②	視力・眼球運動障害	外貌・露出部分の醜状障害	手指切断・機能障害	胸腹部臓器障害	精神・神経障害
③	視力・眼球運動障害	外貌・露出部分の醜状障害	精神・神経障害	手指切断・機能障害	胸腹部臓器障害
④	外貌・露出部分の醜状障害	視力・眼球運動障害	胸腹部臓器障害	手指切断・機能障害	精神・神経障害
⑤	外貌・露出部分の醜状障害	視力・眼球運動障害	手指切断・機能障害	胸腹部臓器障害	精神・神経障害

(☆☆☆◎◎◎◎◎)

【9】次のア～エの各文は,「学校環境衛生管理マニュアル(平成30年度改訂版)」(平成30年5月文部科学省)「第Ⅱ章　学校環境衛生基準」「第1　教室等の環境に係る学校環境衛生基準」の採光及び照明について述べたものである。文中の(a)～(e)に当てはまる数の正しい組合せを選びなさい。

ア　「まぶしさ」の基準は,児童生徒等から見て,黒板の外側(a)°以内の範囲に輝きの強い光源(昼光の場合は窓)がないこと。

イ　教室以外の照度は,床上(b)cmの水平照度を測定する。なお,体育施設及び幼稚園等の照度は,それぞれの実態に即して測定する。

ウ　教室の照度は,図1に示す9か所に最も近い児童生徒等の机上で測定し,それらの最大照度,最小照度で示す。その場合,教室の壁面から(c)m離れた場所を基準としている。

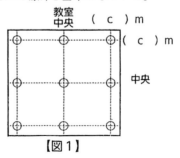

【図1】

エ　黒板の照度は，図2に示す9か所の垂直面照度を測定し，それらの最大照度，最小照度で示す。その場合，上方から(d)cm，側方から(e)cm離れた場所を基準としている。

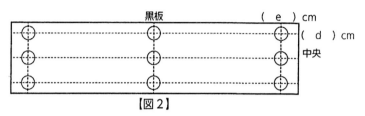

【図2】

	a	b	c	d	e
①	20	75	2	10	20
②	15	65	1	15	20
③	15	75	1	15	20
④	20	65	2	10	30
⑤	15	75	1	10	30

(☆☆☆☆☆◎◎◎◎◎)

【10】次のア〜オの各文は，応急手当について述べたものである。正しいものを○，誤っているものを×としたとき，正しい組合せを選びなさい。

ア　高所から落ちた場合は，頸椎を痛めている可能性があるため，首の安静を保つ必要がある。傷病者の頭を手で両側から包み込むように支え，首が大きく動かないようにする。

イ　鋭い刃物で切ってにじむように出血している場合には，毛細血管からの出血であるので，消毒ガーゼを用いて圧迫止血を行い，血液がにじんできたらその都度ガーゼを取り替える。

ウ　歯が抜けたり，破折したときは，その歯を乾燥させないように歯の保存液に浸す。歯の保存液がない場合は，冷たい牛乳でも代用は可能である。

エ　捻挫や打撲に対しては，患部の出血や腫れを軽くするために，冷

水などで20分以上続けて冷やす。

オ　熱中症が疑われ意識障害がない場合は，涼しい場所へ避難させ，衣服をゆるめて寝かせる。水分摂取が出来る場合は，水分と塩分を補給する。熱けいれんを疑う場合は，生理食塩水などの濃いめの食塩水を補給する。

	ア	イ	ウ	エ	オ
①	○	×	×	○	○
②	×	×	○	○	×
③	○	×	○	×	○
④	○	○	○	×	×
⑤	×	○	×	○	○

(☆☆☆☆○○○○○)

【11】次の文は，血液の凝固について述べたものである。文中の（　ア　）～（　エ　）に当てはまる語句を語群a～fから選んだとき，正しい組合せを選びなさい。ただし，同じ記号には同じ語句が入る。

出血すると，まず，血管の破れたところに（　ア　）が集まってかたまりをつくる。次に（　ア　）から放出される凝固因子と，（　イ　）中に含まれる別の凝固因子の働きで，（　ウ　）と呼ばれる繊維状のタンパク質の形成が促進される。（　ウ　）は網状につながって血球を絡め，塊状の血ぺいをつくる。血ぺいが傷口をふさぎ出血が止まる。

血液凝固は採血した血液を試験管に入れて静置した場合にもみられ，血ぺいは沈殿する。血ぺいとならない淡黄色の液体は，（　エ　）と呼ばれる。

≪語群≫

a　血しょう　　　b　血清　　c　フィブリン　　d　血小板
e　トロンビン　　f　組織液

84

	ア	イ	ウ	エ
①	d	a	e	b
②	d	a	e	f
③	d	a	c	b
④	a	d	e	b
⑤	a	d	c	f

(☆☆☆○○○○○)

【12】次の表は，「令和元年(2019)人口動態統計月報年計(概数)の概況」(厚生労働省)における年齢(5歳階級)・死因順位別を表したものである。表中の(ア)〜(エ)に当てはまる語句の正しい組合せを選びなさい。ただし，同じ記号には同じ語句が入る。

年齢	第1位	第2位	第3位	第4位	第5位
5〜9歳	(ア)	(イ)	(ウ)	心疾患	インフルエンザ
10〜14歳	(ア)	(エ)	(イ)	(ウ)	その他の新生物 心疾患
15〜19歳	(エ)	(イ)	(ア)	心疾患	(ウ)

(注) 死因名は次のように略称で表記している。

心疾患←心疾患(高血圧性を除く)

先天奇形等←先天奇形，変形及び染色体異常

	ア	イ	ウ	エ
①	不慮の事故	悪性新生物〈腫瘍〉	先天奇形等	自殺
②	悪性新生物〈腫瘍〉	不慮の事故	脳血管疾患	自殺
③	不慮の事故	先天奇形等	自殺	悪性新生物〈腫瘍〉
④	悪性新生物〈腫瘍〉	不慮の事故	先天奇形等	自殺
⑤	不慮の事故	先天奇形等	脳血管疾患	悪性新生物〈腫瘍〉

(☆☆☆○○○○○)

【13】次の文は，「『生きる力』をはぐくむ学校での安全教育(改訂)」(平成31年3月文部科学省)「第2章　学校における安全教育」「第1節　安全教育の目標」の一部を抜粋したものである。文中の(ア)～(オ)に当てはまる語句を語群a～jから選んだとき，正しい組合せを選びなさい。ただし，同じ記号には同じ語句が入る。

1　安全教育の目標

(ア)全般における安全確保のために必要な事項を(イ)に理解し，自他の生命尊重を基盤として，生涯を通じて安全な生活を送る基礎を培うとともに，進んで安全で安心な(ウ)に参加し貢献できるような資質・能力を次のとおり育成することを目指す。

○　様々な自然災害や事件・事故等の危険性，安全で安心な(ウ)の意義を理解し，安全な生活を実現するために必要な知識や技能を身に付けていること。(知識・技能)

○　(エ)の安全の状況を適切に(オ)するとともに，必要な情報を収集し，安全な生活を実現するために何が必要かを考え，適切に意思決定し，行動するために必要な力を身に付けていること。(思考力・判断力・表現力等)

○　安全に関する様々な課題に関心をもち，主体的に自他の安全な生活を実現しようとしたり，安全で安心な(ウ)に貢献しようとしたりする態度を身に付けていること。(学びに向かう力・人間性等)

≪語群≫

a	学校生活	b	日常生活	c	実践的	d	学校づくり
e	評価	f	把握	g	自ら	h	周囲
i	総合的	j	社会づくり				

	ア	イ	ウ	エ	オ
①	b	c	j	g	e
②	a	i	d	h	e
③	b	i	j	h	f
④	a	c	j	g	f
⑤	b	c	d	h	e

(☆☆☆☆○○○○○)

【14】次のア～オの各文は,「学校において予防すべき感染症の解説」(平成30年3月公益財団法人日本学校保健会)の感染症について述べたものである。適切でないものを一つ選びなさい。

ア 溶連菌感染症は,適切な抗菌薬療法開始後24時間以内に他への感染力は消失するため,それ以降,登校(園)は可能である。ただし,定められた期間は抗菌薬の内服を継続する必要がある。

イ 麻しんの感染経路は,空気感染,飛沫感染,接触感染である。

ウ 風しんの症状の典型例では,臨床的に,カタル期,発しん期,回復期に分けられる。カタル期には,口内の頬粘膜にコプリック斑という特徴的な白い斑点が見られる。また,赤い発しんが消えた後に褐色の色素沈着が残るのが特徴である。

エ ノロウイルス感染症は,嘔吐と下痢が主症状である。吐物にもウイルスは多量に含まれており,感染源となる。感染力も強い。乾燥してエアロゾル化した吐物が感染源となる空気感染もある。

オ マイコプラズマ感染症は,咳を主症状とし,学童期以降の細菌性肺炎としては,最も多い。

①	ア
②	イ
③	ウ
④	エ
⑤	オ

(☆☆☆☆☆○○○○○)

【15】次のア～オの各文は，気管支ぜん息の症状とその対応について述べたものである。正しいものを○，誤っているものを×としたとき，正しい組合せを選びなさい。

ア　気管支ぜん息は，気道の急性的な炎症により，発作性に咳やぜん鳴を伴う呼吸困難を繰り返す疾患である。

イ　気管支ぜん息の発作にかかわる増悪因子として，アレルゲン以外に，激しいスポーツ，季節の変わり目や天候不順，強い臭いや煙，ストレス，過労等がある。

ウ　発作が起きたら，まず水分をとらせて，息をゆっくり，深くするように声をかける。発作時の薬を処方されている場合は使い，仰臥位で休ませるようにする。

エ　小児の強いぜん息発作のサインは，唇や爪の色が白っぽい，もしくは青～紫色，息を吸うときに胸がベコベコへこむ，苦しくて話せない，過度に興奮する等がある。

オ　ステロイド吸入薬は，ぜん息の根本的な病態である気管支の炎症を和らげる作用があり，軽症～重症まで処方される長期管理薬である。

	ア	イ	ウ	エ	オ
①	×	○	×	○	○
②	○	×	○	×	○
③	○	○	×	○	○
④	×	×	○	○	×
⑤	○	○	×	×	×

(☆☆☆○○○○○)

【16】次のア～オの各文は，「学校における水泳プールの保健衛生管理(平成28年度改訂)」(平成29年2月公益財団法人日本学校保健会)「第3章水泳プールに関連する疾病」について述べたものである。正しいものを○，誤っているものを×としたとき，正しい組合せを選びなさい。

ア　鼻の病気がある時に泳いだり，呼吸法が不適切であったりすると耳管が障害されて真珠腫性中耳炎が起こる可能性がある。

イ　とびひ(伝染性膿痂疹)は，黄色ブドウ球菌や溶血性レンサ球菌な

どの細菌感染症であり感染したところがじくじくしたり，カサカサ
したりして，かきむしったところの滲出液などで次々にうつる。プー
ル水を介してうつることはないが，触れることで症状を悪化させ，
他の人にうつす恐れがあるため，プールは禁止である。

ウ　低体温症の症状がみられる場合には，体を毛布でくるんで温め，
意識があれば，温かい飲み物を飲ませる。お湯につけて温めるとき
には，手足はお湯から出してまず体の中心から温めるとよい。

エ　流行性角結膜炎は「主要症状が消退した後2日を経過するまで」
が出席停止期間とされエンテロウイルスが原因となって起こる感染
症である。「プール熱」とも呼ばれる。

オ　あたまじらみがあっても，適切な治療を始めればプールに入って
も構わない。ただし，タオル，ヘアブラシ，水泳帽などの貸し借り
を行ってはならない。

	ア	イ	ウ	エ	オ
①	×	○	○	×	×
②	○	○	×	×	×
③	×	×	×	○	○
④	×	○	○	×	○
⑤	○	×	×	○	○

(☆☆☆○○○○○)

【17】次のア～オの各文は，「教師が知っておきたい子どもの自殺予防」
(平成21年3月文部科学省)「第2章　自殺のサインと対応」について述
べたものである。正しい文の組合せを選びなさい。

ア　自殺は，ある日突然，何の前触れもなく起こるというよりも，長
い時間かかって徐々に危険な心理状態に陥っていくのが一般的であ
る。

イ　子どもでも，うつ病，統合失調症，パーソナリティ障害，摂食障
害などの心の病が，自殺の危険の背後に潜んでいることがある。

ウ　自殺の危険が高まった子どもに，「どんなときに死にたいと思っ

てしまうの?」などと,「死にたい」という気持ちについて率直に
尋ねる対応は, 避けなければならない。

エ 薬を少し余分に服用したり, 手首自傷(リストカット)をしたりと,
死に直結しない自傷行為の場合であっても, その後, 適切なケアを
受けられないと, 長期的には自殺によって生命を失う危険が高まる。

オ 子どもが「死にたい」と訴えているが「他の人には言わないで」
という場合, 学校では守秘義務の原則に立ち, 教師だけで見守る対
応を行うべきである。

①	ア・イ・ウ
②	ア・イ・エ
③	ア・エ・オ
④	イ・ウ・オ
⑤	ウ・エ・オ

(☆☆☆○○○○○)

【18】次のア～オの各文は, 精神疾患について述べたものである。正しい
ものを○, 誤っているものを×としたとき, 正しい組合せを選びなさ
い。

ア 多くの精神疾患は, 思春期から青年期に始まるといわれている。
さらに, 自らは病気と気づきにくいという特徴がある。

イ 統合失調症は, 知覚, 思考, 感情, 対人関係などに障害をきたす
脳の疾患で, 約1,200人に1人が罹患する。遺伝的な要因が主に発症
に関与している。

ウ 子供がうつ状態に見えるとき, うつ病であることよりも, 他の疾
患や障害(虐待, PTSD, アスペルガー症候群など)が基盤にあること
が多い。

エ うつ状態だけが認められる「うつ病」, うつ状態と躁状態の両方
が現れる「双極性障害」の2つが不安障害の代表である。

オ 強迫性障害は, 家庭環境や学校での出来事が発症の引き金となる
ことはあるが, それらは根本的な原因ではない。

	ア	イ	ウ	エ	オ
①	×	○	○	○	×
②	○	×	○	×	○
③	○	○	×	×	○
④	×	○	○	×	×
⑤	○	×	×	○	○

(☆☆☆○○○○○)

【19】次のア～オの各文は,「保健室経営計画作成の手引(平成26年度改訂)」(平成27年2月公益財団法人日本学校保健会)の保健室経営計画について述べたものである。正しいものを○,誤っているものを×としたとき,正しい組合せを選びなさい。

ア　保健室経営計画は,学校保健活動の年間を見通して,「保健教育」「保健管理」「組織活動」の3領域について立てる総合的な基本計画である。

イ　保健室経営計画は,学校保健計画を踏まえた上で,養護教諭が中心となって取り組む計画である。

ウ　経年的な児童生徒の成長・発達に関する支援を計画する観点から,保健室経営計画は複数年度計画とすることが基本である。

エ　保健室の利用方法,健康観察の方法,救急体制及び出席停止措置などについても,保健室経営計画の内容として示す必要がある。

オ　保健室経営計画の評価は,養護教諭による自己評価と教職員等による他者評価の両方で捉えることが重要である。

	ア	イ	ウ	エ	オ
①	×	○	×	×	○
②	○	×	×	○	×
③	○	○	○	×	×
④	×	×	○	○	○
⑤	×	○	×	○	○

(☆☆☆☆○○○○○)

【20】次のア〜オの各文は，喫煙に係る内容について述べたものである。文中の下線部a〜eについて，正しいものを○，誤っているものを×としたとき，正しい組合せを選びなさい。

ア　2012年7月に策定された健康日本21(第2次)において，喫煙対策の目標を「成人の喫煙率の減少[目標：12%(2022年度)]」，「未成年者の喫煙をなくす[a目標：0%(2022年度)]」と掲げている。

イ　世界保健機関(WHO)は，平成元年から b5月31日 を「世界禁煙デー」と定めている。

ウ　紙巻たばこや葉巻，パイプなどの火をつけた部分から燃えて立ちのぼり，直接空気中に出る煙のことを c主流煙 という。

エ　2018年7月に成立した「健康増進法の一部を改正する法律」では，受動喫煙の防止を図るため，学校は原則として d敷地内禁煙 と定められている。

オ　国民健康・栄養調査報告(厚生労働省)(平成21〜令和元年)における，現在習慣的に喫煙している者の割合の年次推移(20歳以上)をみると，男性では38.2%から27.1%に減少しているが，e女性では7.6%から10.9%に微増している。

	a	b	c	d	e
①	×	○	×	○	×
②	○	×	×	○	○
③	○	×	○	×	×
④	×	×	○	×	○
⑤	○	○	×	○	×

(☆☆☆☆○○○○)

【21】次のア〜オの各文は，「教職員のための子どもの健康相談及び保健指導の手引」(平成23年8月文部科学省)「第1章　学校における健康相談と保健指導の基本的な理解」の健康相談について述べたものである。正しいものを○，誤っているものを×としたとき，正しい組合せを選びなさい。

ア　健康相談は，学校医，学校歯科医の職務には含まれるが，学校薬剤師の職務には含まれない。

イ　学校歯科医が行う健康相談は，歯に関する健康相談に限定されている。

ウ　健康相談は，学校保健計画に位置付け，計画的に実施する。また，状況に応じて計画的に行われるものと随時に行われるものとがある。

エ　健康相談は，専門的な知識が必要となるため，学級担任は行わない。

オ　養護教諭が行う健康相談では，受診の必要性の判断，医療機関などの地域の関係機関等との連携におけるコーディネーターの役割などが求められる。

	ア	イ	ウ	エ	オ
①	○	×	×	○	×
②	×	×	×	○	○
③	×	○	×	×	○
④	○	○	○	×	×
⑤	×	×	○	×	○

(☆☆☆○○○○○)

【22】次のア～オは，予防接種が可能な疾病について示したものである。ア～オのうち，予防接種法施行令(第1条の3)で規定される定期の予防接種を行う疾病ではないものを一つ選びなさい。

ア　Hib感染症

イ　流行性耳下腺炎

ウ　破傷風

エ　水痘

オ　ヒトパピローマウイルス感染症

①	ア
②	イ
③	ウ
④	エ
⑤	オ

(☆☆☆○○○○)

【23】次の図は，ヒトの心臓の構造を表したものである。図中の(ア)～(オ)に当てはまる語句を選びなさい。

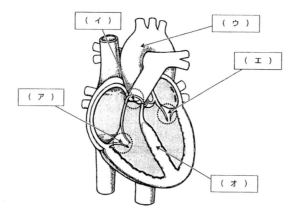

	ア	イ	ウ	エ	オ
①	三尖弁	肺静脈弁	肺動脈	僧帽弁	心房中隔
②	僧帽弁	肺動脈弁	大動脈	三尖弁	心室中隔
③	僧帽弁	肺静脈弁	肺動脈	三尖弁	心室中隔
④	三尖弁	肺動脈弁	大動脈	僧帽弁	心室中隔
⑤	僧帽弁	肺動脈弁	大動脈	三尖弁	心房中隔

(☆☆☆☆○○○○○)

【24】次の文は，「学校保健安全法施行規則」(令和2年省令第39号)の条文の一部を抜粋したものである。文中の(ア)～(エ)に当てはまる語句を，条文のとおりに漢字で記入しなさい。ただし，同じ記号には

94

同じ語句が入る。

第21条

校長は，学校内において，感染症にかかつており，又はかかつている疑いがある児童生徒等を発見した場合において，必要と認めるときは，学校医に診断させ，法第19条の規定による（　ア　）の指示をするほか，（　イ　）その他適当な処置をするものとする。

2　校長は，学校内に，感染症の（　ウ　）に汚染し，又は汚染した疑いがある物件があるときは，（　イ　）その他適当な処置をするものとする。

3　学校においては，その附近において，第一種又は第二種の感染症が発生したときは，その状況により適当な（　エ　）を行うものとする。

（☆☆☆☆☆○○○○○）

【25】次の文は，中学校学習指導要領(平成29年3月告示)「第2章　各教科」「第7節　保健体育」「第2　各学年の目標及び内容」〔保健分野〕「2　内容」の一部を抜粋したものである。文中の（　a　）～（　d　）に当てはまる語句を漢字で記入しなさい。ただし，同じ記号には同じ語句が入る。

---

(4)　健康と環境について，課題を発見し，その解決を目指した活動を通して，次の事項を身に付けることができるよう指導する。

ア　健康と環境について理解を深めること。

（ア）身体には，環境に対してある程度まで（　a　）があること。身体の（　a　）を超えた環境は，健康に影響を及ぼすことがあること。また，快適で能率のよい生活を送るための温度，湿度や明るさには一定の範囲があること。

（イ）（　b　）や空気は，健康と密接な関わりがあること。

　　また，(b)や空気を(c)に保つには，基準に適合す
　　るよう管理する必要があること。
　(ウ)　人間の生活によって生じた(d)は，環境の保全に
　　十分配慮し，環境を汚染しないように(c)に処理する
　　必要があること。
　イ　健康と環境に関する情報から課題を発見し，その解決に
　　向けて思考し判断するとともに，それらを表現すること。

(☆☆☆☆◎◎◎◎◎)

【26】次の文は，高等学校学習指導要領解説保健体育編　体育編(平成30
　年文部科学省)「第1部　保健体育編」「第2章　保健体育科の目標及び
　内容」「第2節　各科目の目標及び内容」「『保健』」「3　内容」の一部
　を抜粋したものである。文中の(a)～(c)に当てはまる語句を記
　入しなさい。

---

(3)　生涯を通じる健康
　(略)
　ア　知識
　　(ア)　生涯の各段階における健康
　　　⑦　思春期と健康
　　　　思春期における心身の発達や性的成熟に伴う身体面，
　　　心理面，行動面などの変化に関わり，健康課題が生じ
　　　ることがあることを理解できるようにする。その際，
　　　これらの変化に対応して，自分の行動への責任感や異
　　　性を理解したり尊重したりする態度が必要であること，
　　　及び(a)等への適切な対処が必要であることを理解
　　　できるようにする。
　　　(略)
　　　④　結婚生活と健康
　　　　結婚生活について，心身の発達や健康の保持増進の

観点から理解できるようにする。その際，受精，妊娠，出産とそれに伴う健康課題について理解できるようにするとともに，健康課題には年齢や生活習慣などが関わることについて理解できるようにする。また，家族計画の意義や(b)の心身への影響などについても理解できるようにする。また，結婚生活を健康に過ごすには，自他の健康に対する責任感，良好な人間関係や家族や周りの人からの支援，及び(c)の健康診査の利用や保健相談などの様々な保健・医療サービスの活用が必要であることを理解できるようにする。

(略)

(☆☆☆☆◯◯◯◯◯)

【27】次の文は，「児童生徒等の健康診断マニュアル(平成27年度改訂)」(平成27年8月公益財団法人日本学校保健会)「第2章　健康診断時に注意すべき疾病及び異常」「2　眼科関連」の屈折異常について述べたものである。文中の(ア)～(ウ)に当てはまる語句を漢字で記入しなさい。ただし，同じ記号には同じ語句が入る。

屈折正常(正視)とは，無調節状態で平行光線が，網膜の上で正しく焦点を結ぶ場合であり，正しく焦点を結ばない場合が屈折異常である。屈折異常には(ア)・(イ)・(ウ)の3種類がある。

無調節状態で，網膜より後ろに焦点を結ぶ眼を(ア)という。眼軸が短いか，眼の光学系の屈折が弱いことによる。

(ア)とは逆に，無調節状態で，網膜の前で焦点を結ぶ眼を(イ)という。眼軸が長いか，眼の光学系の屈折力が強いことによる。

(ウ)は，無調節状態で，平行光線が網膜の1点に像を結ばない状態である。主に角膜が球面でなく，歪んでいるためである。

(☆☆☆☆◯◯◯◯◯)

【28】次のグラフは，全国の児童相談所での児童虐待相談の内容別件数 (厚生労働省)の年次推移を示したものである。グラフ中の(ア)〜 (エ)に当てはまる語句を，厚生労働省が定義する児童虐待の種類 に照らして記入しなさい。

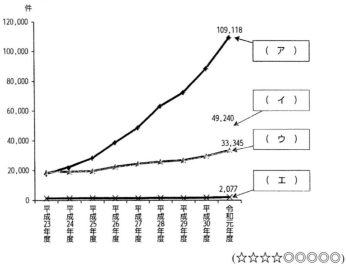

(☆☆☆☆◎◎◎◎)

【29】次の図は，ヒトの耳の構造を表したものである。図中の(ア)〜 (エ)に当てはまる語句を記入しなさい。

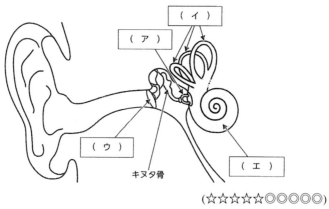

(☆☆☆☆◎◎◎◎)

【30】次の文は，飲酒により体内に入ったアルコールの分解と体への影響について述べたものである。文中の（　ア　）～（　ウ　）に当てはまる語句を記入しなさい。ただし，同じ記号には同じ語句が入る。

体内に入ったアルコールは，（　ア　）において主にアルコール脱水素酵素(ADH)で酸化され，アセトアルデヒドになる。アセトアルデヒドは，さらに，主に2型アルデヒド脱水素酵素(ALDH2)で（　イ　）に酸化される。（　イ　）は，血液に乗って（　ア　）を離れ，筋肉や心臓に移動してさらに分解され，最終的には炭酸ガスと水になる。

日本人にはこのALDH2がよく働かない人がおり，このような人は，飲酒後アセトアルデヒドが体内に蓄積し，顔面紅潮，心悸亢進などのいわゆる（　ウ　）を引き起こす。

(☆☆☆☆◎◎◎◎◎)

解答・解説

【1】③

〈解説〉bは，正しくは「市町村の教育委員会」である。eは，正しくは「警察署」である。学校保健安全法は，学校における児童生徒等及び職員の健康の保持増進を図るための法律である。同法施行令，同法施行規則と関連付けながら全ての条文について確認し，正しい語句が答えられるように準備しておくこと。

【2】③

〈解説〉aは，正しくは「可能性」である。bは，正しくは「尊重し合い」である。cは，正しくは「性的な発達」である。「(2)日常の生活や学習への適応と自己の成長及び健康安全」の進め方については，より効果的な指導を行うために，各教科担任や養護教諭等の専門性が生かされるように配慮するとともに，家庭や地域との連携・協力を図ったり，

個に応じた指導を工夫したりする必要がある。

【3】⑤
〈解説〉高等学校の保健は,「(1)現代社会と健康」,「(2)安全な社会生活」,「(3)生涯を通じる健康」,「(4)健康を支える環境づくり」の4つの項目で構成されており,本問は「(1)現代社会と健康」から出題されている。なお,原則として,高等学校の保健は入学年次及びその次の年次の2か年にわたり履修させるものとする。

【4】①
〈解説〉エについて,歯周病とは,歯の周りの組織である歯肉,セメント質,歯槽骨及び歯根膜に病変が起こる疾病の総称である。オについて,GOは歯石の沈着はないが歯垢の付着があり,歯肉に炎症が認められる者で,生活習慣の改善と注意深いブラッシング等によって炎症が改善されるような歯肉の状態の者をいう。

【5】⑤
〈解説〉アで,保健調査は,小学校,中学校,高等学校及び高等専門学校においては全学年で,幼稚園及び大学においては必要と認めるときに行うことが示されている。ウで,斜視とは,両眼で見ているときに一方の眼が目標物を見ていない状態である。問題文にある「片眼を遮閉したときに,遮閉された眼が目標物を向かない状態」は,斜位である。斜位があると,対象物を見るときに負担がかかるため,眼精疲労を起こしやすい。

【6】④
〈解説〉「令和元年度学校保健統計(学校保健統計調査報告書)」において「調査結果のポイント」として挙げられているので確認しておくとよい。アで,高等学校における「痩身傾向児」の割合は,いずれの学年においても女子より男子の方が高い。オで,「ぜん息」の者の割合は,

昭和42年度以降，各学校段階において増加傾向にあったが，平成22～
25年度にピークを迎えた後はおおむね減少傾向にある。

【7】④
〈解説〉アは，災害給付の対象となる。学校管理下における登山等に参加
し，長時間にわたり日光に触れたことで起こった日光皮膚炎(日焼け，
雪焼け)や日光じんましん等は災害給付の対象として認められる。また，
寒冷に触れたことで起こった凍瘡(しもやけ)や寒冷じんましんも対象
となる。ウは，災害給付の対象となる。修学旅行等において，身体に
負担がかかったことにより発症したと認められる風邪や風邪の増悪な
どの呼吸器系疾患は災害給付の対象として認められる。エは，災害給
付の対象ではない。授業中にエスケープして学校外へ出た場合は，学
校管理下として扱わない。なお，授業をエスケープし学校内にとどま
っていた場合や，校長等に許可を得て，忘れ物などのため学校と住居
等との間を往復していた場合は学校管理下として認められる。

【8】①
〈解説〉障害見舞金は，学校管理下において起こった負傷や疾病により障
害が残った場合に給付される。なお，障害見舞金の申請は，災害が発
生したときの学校や現在の在籍校に関わらず，傷病が治ゆ又は症状固
定(症状は残っているものの，一般的な治療を行ってもその治療効果が
期待できなくなった状態)したときに在籍していた学校で行われる。治
ゆ又は症状固定後の医療費は支給されないため，障害見舞金の請求は
治療を全て終えた後に行う必要があり注意する。

【9】⑤
〈解説〉照度(明るさ)及びまぶしさの検査方法からの出題である。なお，
どちらも毎学年2回定期に行うが，どの時期が適切かは地域の特性を
考慮し，計画的に実施する。例えば，暗い雨の日と明るい晴天の日，
春と秋，日照時間の長い時期と短い時期等，天候，季節，気象及び周

囲の建造物等の様々な影響を考慮すべきであり，日常点検の結果を参
考に適切な時期を決める。

【10】③
〈解説〉イで，消毒ガーゼ等を用いて圧迫止血するときは，血液がにじん
　　できたらその都度ガーゼを取り替えるのではなく，上から重ねるよう
　　にして圧迫する。エで，患部を冷やす際には，長く冷やし続けると凍
　　傷などのリスクがあるため，15～20分冷却したら(患部の感覚がなくな
　　ったら)一度冷やすのを止め，また痛みが出てきたら冷やすのを繰り返
　　すようにする。

【11】③
〈解説〉血液の成分は，血しょう(血球成分を取り除いた液性成分)と血球
　　(赤血球，白血球，血小板)がある。なかでも血小板が，血液凝固に深
　　く関わっている。血管が損傷を受けると，損傷部分に血小板が集まり，
　　血栓をつくる。この血栓は強いものではないため，引き続いて起こる
　　血液凝固反応によってつくられたフィブリンが血小板に強く付着する
　　ことで，強固な血栓(血ぺい)がつくられる。血清は，血しょうの中の
　　血液凝固に関わる因子が著しく減少したもので，おもに生化学検査，
　　免疫検査などに用いられる。

【12】④
〈解説〉死因を全体として見ると最も多いのは「悪性新生物〈腫瘍〉」で
　　ある。次に「心疾患」，「老衰」，「脳血管疾患」と続く。また，幼児や
　　若者の死因として特徴的なのは，「自殺」，「不慮の事故」，「先天奇形
　　等」が多いことである。特に，15～19歳で最も多い死因は「自殺」で
　　あり，社会問題となっている。

【13】①
〈解説〉この目標を踏まえ，学校において，児童生徒等や地域の実態及び

児童生徒等の発達の段階を考慮して安全教育を実施していくことが求められている。安全教育の内容は，生活安全，交通安全，災害安全がある。

【14】 ③

〈解説〉ウの説明は，「風しん」ではなく，「麻しん」の症状の典型例である。風しんは，淡紅色の発しん，発熱，耳後部～頸部のリンパ節の腫脹と圧痛を訴える疾患である。発しんは3～5日で消えて治ることが多く，色素沈着は残さない。発熱は一般的に軽度で気付かないこともある。リンパ節の腫れは頸部，耳の後ろの部分に見られ，圧痛を伴う。

【15】 ①

〈解説〉アについて，気管支ぜん息では気道に慢性的な炎症が見られ，常に粘膜が赤く腫れている。そうした気道はほこり等に弱く，少しの刺激でさらに腫れが悪化し，咳やぜい鳴を伴う呼吸困難を繰り返す。ウについて，仰臥位だと気道が狭くなり息苦しさが悪化するため，座位をとらせて休養させる。なお，ぜん息発作には小発作，中発作，大発作がある。中発作以上だと横になれないほど息苦しく，速やかな受診が必要となる。

【16】 ④

〈解説〉アで，泳ぐことで起こる可能性が高い中耳炎は，耳管機能の低下や圧障害などによって起こる滲出性中耳炎である。エで，流行性角結膜炎の出席停止期間は「症状により学校医その他の医師において感染のおそれがないと認めるまで」であり，原因はアデノウイルスである。また，流行性角結膜炎と出席停止期間が同じである眼の疾患に，「急性出血性結膜炎」があり，こちらはエンテロウイルスが原因である。また，プール熱と呼ばれるのは「咽頭結膜熱」であり，出席停止期間は「主要症状が消退した後2日を経過するまで」であり，こちらはアデノウイルスが原因である。

【17】②

〈解説〉ウで，自殺の危険が高まった子どもへの対応においては，
「TALK(『Tell』，『Ask』，『Listen』，『Keep safe』の頭文字をとったもの)
の原則」に基づいた対応が求められる。「死にたい」という気持ちに
おいて率直に尋ねることは，この原則の中でも「Ask」に含まれるも
のであり，正しい対応である。オで，「死にたい」と訴える等自殺の
危険の高い子どもは一人で抱えこまず，校内で情報を共有し，連携し
て対応する。また，学校における守秘義務の原則に立ちながら保護者
とも共通理解を図ることができるようにはたらきかける。

【18】②

〈解説〉イで，統合失調症は約100人に1人が罹患し，発症の原因は正確に
は不明であるが，体質的な要因や環境的な要因，過剰なストレス等が
影響しているのではないかと指摘されている。エで，うつ病と双極性
障害は気分障害の代表である。なお，不安障害の代表としては，パニ
ック障害や強迫性障害等がある。

【19】①

〈解説〉アは，保健室経営計画ではなく，学校保健計画の説明である。ウ
で，保健室経営計画は単年度計画である。エで，保健室の利用方法や
健康観察の方法，救急体制及び出席停止措置等については毎年大きく
変化するものではないため，保健室経営計画とは別立てとし，ファイ
ルを作成するなどして年度当初に職員等に周知し共通理解を図ってお
く。

【20】⑤

〈解説〉cは，正しくは「副流煙」である。たばこの煙には，喫煙者が吸
う主流煙，喫煙者が吐き出した呼出煙，たばこから立ち上る副流煙が
ある。煙に含まれる発がん性物質などの有害成分は，主流煙より副流
煙に多く含まれる。eは，正しくは「女性では10.9％から7.6％に有意

に減少」である。

【21】 ⑤

〈解説〉アで，学校薬剤師は，学校保健安全法施行規則第24条(学校薬剤師の職務執行の準則)において，同法第8条の健康相談に従事することが定められている。イで，学校歯科医の健康相談の範囲については「歯に関するもの」と限定されていたが，現行の同法施行規則では限定する規定が解除されている。エで，健康相談は学級担任も行う。

【22】 ②

〈解説〉流行性耳下腺炎の予防接種は任意である。定期の予防接種を行う疾病は，ジフテリア，百日せき，急性灰白髄炎(ポリオ)，麻しん，風しん，日本脳炎，破傷風，結核，Hib感染症，小児の肺炎球菌感染症，B型肝炎，水痘，ロタウイルス，ヒトパピローマウイルス(HPV)感染症，季節性インフルエンザ，高齢者の肺炎球菌感染症である。

【23】 ④

〈解説〉心臓は，右心房，右心室，左心房，左心室からなる4つの部屋に分かれている。また，右心室と右心房の間には三尖弁がある。また，左心房と左心室の間には僧帽弁がある。全身から戻ってきた静脈血は，上下大静脈から右心房に流れ込む。右心房の血液は右心室から肺動脈を通り，肺で酸素を取り込む。その後，左右の肺から肺静脈を経て左心房に流れ込んだ血液が左心室に送られる。左心室の強い収縮力を受けて大動脈から全身に血液が送り出される。

【24】 ア　出席停止　イ　消毒　ウ　病毒　エ　清潔方法

〈解説〉学校保健安全法施行規則第21条から，空欄補充形式での出題である。関連する条文としては，学校保健安全法第19条の「校長は，感染症にかかつており，かかつている疑いがあり，又はかかるおそれのある児童生徒等があるときは，政令で定めるところにより，出席を停止

させることができる」がある。

【25】a　適応能力　　b　飲料水　　c　衛生的　　d　廃棄物
〈解説〉中学校の保健分野は「(1)健康な生活と疾病の予防」，「(2)心身の
　　機能の発達と心の健康」，「(3)傷害の防止」，「(4)健康と環境」の4つの
　　内容で構成されており，本問は「(4)健康と環境」から，空欄補充形式
　　での出題である。この内容は，第3学年で取り扱うものとされている。

【26】a　性に関する情報　　b　人工妊娠中絶　　c　母子
〈解説〉高等学校の保健は，「(1)現代社会と健康」，「(2)安全な社会生活」，
　　「(3)生涯を通じる健康」，「(4)健康を支える環境づくり」の4つの項目で
　　構成されており，本問は「(3)生涯を通じる健康」から出題されている。
　　なお，原則として，高等学校の保健は入学年次及びその次の年次の2
　　か年にわたり履修させるものとする。

【27】ア　遠視　　イ　近視　　ウ　乱視
〈解説〉遠視は凸レンズで矯正される。近視は凹レンズで矯正される。乱
　　視は円柱レンズで矯正される。他に屈折異常に関わるものとして，調
　　節緊張と不同視がある。調節緊張とは，眼の中のピントを合わせる毛
　　様体が，近くを長く見ていると緊張し，屈折度が近視側に傾いた状態
　　である。不同視とは，左右の眼の屈折度が異なる状態である。屈曲度
　　の差が大きいと，左右の網膜に映る大きさが異なる(不等像)ため眼精
　　疲労の原因になることがある。また，幼児期では弱視や両眼視機能の
　　発達が阻害されることがある。そのため，早期に眼鏡やコンタクトレ
　　ンズでの矯正が必要となる。

【28】ア　心理的虐待　　イ　身体的虐待　　ウ　ネグレクト
　　エ　性的虐待
〈解説〉虐待は，心理的虐待が最も多く，次いで身体的虐待，ネグレクト，
　　性的虐待の順に多い。児童虐待の防止等に関する法律第2条にはそれ

それの虐待の定義が定められているので，確認しておくとよい。

【29】ア　アブミ骨　　イ　(三)半規管　　ウ　鼓膜　　エ　蝸牛
〈解説〉耳の構造は大きくは外耳，中耳，内耳の3つの部分に分けられる。外耳は耳介と外耳道からなる部分で，中耳は鼓膜と3つの耳小骨(ツチ骨，キヌタ骨，アブミ骨)のある部分で，内耳は蝸牛と前庭，(三)半規管のある部分である。アブミ骨は耳小骨の3番目の骨で，内耳への音の伝達に関わる。(三)半規管は平行感覚をつかさどる器官である。鼓膜は音の振動を中耳に伝える。蝸牛は音を感じ取る役割を担っている。

【30】ア　肝臓　　イ　酢酸　　ウ　フラッシング反応
〈解説〉2型アルデヒド脱水素酵素(ALDH2)がよく働かない人は，多量に飲酒した翌日もアルコールが長時間残って酒臭いことが多く，アルコール依存症になりやすい。また，成長期である未成年者はアルコールを代謝する力が弱いため，急性アルコール中毒に陥りやすい。

2021年度　　実施問題

※福岡市を志望する場合は，【1】～【20】を解答してください。

【1】次のア～エの各文は，学校保健安全法(平成27年法律第46号)の条文を示したものである。文中の下線部a～eについて，正しいものを○，誤っているものを×としたとき，正しい組合せを選びなさい。

ア　<u>校長</u>その他の職員は，相互に連携して，健康相談又は児童生徒等の健康状態の日常的な観察により，児童生徒等の心身の状況を把握し，健康上の問題があると認めるときは，遅滞なく，当該児童生徒等に対して必要な指導を行うとともに，必要に応じ，その保護者に対して必要な<u>助言</u>を行うものとする。(第9条)

イ　学校においては，救急処置，<u>健康診断</u>又は保健指導を行うに当たつては，必要に応じ，当該学校の所在する地域の医療機関その他の関係機関との連携を図るよう努めるものとする。(第10条)

ウ　学校においては，前条の健康診断の結果に基づき，疾病の予防処置を行い，又は治療を指示し，並びに運動及び<u>作業</u>を軽減する等適切な措置をとらなければならない。(第14条)

エ　校長は，危険等発生時対処要領の職員に対する周知，<u>訓練の実施</u>その他の危険等発生時において職員が適切に対処するために必要な措置を講ずるものとする。(第29条)

	a	b	c	d	e
①	×	○	○	○	×
②	○	○	○	×	×
③	○	×	×	○	×
④	×	○	×	○	○
⑤	×	×	○	×	○

(☆☆☆○○○)

【2】次の表は，学校保健安全法施行規則(平成28年省令第4号)第18条に
規定されている，学校において予防すべき感染症の種類について示し
たものである。正しい組合せを選びなさい。

	第一種	第二種	第三種
①	コレラ	咽頭結膜熱	腸チフス
②	細菌性赤痢	ジフテリア	コレラ
③	腸チフス	麻しん	結核
④	急性灰白髄炎	結核	腸管出血性大腸菌感染症
⑤	ジフテリア	急性灰白髄炎	咽頭結膜熱

(☆☆☆◎◎◎)

【3】次のア～オの各文は，中学校学習指導要領解説保健体育編(平成29
年文部科学省)「第2章　保健体育科の目標及び内容」「第2節　各分野
の目標及び内容」〔保健分野〕の「2　内容」及び「3　内容の取扱い」
について述べたものである。正しいものを○，誤っているものを×と
したとき，正しい組合せを選びなさい。

ア　「生活習慣病などの予防」では，生活習慣病やがんの予防の内容と
関連させて，健康診断やがん検診などで早期に異常を発見できるこ
となどを取り上げるものとし，疾病の回復については取り扱わない
ものとする。

イ　「喫煙，飲酒，薬物乱用と健康」では，体育分野との関連を図る観
点から，フェアなプレイに反するドーピングの健康への影響につい
ても触れるようにする。

ウ　「感染症の予防」では，エイズの病原体はヒト免疫不全ウイルス
(HIV)であり，その主な感染経路は性的接触であることから，感染
を予防するには性的接触をしないこと，コンドームを使うことなど
が有効であることにも触れるようにする。

エ　「生殖に関わる機能の成熟」では，妊娠や出産が可能となるような
成熟が始まるという観点から，受精・妊娠・妊娠の経過を取り扱う
ものとする。

オ　「応急手当の意義と実際」では，包帯法，止血法など傷害時の応急

手当も取り扱い，実習を行うものとする。また，効果的な指導を行うため，水泳など体育分野の内容との関連を図るものとする。

	ア	イ	ウ	エ	オ
①	○	○	×	×	×
②	×	×	×	○	○
③	×	○	○	×	○
④	×	×	○	○	×
⑤	○	×	○	×	○

(☆☆☆○○○)

【4】次の表は，小学校学習指導要領解説体育編(平成29年文部科学省)「第2章　体育科の目標及び内容」「第2節　各学年の目標及び内容」における保健領域の内容を各学年別に示したものである。正しい組合せを選びなさい。

	小学校			
	第3学年	第4学年	第5学年	第6学年
①	・健康な生活	・体の発育・発達	・心の健康	・けがの防止 ・病気の予防
②	・体の発育・発達	・健康な生活	・けがの防止 ・病気の予防	・心の健康
③	・健康な生活	・体の発育・発達	・けがの防止	・心の健康 ・病気の予防
④	・体の発育・発達	・健康な生活	・心の健康 ・病気の予防	・けがの防止
⑤	・健康な生活	・体の発育・発達	・心の健康 ・けがの防止	・病気の予防

(☆☆☆○○○)

【5】次のア～オの各文は，「児童生徒等の健康診断マニュアル(平成27年度改訂)」(平成27年8月公益財団法人日本学校保健会)「第1章　児童，生徒，学生及び幼児の健康診断の実施」の視力に関する検査の方法及び技術的基準について述べたものである。正しいものを○，誤っているものを×としたとき，正しい組合せを選びなさい。

ア　眼の高さと視標の高さはほぼ等しく，視標は視線に対し垂直に提

示する。並列(字づまり)視力表の場合は，0.3の視標ができるだけ目の高さになるよう配慮する。

イ　はじめに0.3の視標から開始するのを原則とする。

ウ　単独(字ひとつ)視力表の視標の方向を変えるときは，裏返してくるりと回しながら変えていく。判定はランドルト環の切れ目が上下左右のみとする。

エ　同一の視標に対し，上下左右3方向のうち2方向を正答できれば，「正しく判別できた」と判定する。

オ　左右どちらか片方でも1.0未満である児童生徒には，眼科の受診を勧める。

	ア	イ	ウ	エ	オ
①	×	×	○	○	×
②	○	×	×	○	○
③	×	○	×	×	×
④	○	○	×	○	×
⑤	×	○	○	×	○

(☆☆☆○○○)

【6】次のア～オは，「学校心臓検診の実際(平成24年度改訂)」(平成25年3月公益財団法人日本学校保健会)の「児童生徒の心臓病」に示されている心疾患(不整脈)である。突然死を起こす可能性があるとして，特に注意をすべきとされている疾患を一つ選びなさい。

ア　3度房室ブロック　　　　イ　1度房室ブロック　　　ウ　洞不整脈
エ　不完全右脚ブロック　　　オ　上室期外収縮

①	ア
②	イ
③	ウ
④	エ
⑤	オ

(☆☆☆○○○)

【7】次のア～オの各文は，独立行政法人日本スポーツ振興センターの災害共済給付制度について述べたものである。正しいものを○，誤っているものを×としたとき，正しい組合せを選びなさい。

ア　卒業式後，3月31日までの間に4月以降進学予定の上級の学校の部活動に参加した場合は，学校の管理下にあるものとは認められない。

イ　学校の管理下で行った鉄棒，剣道，農作業などによって生じた「マメ」や，遠足，マラソン，登山などによって生じた，「靴ずれ」は給付の対象とはならない。

ウ　建物等の塗料溶剤，接着剤に含まれる化学物質を原因として，いわゆるシックハウス症候群と解される症状が学校の管理下で発生した場合は，当該学校・保育所等の児童生徒等が吐き気，頭痛，呼吸器系疾患などに至る程度のものについて給付の対象とする。

エ　学校の教育計画に位置付けて，学校の責任において，特定の児童生徒が「適応指導教室」等の不登校児童生徒の支援施設で相談・指導を受ける場合は，学校の管理下と認められる。

オ　災害共済給付請求の際，同月の医療等の状況における診療報酬請求点数が，外来に係る療養と入院に係る療養を合わせて5,000点以上となる場合は，高額療養状況の届を添付する必要がある。

	ア	イ	ウ	エ	オ
①	○	×	×	×	○
②	○	○	×	○	×
③	×	×	×	○	○
④	○	×	○	○	×
⑤	×	○	○	×	×

（☆☆☆◎◎◎）

【8】次のア～エの各文は，「学校環境衛生管理マニュアル(平成30年度改訂版)」(平成30年5月公益財団法人日本学校保健会)「第Ⅱ章　学校環境衛生基準」「第1　教室等の環境に係る学校環境衛生基準」の一部を示したものである。文中の(a)～(e)に当てはまる数字または語

句の正しい組合せを選びなさい。

ア　相対湿度は，（　a　）％以上，80％以下であることが望ましい。検査は，毎学年（　b　）回定期に行う。

イ　コンピュータを使用する教室等の机上の照度は，（　c　）～1000lx（ルクス）程度が望ましい。

ウ　揮発性有機化合物の検査は，教室等内の温度が（　d　）時期に行う。

エ　ダニ又はダニアレルゲンの検査は，温度及び湿度が（　e　）時期に行う。

	a	b	c	d	e
①	50	2	300	低い	低い
②	30	1	300	高い	低い
③	30	2	500	高い	高い
④	30	1	500	低い	高い
⑤	50	1	300	高い	高い

(☆☆☆◎◎◎)

【9】次のア～オの各文は，熱傷(やけど)について述べたものである。正しい文の組合せを選びなさい。

ア　熱傷は，熱に侵された部分の状態によって，第1度から第3度までに分けられる。第1度は，真皮が侵されたもので，発赤・腫脹し，水疱ができる。

イ　熱傷の処置としては，患部をすぐに冷やすことが重要であり，水道の流水で痛みが和らぐまで10分以上冷やす。

ウ　熱傷で水疱ができている場合は，水疱をつぶして清潔なガーゼで保護する。

エ　重症の熱傷で白くなりしびれのある場合は，十分に冷やすことが第一の処置であるが，特に感染を起こさないように注意が必要である。

オ　重症の熱傷が体表面積の10～15％以上に達すると，血液の循環が障害されて，血圧低下などのショック状態に陥ることもある。

①	ア ・ オ
②	イ ・ エ ・ オ
③	ウ ・ エ
④	ア ・ イ ・ ウ
⑤	ア ・ イ ・ エ

(☆☆☆○○○)

【10】次のア～エの各文は，「救急蘇生法の指針2015(市民用)」(平成28年4月厚生労働省)に示された心肺蘇生の手順について述べたものである。正しいものを○，誤っているものを×としたとき，正しい組合せを選びなさい。

ア　呼吸を観察するには，胸と腹部の動き(呼吸をするたびに上がったり下がったりする)を見る。胸と腹部が動いていなければ，呼吸が止まっていると判断し，胸骨圧迫を開始する。

イ　反応はなく普段とは違うが，しゃくりあげるような途切れ途切れの呼吸がみられる場合は，心停止はしていないものと判断し，気道を確保して経過を観察する。

ウ　胸骨圧迫は，傷病者の胸の真ん中が約5cm沈み込むように，強く，速く圧迫を繰り返す。このとき，圧迫のテンポは1分間に80～90回を目安に行う。

エ　AED(自動体外式除細動器)が心電図の解析を行った後，「ショックは不要です」の音声メッセージが流れた場合は，胸骨圧迫をやめて救急隊の到着まで安静を保持し，経過を観察する。

	ア	イ	ウ	エ
①	○	×	×	×
②	○	○	○	×
③	×	○	×	○
④	×	×	○	○
⑤	○	×	×	○

(☆☆☆○○○)

【11】次の図は，足関節と足関節の靭帯の構造を示したものである．図中の(ア)〜(オ)に当てはまる名称の正しい組合せを選びなさい。

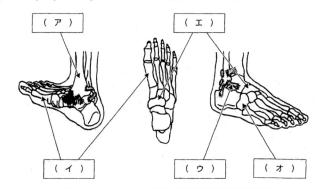

	ア	イ	ウ	エ	オ
①	脛骨	中足骨	前距腓靭帯	舟状骨	立方骨
②	脛骨	基節骨	外距腓靭帯	舟状骨	中足骨
③	腓骨	中足骨	外距脛靭帯	楔状骨	立方骨
④	腓骨	基節骨	外距脛靭帯	舟状骨	中足骨
⑤	脛骨	中足骨	前距腓靭帯	楔状骨	立方骨

(☆☆☆○○○)

【12】次のア〜オの各文は，身体の状態の観察と評価について述べたものである。文中の下線部a〜eについて，正しいものを○，誤っているものを×としたとき，正しい組合せを選びなさい。

ア　パルスオキシメーターを用いて_a動脈血酸素飽和度(SaO_2)の測定を行うことで，呼吸の状態を観察することができる。

イ　健康な成人の場合には，1分間に約16〜20回の吸息と呼息を規則的に繰り返しているが，いろいろな原因で呼吸は変化して異常な呼吸となることがある。脳や心臓の疾患，尿毒症などが原因で起こる_bチェーン・ストークス呼吸は，一定時間呼吸が止まり(無呼吸)，次に呼吸が始まるときには数や深さが次第に増加し，その後次第に減少してまた無呼吸になることを周期的に繰り返す状態である。

ウ　皮膚に出現する紫斑は，真皮の小血管からの出血により生じる紫

紅色の斑である。紫斑は_cガラス板で圧迫しても消えないので，紅斑との区別ができる。

エ　意識状態の観察においては，意識障害の分類として，日本では主にジャパンコーマスケールが使われている。刺激をしても覚醒しない状態では_d「Ⅰ」と評価し，数字が小さいほど重症である。

オ　臍と右前腸骨棘を結ぶ線上の臍から3分の2の位置に圧痛を認める場合は，_e虫垂炎が疑われる。

	a	b	c	d	e
①	○	○	×	×	×
②	×	○	○	×	○
③	○	×	○	×	×
④	×	○	×	○	×
⑤	×	×	×	○	○

(☆☆☆◎◎◎)

【13】次のア～エの各文は，「学校における薬品管理マニュアル」(平成21年7月　公益財団法人　日本学校保健会)　第2章　学校での医薬品取扱いに関する対応」について述べたものである。正しいものを○，誤っているものを×としたとき，正しい組合せを選びなさい。

ア　学校での一般用医薬品の購入時の選定に当たっては，養護教諭が管理責任者として学校の実態を踏まえて判断する必要がある。

イ　校長は，一般用医薬品の取扱いについて，養護教諭及び保健主事が教職員，保護者及び児童生徒の共通理解を得るための様々な機会を活用できるように働きかけることが必要である。

ウ　養護教諭は，年度当初に保健室経営計画を立て，教職員に保健室の利用方法の周知や一般用医薬品に関わる取扱いについて提案し，共通理解を図ることが大切である。

エ　保健室の一般用医薬品の使用及び廃棄方法などの管理については，一般用医薬品管理簿などを活用し，学校薬剤師が行う。

	ア	イ	ウ	エ
①	×	○	○	×
②	○	○	×	○
③	×	×	○	○
④	○	×	○	×
⑤	×	○	×	○

(☆☆☆○○○)

【14】 次のア～オの各文は，それぞれの疾患について説明したものである。正しいものを○，誤っているものを×としたとき，正しい組合せを選びなさい。

ア　溶連菌感染後急性糸球体腎炎は，病初期には腎機能が低下し，血圧が上昇するため，厳重な食事療法が必要である。ただし，適切な治療を受けることで，子供の急性腎炎は治りがよく，多くは数か月以内で治癒する。

イ　ネフローゼ症候群は，腎臓から大量の蛋白尿が出て，血液中の蛋白が減り，むくみが出現する病態を指す。児童生徒等では，ステロイドホルモンが効果的な微小変化群が多いが，過半数の症例で再発が見られ，それらの70％近い症例では数年間にわたり再発を繰り返す。

ウ　2型糖尿病は，膵臓のインスリンを産生している β 細胞がウイルス感染や自己免疫現象などによって破壊され，インスリン分泌能が著しく低下して起こる。治療にはインスリン注射が不可欠で，学校においてもこれらの注射が必要になる。

エ　水いぼは，伝染性軟属腫ウイルスに感染することによって起こる。水いぼの内容物が感染源となり，主として感染者への接触による直接感染であるが，タオルの共有などによる間接接触による感染もある。

オ　下垂体性低身長症は，身長の伸びが悪く，ずんぐりした体格の低身長となる。知能の発育も悪く，精神遅滞が見られる。

	ア	イ	ウ	エ	オ
①	×	×	○	○	×
②	○	×	○	×	×
③	○	○	×	○	×
④	×	×	×	×	○
⑤	○	○	○	×	○

(☆☆☆◎◎◎)

【15】次の文は，チック症について述べたものである。文中の（　ア　）～
（　オ　）に当てはまる語句の正しい組合せを選びなさい。

　チック症とは，（　ア　）の一種で，突発的に繰り返し起こる，急速
で（　イ　），限局的な骨格筋の収縮または発声である。前者は運動チ
ックと呼ばれ，全身に起こりうるが，多くは（　ウ　），頚に出現し，
後者は音声チックと呼ばれる。一過性の単純性チックから，（　エ　）
のような音声チックを伴う複雑チックが1年以上続く難治性チックが
含まれる。治療の基本は，支持的精神療法や家族ガイダンスおよび環
境調整である。また，重症と判断される場合は（　オ　）が行われる。

	ア	イ	ウ	エ	オ
①	ストレス反応	短い	四肢	ミオクロニー発作	薬物療法
②	不随意運動	短い	顔面	ミオクロニー発作	機能訓練
③	不随意運動	長い	四肢	トゥレット障害	機能訓練
④	不随意運動	短い	顔面	トゥレット障害	薬物療法
⑤	ストレス反応	長い	顔面	トゥレット障害	機能訓練

(☆☆☆◎◎◎)

【16】次のア～オの各文は，性感染症について述べたものである。正しい
ものを○，誤っているものを×としたとき，正しい組合せを選びなさ
い。

　ア　性感染症は，感染しても無症状であることが多く，比較的軽い症
　　状にとどまる場合もあるため，感染した者が治療を怠りやすいとい
　　う特性を有する。

イ 令和元年の性器クラミジア感染症報告数は，年齢(10歳階級)別に みると30代が最も多い。

ウ 尖圭コンジローマ及び子宮頸がんについては，ワクチンによる予 防が有効である。

エ 令和元年の性感染症報告数は，梅毒が最も多かった。

オ 性感染症に感染する危険性が高いのは，解剖学的に男性よりも女 性である。

	ア	イ	ウ	エ	オ
①	○	×	○	×	○
②	×	○	×	×	○
③	×	×	○	○	×
④	×	○	○	×	×
⑤	○	×	×	○	○

(☆☆☆◎◎◎)

【17】次のア～オの各文は，「性同一性障害や性的指向・性自認に係る， 児童生徒に対するきめ細かな対応等の実施について(教職員向け)」(平 成28年4月文部科学省)について述べたものである。正しいものを○， 誤っているものを×としたとき，正しい組合せを選びなさい。

ア 教職員等の間における情報共有に当たっては，児童生徒が自身の 性同一性を可能な限り秘匿しておきたい場合が多いため，サポート チームを作ることなどは適切ではない。

イ 当事者である児童生徒や保護者の同意が得られない場合でも，具 体的な個人情報に関連しない範囲で医療機関から一般的な助言を受 けることが考えられる。

ウ 学校における支援の事例として，通知表を含む校内文書を児童生 徒が希望する呼称で記したり，自認する性別として名簿上扱ったり することが挙げられる。

エ 卒業後に，法に基づく戸籍上の性別の変更等を行った者から卒業 証明書等の発行を求められた場合は，戸籍を確認した上で，当該者

119

が不利益を被らないよう適切に対応する。

オ　性同一性障害に係る児童生徒に対し，学校として適切に対応する
　　ためには，医療機関との連携が不可欠であるため，医療機関を受診
　　してもらう必要がある。

	ア	イ	ウ	エ	オ
①	○	×	○	×	○
②	×	×	○	×	○
③	×	○	○	○	×
④	○	○	×	×	○
⑤	○	×	×	○	×

(☆☆☆◎◎◎)

【18】次のア～オの各文は，喫煙，飲酒，薬物乱用と健康について述べた
ものである。正しい文の組合せを選びなさい。

ア　たばこの煙の中に含まれる有害物質であるニコチンは，毛細血管
　　を収縮させ，心臓に負担をかけたり，肌に悪影響を与える。

イ　未成年者喫煙禁止法では，公共の場での禁煙や分煙が義務づけら
　　れており，未成年者の健康を守るために役立っている。

ウ　酒の主成分であるエチルアルコールは，中枢神経の働きを低下さ
　　せる。特に，未成年者の飲酒については身体に大きな影響を及ぼす
　　ため，未成年者飲酒禁止法で禁止されている。

エ　MDMAは化学的に合成された麻薬であり，精神依存性は低いが大
　　麻と同じく脳に対して抑制作用がある。

オ　危険ドラッグには，麻薬や指定薬物等の違法な薬物が含まれてい
　　る例もあり，使用，所持等は犯罪となる。

①	イ・ウ・エ
②	ア・ウ・オ
③	ア・ウ・エ
④	イ・エ・オ
⑤	ア・イ・オ

(☆☆☆◎◎◎)

【19】次のア〜オの各文は,「現代的健康課題を抱える子供たちへの支援
〜養護教諭の役割を中心として〜」(平成29年3月文部科学省)の養護教
諭の役割について述べたものである。適切でないものを一つ選びなさ
い。

ア　養護教諭は保健室だけにとどまらず,校内を見回ることや部活動
　　等での児童生徒の様子や声かけなどを通して,日頃の状況などを把
　　握するよう努める。

イ　養護教諭は,校内委員会において,保健室等で得られる情報を基
　　に,専門性を生かしながら的確に意見を述べることが必要である。

ウ　児童生徒の健康課題を具体的に解決していくために,校内委員会
　　において児童生徒の健康課題の状況を踏まえ,校長のリーダーシッ
　　プの下,児童生徒の支援方針・支援方法を検討する。

エ　保健室登校の場合は,養護教諭が中心となり,児童生徒の指導に
　　当たることになるが,支援内容については,必ず管理職,学年主任,
　　学級担任,保護者と協議した上で決定する。

オ　養護教諭は,支援前と支援後の児童生徒の心身の状態の変化など
　　について把握し,時系列で整理する等,客観的に理解できるよう資
　　料をまとめ分析する。改善が見られた場合,その後の支援状況につ
　　いての記録は必要ない。

①	ア
②	イ
③	ウ
④	エ
⑤	オ

(☆☆☆◎◎◎)

【20】次の各文は,依存症について述べたものである。文中の(ア)〜
(オ)に当てはまる語句を語群a〜jから選んだとき,正しい組合せを
選びなさい。ただし,同じ記号には同じ語句が入る。

　一般的にニコチン，アルコール，薬物，ギャンブル等，ゲームなどを「やめたくてもやめられない」状態のことを「依存症」といい，医学的には「嗜癖(しへき)」という用語を使う。嗜癖の対象が，ニコチン，アルコール等の「物質」の摂取の場合は，「物質依存」といい，ギャンブル等の「(　ア　)」の場合は「(　ア　)嗜癖」という。

　ギャンブル等を行ったり，依存物質を摂取したりすることにより，脳内で(　イ　)という神経伝達物質が分泌され，中枢神経が興奮して快感・多幸感が得られる。

　世界保健機関(WHO)が平成30年6月に公表した国際疾病分類の第11回改訂版(ICD－11)(最終草案)では，(　ウ　)障害が，ギャンブル障害とともに疾病として位置付けられた。

　平成30年10月に施行された「ギャンブル等依存症対策基本法」では，「ギャンブル等依存症」とは，ギャンブル等にのめり込むことにより(　エ　)又は(　オ　)に支障が生じている状態であると定義している。

《語群》

a	行動	b	報酬	c	ゲーム	d	日常生活
e	社会生活	f	身体的	g	精神的	h	アルブミン
i	SNS	j	ドーパミン				

	ア	イ	ウ	エ	オ
①	a	j	i	f	g
②	b	h	c	d	e
③	b	h	i	d	e
④	b	j	c	f	g
⑤	a	j	c	d	e

(☆☆☆◎◎◎)

【21】次の各文は，学校保健安全法(平成27年法律第46号)及び学校保健安全法施行令(平成27年政令第421号)の条文の一部を抜粋したものである。文中の(　ア　)～(　オ　)に当てはまる語句を，条文のとおりに漢字で正しく記入しなさい。ただし，同じ記号には同じ語句が入る。

(学校保健安全法　第24条)

　地方公共団体は，その設置する小学校，中学校，義務教育学校，中等教育学校の前期課程又は特別支援学校の小学部若しくは中学部の児童又は生徒が，（　ア　）又は学習に支障を生ずるおそれのある疾病で政令で定めるものにかかり，（　イ　）において（　ウ　）の指示を受けたときは，当該児童又は生徒の保護者で次の各号のいずれかに該当するものに対して，その疾病の（　ウ　）のための医療に要する費用について必要な援助を行うものとする。

(学校保健安全法施行令　第8条)

　法第24条の政令で定める疾病は，次に掲げるものとする。

一　トラコーマ及び結膜炎
二　白癬，疥癬及び膿痂疹
三　（　エ　）
四　（　オ　）及びアデノイド
五　齲歯
六　寄生虫病(虫卵保有を含む。)

(☆☆☆○○○)

【22】次の文は，世界保健機関(WHO)が提唱したヘルスプロモーションについて述べたものである．文中の（　ア　）～（　ウ　）に当てはまる語句を記入しなさい。ただし，同じ記号には同じ語句が入る。

　ヘルスプロモーションとは，オタワ憲章(1986年)の中で，「人々が自らの（　ア　）を（　イ　）し，（　ウ　）することができるようにするプロセス」と定義された。その後，バンコク憲章(2005年)において修正が加えられ，「人々が自らの（　ア　）とその決定要因を（　イ　）し，（　ウ　）することができるようにするプロセス」と再定義された。

(☆☆☆○○○)

【23】次の各文は，中学校学習指導要領(平成29年3月告示)「第2章　各教科」「第7節　保健体育」「第2　各学年の目標及び内容」〔保健分野〕「1　目標」を抜粋したものである。文中の(ア)～(エ)に当てはまる語句を漢字で正しく記入しなさい。

1　目標
　(1)　個人生活における健康・安全について理解するとともに，基本的な(ア)を身に付けるようにする。
　(2)　健康について自他の課題を発見し，よりよい解決に向けて(イ)し判断するとともに，(ウ)に伝える力を養う。
　(3)　生涯を通じて心身の健康の(エ)を目指し，明るく豊かな生活を営む態度を養う。

(☆☆☆◎◎◎)

【24】次の各文は，小学校学習指導要領(平成29年3月告示)「第6章　特別活動」「第2　各活動・学校行事の目標及び内容」〔学級活動〕「2　内容」の一部を抜粋したものである。文中の(a)～(d)に当てはまる語句を漢字で正しく記入しなさい。

(2)　日常の生活や学習への適応と自己の成長及び健康安全
　ア　基本的な(a)の形成
　　(略)
　イ　よりよい(b)の形成
　　(略)
　ウ　心身ともに健康で安全な(c)の形成
　　(略)
　エ　食育の観点を踏まえた学校給食と望ましい(d)の形成
　　(略)

(☆☆☆◎◎◎)

【25】次の表は，「学校環境衛生管理マニュアル(平成30年度改訂版)」(平成30年5月公益財団法人日本学校保健会)「第Ⅱ章　学校環境衛生基準」

「第4　水泳プールに係る学校環境衛生基準」の一部を抜粋したものである。表中の(ア)～(カ)に当てはまる数字または語句を正しく記入しなさい。

検査項目		基準
水質	(1) 遊離残留塩素	(ア)mg/L 以上であること。また，(イ)mg/L 以下であることが望ましい。
	(2) pH値	(ウ)以上(エ)以下であること。
	(3) (オ)	検出されないこと。
	(4) 一般細菌	1mL中(カ)コロニー以下であること。
	(5) 有機物等（過マンガン酸カリウム消費量）	12mg/L 以下であること。
	(6) 濁度	2度以下であること。
	(7) 総トリハロメタン	0.2mg/L 以下であることが望ましい。
	(8) 循環ろ過装置の処理水	循環ろ過装置の出口における濁度は，0.5度以下であること。また，0.1度以下であることが望ましい。

(☆☆☆◎◎◎)

【26】次の各文は，「児童虐待の防止等に関する法律」(平成29年法律第69号)の条文の一部を抜粋したものである。文中の(ア)～(オ)に当てはまる語句を，条文のとおりに漢字で正しく記入しなさい。ただし，同じ記号には同じ語句が入る。

第5条　学校，児童福祉施設，病院その他児童の福祉に業務上関係のある団体及び学校の教職員，児童福祉施設の職員，医師，保健師，助産師，看護師，弁護士その他児童の福祉に職務上関係のある者は，児童虐待を発見しやすい立場にあることを自覚し，児童虐待の(ア)に努めなければならない。

2　前項に規定する者は，児童虐待の予防その他の児童虐待の防止並びに児童虐待を受けた児童の保護及び(イ)の支援に関する国及び地方公共団体の施策に協力するよう努めなければならない。

3　学校及び児童福祉施設は，児童及び保護者に対して，児童虐待

の防止のための(ウ)又は啓発に努めなければならない。

第6条　児童虐待を受けたと思われる児童を発見した者は，速やかに，これを市町村，都道府県の設置する福祉事務所若しくは(エ)又は児童委員を介して市町村，都道府県の設置する福祉事務所若しくは(エ)に(オ)しなければならない。

(☆☆☆◎◎◎)

【27】次の文は，ヒト(女性)の生殖器について述べたものであり，次の図は，ヒト(女性)の生殖器の構造を表したものである。文中及び図中の(ア)～(オ)に当てはまる語句を漢字で正しく記入しなさい。ただし，同じ記号には同じ語句が入る。

　卵巣，(ア)，子宮，膣といった女性生殖器は，骨盤の中におさまっている。卵巣は，卵細胞を蓄え，これを成熟させる器官であり，(イ)ホルモンと(ウ)ホルモンを内分泌する働きも行う。

　卵巣から腹腔内に卵子が放出されることを排卵といい，排卵された卵子は，ただちに(エ)に包まれ，(ア)の腹腔口から(ア)内に入る。排卵によって，卵巣では(ウ)が形成される。妊娠が成立しなかった場合には，(ウ)からのエストロゲンとプロゲステロンの分泌が減るために(オ)が脱落し，血液とともに膣から排出される。これが月経である。

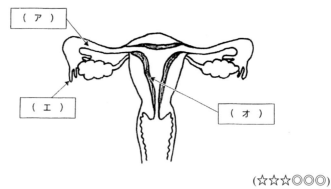

(☆☆☆◎◎◎)

解答・解説

【1】④

〈解説〉第9条は保健指導についての規定であり，aは，養護教諭が正しい。第10条は地域の医療機関等との連携の規定であり，cは，健康相談が正しい。第14条は児童生徒等の健康診断の事後措置の規定である。第29条は危険等発生時対処要領の作成等の規定である。

【2】④

〈解説〉学校において予防すべき感染症の第二種は，特に児童生徒に多い感染症で，疾病により出席停止期間が定められているのでしっかりと覚えておくことが必要である。

【3】③

〈解説〉アは，疾病の回復については取り扱わないようにする。は誤りで，疾病の回復についても触れるよう配慮するものとする。　エは，受精・妊娠・妊娠の経過を取り扱うものとする。は誤りで，受精・妊娠を取り扱うものとし，妊娠の経過は取り扱わないものとする。

【4】⑤

〈解説〉保健領域に関しては，健康な生活と疾病の予防，心身の発育・発達と心の健康，健康と環境，傷害の防止，社会生活と健康等の保健の基礎的な内容について，小学校，中学校，高等学校を通じて系統性のある指導ができるように示されている。

【5】⑤

〈解説〉アは，0.3の指標ではなく1.0の指標が正しい。視力表から眼までの距離は5mとし，立たせるか椅子にかけさせる。最初に左眼を遮眼器等で圧迫しないよう遮閉し，右眼から測定する。検査場所は，あまり

狭くない部屋でカーテンを使用し，直射日光が入らないよう注意する。エは，上下左右4方向のうち3方向が正しい。

【6】①

〈解説〉3度房室ブロックは，脈拍が極端に遅くなったり，一瞬止まったりする徐脈性不整脈と言われる不整脈の一種で，心臓のポンプ機能を損なう重篤な不整脈である。心室の拍動数が1分間に50回未満となる。疲労，めまい，失神がよくみられる。1度房室ブロック，洞不整脈，不完全右脚ブロック，上室期外収縮は危険のほとんど無い不整脈である。危険をともなう注意すべき不整脈を有する児童生徒については主治医と連絡をとって，日常生活の管理を行う必要がある。

【7】④

〈解説〉イの「マメ」「靴ずれ」については，独立行政法人日本スポーツ振興センター法施行令第5条第1項第1号の事故又は行為による負傷の中で，「過度に摩擦をする負傷」として，傷害の範囲に含まれている。オは，5,000点以上ではなく7,000点以上が正しい。

【8】③

〈解説〉学校環境衛生基準についての法的根拠は，学校保健安全法第6条である。学校環境衛生に関しては，社会環境の変化や科学技術の進歩によりしばしば改正が行われる。平成30年に一部改正が行われた学校環境衛生基準では，教室等の温度の基準については，望ましい温度の基準が17℃以上28℃以下となったこと，照度の基準についてはコンピュータを利用する授業が行われていることを踏まえ，規定の見直しが行われたこと，飲料水等の水質及び施設・設備に係る学校環境衛生基準関係では，有機物等の検査項目から「過マンガン酸カリウム消費量」が削除され，有機物のみとなったこと，学校の清潔，ネズミ，衛生害虫等及び教室等の備品の管理に係る学校環境衛生基準関係では，検査項目から「机，いすの高さ」が削除されたこと等がある。ほかにもい

くつかあるので，学校環境衛生マニュアルで確認しておくこと。

【9】②

〈解説〉アの第1度の真皮は誤りで，表皮が正しい。ウは水疱をつぶすではなく，つぶさないが正しい。水疱をつぶすと感染の危険がある。熱傷の重症度は，傷害された部分の深さと表面積によって軽傷，中等度，重傷に分類される。深さは1度が表皮，2度が真皮，3度が皮下組織まで傷害されたものである。体表面積は大人では9の法則(頭部9％，右上肢9％，左上肢9％，体幹前面18％，体幹後面18％，右下肢9％，左下肢9％，陰部1％)，幼児では5の法則(頭部15％，右上肢10％，左上肢10％，体幹前面20％，体幹後面15％，右下肢15％，左下肢15％)により傷害された面積の目安とする。応急手当の方法は，冷やすのが最も効果がある。また，服を脱がせると皮膚が剥がれることがあるため，熱傷部位の衣服は脱がさないで服の上から冷やす。

【10】①

〈解説〉イは誤りで，説明にあるしゃくりあげるような呼吸は，死戦期呼吸と呼ばれるもので，心停止直後の傷病者に見られることがある。呼吸をしていると誤った判断をしないよう注意が必要である。ウの圧迫のテンポは，1分間に80～90回は誤りで，100～120回が正しい。エは誤りで，「ショックは不要です」の音声メッセージは除細動の適用でないことを示しているのであって，胸骨圧迫をやめてよい状態であるとは限らない。心肺蘇生をやめてよいのは，傷病者が嫌がって動き出す，うめき声を出す，見るからに普段通りの呼吸が現れた場合である。

【11】①

〈解説〉足関節部分は，多くの骨や靭帯で構成されている。足指の骨は基節骨5個，中節骨4個，末節骨5個で構成されている。親指には中節骨がない。各部の解剖を理解しておくと負傷部位の推測ができる。令和元年度の日本スポーツ振興センターの共済給付対象の統計では，傷害

の多い部位について，小学校では手・手指部が最も多く，次いで足関節，眼部，頭部となっている。中学校では，手・手指部が最も多く，次いで足関節，膝部，眼部となっている。高等学校では，足関節，手・手指部が多くなっている。負傷の多い部位についての解剖を確認しておくことがよい。

【12】②

〈解説〉アのSaO₂は誤りで，SpO₂が正しい。パルスオキシメーターで測定されるのは経皮的動脈血酸素飽和度で間接的な測定値であり，SaO₂は動脈血の酸素飽和度の実測値である。エの「Ⅰ」と評価し，数字が小さいほど重症であるは誤りで，「Ⅲ」と評価し，数字が大きいほど重症であるが正しい。

【13】①

〈解説〉アは，養護教諭が管理責任者は誤りで，校長が管理責任者が正しい。エは，一般用医薬品の取扱いについては，必ず校長に相談し，学校医，学校歯科医又は学校薬剤師の指導・助言のもとに決定するのが正しい。

【14】③

〈解説〉ウの2型糖尿病は誤りで，1型糖尿病が正しい。本問題は1型糖尿病についての説明である。2型糖尿病は糖尿病になりやすい体質の子供が，生活習慣により運動不足や肥満でインスリンの働きが低下し引き起こされると考えられている。よって1型糖尿病と違って食事療法や運動療法などが治療の中心となる。オの下垂体性低身長症は，脳下垂体からの成長ホルモンの分泌低下や欠如した場合に起こる。原因ははっきりとしたことのわからない突発性のものが多いが，腫瘍などで起こるものもある。出生時の身長は平均的であるが，次第に成長が遅れてきて平均身長との差が大きくなる。身長の伸びは悪いが，体格は均整がとれている。知能は正常である。学校での身長測定記録が診断

の参考にもなるので，学校での定期的な身長測定は重要である。また，成長曲線の活用により異常の発見につながる。

【15】④

〈解説〉発達障害には，自閉症，アスペルガー症候群その他の広汎性発達障害，学習障害，注意欠陥多動性障害があるが，瞬きする・顔しかめ・首振り・肩をすくめる，のような運動性チック症状や，咳ばらい・鼻すすり・奇声を発する等の音声チックを主症状とするトゥレット症候群も発達障害に含まれる。よって発達障害者支援法の対象となる。

【16】①

〈解説〉イは，30代は誤りで20代が正しい。エは，梅毒は誤りで性器クラミジアが正しい。厚生労働省の性感染症報告によると，令和元年度のクラミジア感染症者数は27,221人，次いで性器ヘルペスウイルス感染症者数9,413人で，近年若年層での性器クラミジア感染症者数が増加している。性器クラミジア感染症は，軽いかゆみ，おりものの増加，排尿時の痛みがあるが，無症状で気付かないことが多い。

【17】③

〈解説〉アは，サポートチームを作ることなどは適切ではないは誤りで，秘匿しておきたい場合があること等に留意しつつ，教職員等の間で，情報共有しチームで対応することは欠かせない。オについては，医療機関を受診してもらう必要があるというのは誤りである。医療機関との連携については，学校が必要な支援を検討する際，専門的知見を得られる重要な機会となるが，最終的に医療機関を受診するかどうかは，性同一性障害に係る児童生徒本人やその保護者が判断することである。

【18】②

〈解説〉イの未成年者喫煙禁止法は，満20歳未満の者の喫煙の禁止を目的
とする法律なので，公共の場での禁煙や分煙の義務ではなく，喫煙そ
のものを禁止している。平成30年に民法における成年年齢が20歳から
18歳にひき下げられたが，これまで通り20歳未満が喫煙禁止となって
いる。エのMDMAについて，精神依存性は低い，は誤りで，精神依存
性は高い。また，脳に対して抑制作用は誤りで，興奮作用が正しい。

【19】⑤

〈解説〉オで，改善が見られた場合，その後の支援状況についての記録は
必要ないは，誤りである。改善している場合でも，時点だけを見るの
ではなく，経過等を必ず確認するなど，継続的に児童生徒の状況を確
認する必要がある。

【20】⑤

〈解説〉「ギャンブル等依存症対策基本法」は，国民の健全な生活の確保
を図るとともに，国民が安心して暮らすことのできる社会の実現に寄
与することを目的に作られた。第9条「医療，保健，福祉，教育，法
務，矯正その他のギャンブル等依存症対策に関連する業務に従事する
者は，国及び地方公共団体が実施するギャンブル等依存症対策に協力
し，ギャンブル等依存症の予防等及び回復に寄与するよう努めなけれ
ばならない。」とされており，教育に携わる者も正しい知識と理解が
必要である。平成30年告示 高等学校学習指導要領 保健体育編「保健」
現代社会と健康の中で，「ギャンブル等への過剰な参加は習慣化する
と嗜癖行動になる危険性があり，日常生活にも悪影響を及ぼすことに
触れる」となっている。ゲーム障害は，アルコールやギャンブルと並
んで，精神および行動の障害として分類され，WHOが定める諸症状が
12か月にわたって継続されていると判断されると治療の対象となる。

【21】ア　感染性　イ　学校　ウ　治療　エ　中耳炎　オ　慢性
副鼻腔炎
〈解説〉学校保健安全法第24条は，地方公共団体の援助に関しての規定で
ある。生活保護法第6条第2項に規定している要保護者と要保護者に準
ずる程度に困窮している者に対して，健康診断の結果，学校保健安全
法施行令第8条に掲げてある疾病の治療を指示されたとき，その治療
費を援助するための規定である。

【22】ア　健康　イ　コントロール　ウ　改善
〈解説〉ヘルスプロモーションを取り巻く状況の変化及びグローバル化を
背景に，2005年のバンコク憲章では，オタワ憲章の基本戦略をさらに
発展させた5つの基本戦略が提唱された。

【23】ア　技能　イ　思考　ウ　他者　エ　保持増進
〈解説〉本資料では，生徒が保健の見方・考え方を働かせて，課題を発見
し，その理解を図る主体的・協働的な学習過程を通して，心と体を一
体として捉え，生涯を通じて心身の健康を保持増進するための資質・
能力を育成することを目指して，次の3つの柱で目標設定がなされて
いる。保健の「知識及び技能」，「思考力・判断力・表現力等」，「学び
に向かう力・人間性等」である。この3つの柱は，新学習指導要領の
全教科等の目標及び内容の方針となっているので，保健領域において
もその方針に沿った内容を理解しておく事が必要である。

【24】a　生活習慣　b　人間関係　c　生活態度　d　食習慣
〈解説〉養護教諭が保健教育を実施する場合，特別活動の学級活動「(2) 日
常の生活や学習への適応と自己の成長及び健康安全」についての内容
を指導することが多い。そこで学級活動の目標に沿って授業を行わな
ければならないので，目標をしっかり理解しておくことが必要となる。

【25】ア　0.4　イ　1.0　ウ　5.8　エ　8.6　オ　大腸菌
カ　200

〈解説〉平成30年の学校環境衛生基準の一部改正において，水泳プールに
　　係る学校環境衛生基準関係では，総トリハロメタンの検査について，
　　プール水を1週間に1回以上全換水する場合は，検査を省略することが
　　できる規定が設けられた。

【26】ア　早期発見　　イ　自立　　ウ　教育　　エ　児童相談所
　　　オ　通告
〈解説〉児童虐待に関して学校等に求められる制度上の責務は次の事があ
　　げられる。①学校保健安全法第9条により，児童生徒の健康状態の日
　　常的な観察により心身の状態を適切に把握し，学校保健安全法第11条
　　と第13条の健康診断は，身体的虐待やネグレクトを早期に発見しやす
　　い機会であることから，それらにより早期発見を行う。②児童虐待を
　　受けたと思われる児童生徒等を発見したときは，速やかに市区町村，
　　児童相談所に通告しなければならない。虐待の事実が明らかでなくて
　　も子供の安全・安心が疑われる場合は早期対応の観点から通告の義務
　　が生じる。③関係機関との連携について，通告を行った児童生徒等に
　　ついて，通告後に市区町村や児童相談所に定期的な情報提供を行い，
　　適切な運用に努めること等が，学校に求められる。

【27】ア　卵管　　イ　卵胞　　ウ　黄体　　エ　卵管采　　オ　子宮内
　　　膜
〈解説〉女性生殖器の解剖と月経のメカニズムの説明である。思春期は卵
　　巣の機能が完成していないので，月経不順や月経痛などが起こりやす
　　い。中学校の教科保健体育の保健領域で扱う内容である。学習指導要
　　領では，生殖器について，中学校では，思春期には下垂体から分泌さ
　　れる性腺刺激ホルモンの働きにより生殖器の発育とともに生殖機能が
　　発達し，男子では射精，女子では月経が見られ，妊娠が可能となるこ
　　とを理解できるようにする。高等学校では，心身の発達や健康状態な
　　ど保健の立場から理解できるようにする。その際，受精，妊娠，出産
　　とそれに伴う健康課題について理解できるようにする。

2020年度　　実施問題

【1】次のア〜オの各文は，学校保健安全法(平成27年法律第46号)の条文を示したものである。文中の下線部a〜eについて，正しいものを○，誤っているものを×としたとき，正しい組合せを選びなさい。

ア　文部科学大臣は，学校における換気，採光，照明，_a水質，清潔保持その他環境衛生に係る事項について，児童生徒等及び職員の健康を保護する上で維持されることが望ましい基準を定めるものとする。(第6条第1項)

イ　学校には，健康診断，健康相談，_b保健指導，救急処置その他の保健に関する措置を行うため，保健室を設けるものとする。(第7条)

ウ　学校の設置者は，この法律の規定による健康診断を行おうとする場合その他政令で定める場合においては，_c地域の医療機関と連絡するものとする。(第18条)

エ　学校医，学校歯科医及び学校薬剤師は，学校における保健管理に関する専門的事項に関し，_d技術及び指導に従事する。(第23条第4項)

オ　学校の設置者は，児童生徒等の安全の確保を図るため，その設置する学校において，事故，_e加害行為，災害等により児童生徒等に生ずる危険を防止し，及び事故等により児童生徒等に危険又は危害が現に生じた場合において適切に対処することができるよう，当該学校の施設及び設備並びに管理運営体制の整備充実その他の必要な措置を講ずるよう努めるものとする。(第26条)

	a	b	c	d	e
①	○	×	○	○	×
②	×	○	×	○	○
③	○	○	○	○	×
④	×	×	○	×	○
⑤	×	○	×	×	○

(☆☆☆○○○)

【2】次の各文は，学校保健安全法施行規則(平成28年省令第4号)の一部を抜粋したものである。文中の下線部a～eについて，正しいものを○，誤っているものを×としたとき，正しい組合せを選びなさい。

(出席停止の期間の基準)

第19条

(略)

2　第二種の感染症にかかつた者については，次の期間。ただし，病状により学校医その他の医師において感染のおそれがないと認めたときは，この限りでない。

(略)

ロ　百日咳にあつては，特有の咳が消失するまで又は五日間の適正な _a抗菌性物質製剤による治療が終了するまで。

ハ　麻しんにあつては，解熱した後_b二日を経過するまで。

ニ　流行性耳下腺炎にあつては，耳下腺，_c顎下腺又は舌下腺の腫脹が発現した後五日を経過し，かつ，全身状態が良好になるまで。

(略)

ヘ　水痘にあつては，すべての発しんが_d消失するまで。

ト　咽頭結膜熱にあつては，_e急性症状が消退した後二日を経過するまで。

	a	b	c	d	e
①	×	○	×	×	○
②	×	○	×	○	×
③	○	×	○	○	×
④	×	×	○	○	○
⑤	○	×	○	×	×

(☆☆☆◎◎◎)

【3】次の各文は，「チームとしての学校の在り方と今後の改善方策について」(答申)(平成27年12月中央教育審議会)「3.『チームとしての学校』を実現するための具体的な改善方策」「(1)専門性に基づくチーム体制の構築」「①　教職員の指導体制の充実」「ウ　養護教諭」の一部を抜

粋したものである。文中の(ア)〜(オ)に当てはまる語句を語群a〜jから選びなさい。ただし，同じ記号には同じ語句が入る。

(現状)

　養護教諭は，児童生徒等の「養護をつかさどる」教員(ア)第37条第12項等)として，児童生徒等の保健及び(イ)の実態を的確に把握し，心身の健康に問題を持つ児童生徒等の指導に当たるとともに，健康な児童生徒等についても健康の増進に関する指導を行うこととされている。

　(略)

　特に，養護教諭は，主として保健室において，(ウ)とは異なる専門性に基づき，心身の健康に問題を持つ児童生徒等に対して指導を行っており，健康面だけでなく(エ)でも大きな役割を担っている。

　(略)

(成果と課題)

　養護教諭は，学校に置かれる教員として，従来から，児童生徒等の心身の健康について中心的な役割を担ってきた。

　今後は，スクールカウンセラーやスクールソーシャルワーカーが配置されている学校において，それらの専門スタッフとの(オ)が求められることから，(オ)のための仕組みやルールづくりを進めることが重要である。

《語群》

a 情報共有　　b 心理面　　c 学校医　　d 人間関係
e 生徒指導面　f 協働　　g 学校教育法　h 教諭
i 教育基本法　j 環境衛生

	ア	イ	ウ	エ	オ
①	g	d	c	b	a
②	i	d	h	b	f
③	g	j	c	b	f
④	i	d	h	e	a
⑤	g	j	h	e	f

(☆☆☆◎◎◎)

【４】次の各文は，小学校学習指導要領(平成29年告示)「第2章　各教科」
「第9節　体育」「第2　各学年の目標及び内容」[第5学年及び第6学年]
「Ｇ　保健」の一部を抜粋したものである。下線部a～eについて，正し
いものを○，誤っているものを×としたとき，正しい組合せを選びな
さい。

(3)　病気の予防について，課題を見付け，その解決を目指した活動を
　　通して，次の事項を身に付けることができるよう指導する。

　　ア　病気の予防について理解すること。

　　　(ア)　病気は，病原体，体の_a_免疫力，生活行動，_b_環境が関わり
　　　　あって起こること。

　　　(イ)　病原体が主な要因となって起こる病気の予防には，病原体
　　　　が体に入るのを防ぐことや病原体に対する体の_a_免疫力を高め
　　　　ることが必要であること。

　　　(ウ)　生活習慣病など生活行動が主な要因となって起こる病気の
　　　　予防には，適切な_c_睡眠及び休養をとること，栄養の偏りのな
　　　　い食事をとること，_d_口腔の衛生を保つことなど，望ましい生
　　　　活習慣を身に付ける必要があること。

　　　(エ)　喫煙，飲酒，薬物乱用などの行為は，健康を損なう原因と
　　　　なること。

　　　(オ)　地域では，_e_健康増進に関わる様々な活動が行われているこ
　　　　と。

	a	b	c	d	e
①	○	○	×	○	○
②	×	×	○	×	○
③	×	○	×	○	○
④	×	×	○	○	○
⑤	○	○	○	×	×

(☆☆☆◎◎◎)

【５】次の図は，小学校学習指導要領解説体育編(平成29年文部科学省)
「第2章　体育科の目標及び内容」「第2節　各学年の目標及び内容」[第

5学年及び第6学年]「2 内容」「G 保健」の一部を抜粋したものである。図中の(a)～(e)に当てはまる語句の正しい組合せを選びなさい。ただし，同じ記号には同じ語句が入る。

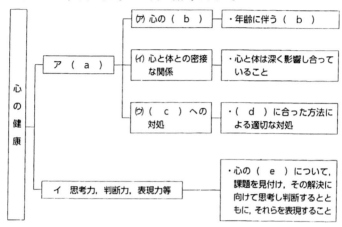

	a	b	c	d	e
①	知識	変化	不安や悩み	状況	健康
②	知識及び技能	発達	ストレス	状況	健康
③	知識	発達	ストレス	状況	状態
④	知識	変化	不安や悩み	自己	状態
⑤	知識及び技能	発達	不安や悩み	自己	健康

(☆☆☆○○○)

【6】次の各文は，中学校学習指導要領(平成29年告示)「第2章 各教科」「第7節 保健体育」「第2 各学年の目標及び内容」[保健分野]「2 内容」の一部を抜粋したものである。文中の(a)～(d)に当てはまる語句の正しい組合せを選びなさい。ただし，同じ記号には同じ語句が入る。

(3) (a)の防止について，課題を発見し，その解決を目指した活動を通して，次の事項を身に付けることができるよう指導する。

ア (a)の防止について理解を深めるとともに，応急手当をすること。

　(ア)　交通事故や自然災害などによる(　a　)は，(　b　)要因や環境要因などが関わって発生すること。

　(イ)　交通事故などによる(　a　)の多くは，(　c　)行動，環境の改善によって防止できること。

　(ウ)　(略)

　(エ)　応急手当を適切に行うことによって，(　a　)の悪化を防止することができること。また，心肺蘇生法などを行うこと。

　イ　(　a　)の防止について，危険の予測やその(　d　)の方法を考え，それらを表現すること。

	a	b	c	d
①	傷害	人的	安全な	回避
②	けが	主体的	適切な	回避
③	傷害	主体的	適切な	回避
④	けが	人的	安全な	対処
⑤	傷害	人的	適切な	対処

(☆☆☆◇◇◇)

【7】次のア～オの各文は，「児童生徒等の健康診断マニュアル(平成27年度改訂)」(平成27年8月公益財団法人日本学校保健会)の「児童，生徒，学生及び幼児の健康診断の実施」の身長に関する検査の方法及び技術的基準について述べたものである。正しいものを○，誤っているものを×としたとき，正しい組合せを選びなさい。

ア　測定の際は必ず裸足で行う。身長計の踏み台に上がらせ，両かかととをよくつけて直立させる。

イ　尺柱には，両かかと，臀部，頭部の一部が触れた状態とする。

ウ　上肢は体側に垂れさせる。正面から見ると，身体の正中線と尺柱が重なっていなければならない。

エ　眼位を正位に保つため，軽く顎を引かせる。

オ　身長成長曲線で身長の発育を評価し，適切な事後指導について検討する。

	ア	イ	ウ	エ	オ
①	×	○	○	×	○
②	○	×	○	×	○
③	○	○	×	○	×
④	○	×	○	×	×
⑤	×	○	×	○	○

(☆☆☆○○○)

【8】次のア～エの各文は,「児童生徒等の健康診断マニュアル(平成27年
度改訂)」(平成27年8月公益財団法人日本学校保健会)の「健康診断時
に注意すべき疾病及び異常」の心臓疾患について述べたものである。
正しいものを○,誤っているものを×としたとき,正しい組合せを選
びなさい。

ア　川崎病は,主として,4歳以下の乳幼児に起こる原因不明の疾患
　　で,発熱,発疹,結膜の充血,口唇及び口の粘膜の発赤,リンパ節
　　の腫脹等を認める。心臓に後遺症を残すことがあり問題となる。

イ　心筋症は,種々の原因で起こる心筋の病気である。心筋が厚くな
　　って左室の拡張不全を来す拘束型心筋症と,心臓が拡張して心臓の
　　収縮不全を来す拡張型心筋症が主たるものである。

ウ　心筋炎は,リウマチ熱,ウイルス感染,細菌感染などによって起
　　こるが,リウマチ熱によるものがもっとも多い。突然死を来すこと
　　がある。

エ　QT延長症候群は,遺伝性疾患で,心電図上QT時間や補正QT時間
　　が長く,突然,特有の心室頻拍や心室細動を来し失神や突然死したり
　　りする可能性のある疾患である。

	ア	イ	ウ	エ
①	○	×	×	×
②	○	○	×	×
③	×	×	○	○
④	○	×	×	○
⑤	×	○	○	○

(☆☆☆○○○)

141

【9】次のア～エの各文は，独立行政法人日本スポーツ振興センターの災害共済給付制度について述べたものである。正しいものを○，誤っているものを×としたとき，正しい組合せを選びなさい。

ア　医療費については，同一の負傷又は疾病に係る医療費の月分ごとに，翌月10日の翌日(11日)から起算して2年の間に請求を行わないときは，時効となる。

イ　死亡見舞金については，死亡した日の翌日から起算して2年間請求を行わないときは，時効となる。

ウ　学校の寄宿舎にあるときは，学校の管理下の範囲とならないため，給付の対象外である。

エ　遠足・修学旅行などの野外での活動中などにおいて，身体に負担がかかったことにより発症したと認められる風邪や風邪の増悪などの呼吸器系疾患は，給付の対象となる。

	ア	イ	ウ	エ
①	○	○	×	×
②	×	×	○	○
③	○	○	×	○
④	○	×	○	×
⑤	×	×	×	○

(☆☆☆◎◎◎)

【10】次の文は，「熱中症環境保健マニュアル2018」(平成30年3月改訂環境省)の「Ⅰ.熱中症とは何か」「5.暑熱環境と暑さ指数」について述べたものである。(ア)～(オ)に当てはまる語句及び数字の正しい組み合わせを選びなさい。ただし，同じ記号には同じ語句が入る。

　熱中症に関連する，気温，湿度，日射，(ア)，風の要素を積極的に取り入れた指標として，暑さ指数(WBGT)があり，特に高温環境の指標として労働や運動時の予防措置に用いられている。

暑さ指数に応じた注意事項等

暑さ指数 (WBGT)	日常生活における 注意事項	熱中症予防のための運動指針
（ イ ）℃以上	高齢者においては安静状態でも発生する危険性が大きい。外出はなるべく避け、涼しい室内に移動する。	**運動は原則中止** 特別の場合以外は運動を中止する。特に子どもの場合は中止すべき。
28～（ イ ）℃	外出時は炎天下を避け，室内では室温の上昇に注意する。	**厳重警戒** 激しい運動や持久走は避ける。積極的に休息をとり，水分塩分補給。体力のない者、暑さになれていない者は運動中止。
25～28℃	運動や激しい作業をする際は定期的に充分に休息を取り入れる。	**警戒** 積極的に休息をとり，水分塩分補給。激しい運動では，（ ウ ）分おきくらいに休息。
21～25℃	一般に危険性は少ないが激しい運動や重労働時には発生する危険性がある。	**注意** 死亡事故が発生する可能性がある。熱中症の兆候に注意。運動の合間に水分塩分補給。

《暑さ指数(WBGT)の算出》

WBGT(屋内)＝0.7×(エ)温度＋0.3×(オ)温度

	ア	イ	ウ	エ	オ
①	輻射	31	30	湿球	黒球
②	熱収支	33	30	乾球	湿球
③	熱収支	31	60	湿球	乾球
④	輻射	33	60	乾球	黒球
⑤	輻射	31	30	黒球	湿球

(☆☆☆◎◎◎)

【11】次のア～エの各文は，応急手当について述べたものである。正しいものを○，誤っているものを×としたとき，正しい組合せを選びなさい。

ア　反応はないが普段どおりの呼吸をしている傷病者は，回復体位にする。回復体位では，傷病者の下になる腕を曲げ，その上に傷病者

の顔を乗せるようにする。また，傷病者の上になる膝を約90度曲げ
前方に出す。

イ　けいれん発作の持病がある傷病者がいつもと同じ発作を起こした
場合は，意識が戻るまで仰臥位にして気道を確保し，様子をみる。

ウ　医薬品や漂白剤など中毒を引き起こす毒物を飲んだ場合は，まず
は毒物を吐かせ，その後，毒物の種類，飲んだ時刻や量について確
認する。

エ　酸やアルカリなど毒性のある化学物質が皮膚に付いたり，目に入
った場合はただちに水道水で十分に洗い流す。

	ア	イ	ウ	エ
①	×	×	×	○
②	○	○	×	○
③	×	○	○	×
④	○	×	○	○
⑤	×	×	○	×

(☆☆☆◎◎)

【12】次の図は，ヒトの全身の動脈を表したものである。図中の(　ア　)
〜(　エ　)に当てはまる語句の正しい組合せを選びなさい。

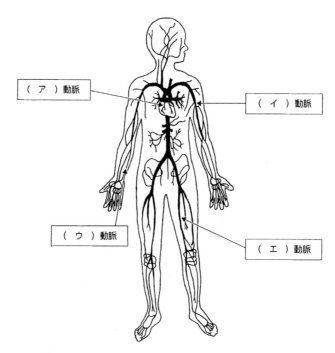

	ア	イ	ウ	エ
①	冠状	腋窩	尺骨	大腿
②	冠状	前腕	橈骨	総腸骨
③	胸大	腋窩	尺骨	総腸骨
④	胸大	前腕	尺骨	大腿
⑤	冠状	腋窩	橈骨	総腸骨

(☆☆☆○○○)

【13】 次のア〜オの各文は，肝臓の働きについて述べたものである。正しいものを○，誤っているものを×としたとき，正しい組合せを選びなさい。

ア　肝臓は，身体の中で最も大きな臓器であり，小腸で吸収された栄養物を肝細胞内に取り込み，ホルモンや胆汁を作り，貯蔵している。

イ　胆汁は肝臓で1日に500mℓから1ℓ生成される。胆汁は脂肪の消化や

吸収に重要な役割を持っている。

ウ　安静時に肝臓へ送られる血液の量は心拍出量の約10％であり，特に門脈の血流は豊富である。門脈は，消化管から運ばれた栄養を多く含んだ動脈血を肝臓へ運んでいる。

エ　エストロゲンなどのホルモンは肝臓において不活性化される。また，薬物などを分解，あるいは無毒化する。脂溶性の有毒物を毒性の低い物質に変化させ，胆汁中に排出する。

オ　肝臓において脂肪の合成と分解が行われ，脂肪酸からコレステロールが生成される。また，脂質代謝の中間代謝産物として，ケトン体が肝臓で合成される。ケトン体が過剰に合成されるとアルカローシスになることがある。

	ア	イ	ウ	エ	オ
①	×	×	×	○	○
②	○	○	×	○	×
③	×	○	○	×	×
④	○	×	○	×	×
⑤	○	×	○	×	×

(☆☆☆◎◎◎)

【14】次のA～Dの各文は，「保健室利用状況に関する調査報告書　平成28年度調査結果」(平成30年2月公益財団法人日本学校保健会)について述べたものである。文中の（　ア　）～（　オ　）に当てはまる語句を語群a～kから選びなさい。

A　保健室登校していた児童生徒への教室復帰に向けた手立ては，全体では「学級担任・保護者との連携」，「校内組織で対応」，「（　ア　）」の順で多かった。

B　養護教諭が過去1年間に把握した心身の健康に関する問題等のある千人当たりの児童生徒の数は，心の健康に関しては，小学校では「（　イ　）」，「（　ウ　）」の順に多かった。

C　養護教諭が救急処置の必要性「有」と判断した内容は，中学校では「頭痛」，「かぜ様症状」，「（　エ　）」の順に多かった。

D 保健室に来室した児童生徒の背景要因は，すべての学校種で「主
に(オ)に関する問題」が最も多かった。

《語群》

a 発達障害に関する問題　　b 個別の支援計画の策定　　c 心
d 友人との人間関係の問題　　e 家庭・生活環境　　f 体
g 関係機関との連携　　h いじめに関する問題　　i 腹痛
j 気持ちが悪い　　k 頭・眼部以外の打撲

	ア	イ	ウ	エ	オ
①	b	d	h	l	c
②	g	a	d	i	c
③	g	d	a	k	f
④	b	a	h	j	f
⑤	g	h	d	k	e

(☆☆☆◎◎◎)

【15】次の表は，「学校のアレルギー疾患に対する取り組みガイドライン」
(平成20年3月財団法人日本学校保健会)の「食物アレルギー・アナフィ
ラキシー」に関する学校生活管理指導表(アレルギー疾患用)の一部を
示したものである。表中の(ア)～(オ)に当てはまる語句の正し
い組合せを選びなさい。

病型・治療
A 食物アレルギー病型（食物アレルギーありの場合のみ記載） 1.（ ア ） 2. 口腔アレルギー症候群 3. 食物依存性運動誘発アナフィラキシー
B アナフィラキシー病型（アナフィラキシーの既往ありの場合のみ記載） 1. 食物（原因　　　　　　　　　　　　　　　　　　　） 2. 食物依存性運動誘発アナフィラキシー 3. 運動誘発アナフィラキシー 4.（ イ ） 5. 医薬品 6. その他（　　　　　　　　　　　　　　　　　　　）

C　原因食物・診断根拠　該当する食品の番号に〇をし、かつ〈　〉内に診断根拠を記載

1. 鶏卵　〈　　　〉
2. 牛乳・乳製品　〈　　　〉
3. （　ウ　）　〈　　　〉
4. ソバ　〈　　　〉
5. （　エ　）　〈　　　〉
6. 種実類・木の実類　〈　　　〉（　　　　　　　　　　　）
7. 甲殻類（エビ・カニ）〈　　　〉
8. 果物類　〈　　　〉（　　　　　　　　　　　）
9. 魚類　〈　　　〉（　　　　　　　　　　　）
10. 肉類　〈　　　〉（　　　　　　　　　　　）
11. その他1　〈　　　〉（　　　　　　　　　　　）
12. その他2　〈　　　〉（　　　　　　　　　　　）

〔診断根拠〕該当するもの全てを〈　〉内に記載
①明らかな症状の既往
②食物負荷試験陽性
③IgE抗体等検査結果陽性

D　緊急時に備えた処方薬

1. 内服薬（抗ヒスタミン薬、ステロイド薬）
2. （　オ　）自己注射薬（「エピペン®」）
3. その他（　　　　　　　　　　　　　　）

	ア	イ	ウ	エ	オ
①	即時型	昆虫	大豆	ゴマ	アドレナリン
②	誘発型	天然ゴム	大豆	ピーナッツ	アドレナリン
③	即時型	天然ゴム	小麦	ゴマ	ノルアドレナリン
④	誘発型	昆虫	大豆	ゴマ	ノルアドレナリン
⑤	即時型	昆虫	小麦	ピーナッツ	アドレナリン

(☆☆☆◎◎◎)

【16】次のア〜オの各文は，「学校において予防すべき感染症の解説」(平成30年3月公益財団法人日本学校保健会)の結核について述べたものである。正しいものを〇，誤っているものを×としたとき，正しい組合せを選びなさい。

ア　結核は全身の感染症であるが，肺に病変を起こすことが多い感染症である。

イ　潜伏期間は2年以内，特に6ヶ月以内に多い。感染後，数十年後に症状が出現することはない。感染経路は主として感染性の患者からの飛沫核感染である。

ウ　結核菌が気道から肺に入って，肺に小さな初感染病巣ができれば

初感染が成立したとされる。発病に至らない場合もまれにある。

エ　BCGワクチンは乳児期の定期予防接種の対象であり，結核性髄膜炎や粟粒結核等の重症結核の発症予防，重症化予防になる。

オ　病状により学校医その他の医師において感染のおそれがないと認められるまで出席停止とする。それ以降は，抗結核薬による治療中であっても登校は可能である。なお，潜在性結核感染症の治療は，出席停止に該当しない。

	ア	イ	ウ	エ	オ
①	○	×	×	○	○
②	×	○	○	×	○
③	○	○	×	○	×
④	×	×	○	×	○
⑤	○	×	○	○	×

(☆☆☆◎◎◎)

【17】次のア～オの各文は，「学校における子供の心のケア－サインを見逃さないために－」(平成26年3月文部科学省)の子供の心のケアと心的外傷後ストレス障害(PTSD)等について述べたものである。正しいものを○，誤っているものを×としたとき，正しい組合せを選びなさい。

ア　子供が親や兄弟姉妹，身近な親戚など愛着の重要な対象を亡くす体験をした際には，悲嘆を乗り越えるために，子供が信頼を寄せている大人との間で，折に触れて故人についての話題を語り合うことが必要である。

イ　子供の心のケアにあたっては，地域の医療機関等との連携が必要である。地域の医療機関等との連携については，学校保健安全法第10条で規定している。

ウ　子供の場合，保護者や周囲の大人の反応や苦悩の状態がトラウマ反応に影響することはあまりない。

エ　心的外傷後ストレス障害(PTSD)は，実際に危うく死にそうなできごとを体験したり目撃したりしたあとで，回避症状・過覚醒症状が，できごとの後2週間にわたり認められ，生活に支障を来している場

合に診断される。

オ　もともと情緒不安定な子供とそうでない子供では，トラウマ体験
　　後にPTSD症状を示す割合に差はみられない。

	ア	イ	ウ	エ	オ
①	○	○	×	○	×
②	×	×	○	×	○
③	×	○	○	○	×
④	○	○	×	×	×
⑤	○	×	×	○	○

(☆☆☆◎◎◎)

【18】次のア～オの各文は，エイズ(後天性免疫不全症候群)について述べ
たものである。正しいものを○，誤っているものを×としたとき，正
しい組合せを選びなさい。

ア　日本におけるエイズ対策は，「後天性免疫不全症候群に関する特
　　定感染症予防指針」(平成30年改正　厚生労働省)に基づいて行われ
　　ている。

イ　後天性免疫不全症候群(エイズ)の臨床的特徴は，HIVに感染した
　　後，CD4陽性リンパ球が増加し，無症候性の時期(無治療で数年から
　　10年程度)を経て，生体が高度の免疫不全に陥り，日和見感染症や
　　悪性腫瘍が生じてくる。

ウ　平成29(2017)年の九州における新規HIV感染者報告数の推移をみ
　　ると，2015年以降，わずかに減少しているがほぼ横ばいの傾向であ
　　る。

エ　平成29(2017)年の新規HIV感染者報告数(都道府県別人口10万対報
　　告数)をみると，福岡県の報告数は，東京都，沖縄県，大阪府に次
　　いで多かった。

オ　HIV検査は，全国の保健所において無料・匿名で行われている。

	ア	イ	ウ	エ	オ
①	×	×	○	○	×
②	○	○	×	×	×
③	○	×	○	×	×
④	○	×	×	○	○
⑤	×	○	×	×	○

(☆☆☆○○○)

【19】次の表は,「薬物乱用防止教室マニュアル(平成26年度改訂)」(平成27年3月公益財団法人日本学校保健会)「第4章　薬物乱用防止についての基礎的情報」「4　薬物乱用防止を目的とした健康教育」の指導方法についてまとめたものである。(ア)～(オ)に当てはまる語句の正しい組合せを選びなさい。

表　薬物乱用防止に関する指導において有効な方法

指導方法	内容
(ア)	目的は,グループ全員が協力しながら限られた時間の中で,ある課題についてできるだけ多くのアイデアや意見を出すことにある。
(イ)	日常生活で起こりそうな架空の物語で場面を設定し,学習者がその主人公の立場に立ち,登場人物の気持ちや考えまたは行動の結果を予想したり,主人公がどのように対処(態度や行動)すべきかについて考えたり話し合ったりする。
(ウ)	ある一つのテーマについて,参加者が肯定側と否定側に分かれ,一定のルールに従って,各々の主張を立証することを目的とするディスカッションの一形式である。
(エ)	役割を与えて演じさせ,それを通じて問題点や解決方法を考えさせる学習方法である。特に自己主張コミュニケーションスキルやストレス対処スキルなどの人間関係にかかわるスキルの活用能力を高めるのに有用である。
(オ)	児童生徒が自ら課題をみつけ,自ら学び,自ら考え,主体的に判断し,よりよく問題を解決する方法として有効な方法の一つである。「薬物乱用防止」に関する活動としては,保健所,精神保健福祉センター,警察署,地方厚生局麻薬取締部などの訪問が考えられる。

	ア	イ	ウ	エ	オ
①	ディベート	ロールプレイング	ブレインストーミング	ケーススタディ	フィールドワーク
②	ディベート	ケーススタディ	ブレインストーミング	ロールプレイング	フィールドワーク
③	ブレインストーミング	ロールプレイング	フィールドワーク	ケーススタディ	ディベート
④	ブレインストーミング	ケーススタディ	ディベート	ロールプレイング	フィールドワーク
⑤	ロールプレイング	ケーススタディ	ディベート	フィールドワーク	ブレインストーミング

(☆☆☆◎◎◎)

【20】次のア～オの各文は，薬物乱用の現状と薬物乱用防止教育について述べたものである。正しいものを○，誤っているものを×としたとき，正しい組合せを選びなさい。

ア　平成30年の大麻事犯の年齢別検挙人員の推移をみると，20歳未満の検挙人員は，平成26年の5倍超となっている。

イ　平成30年の大麻事犯の検挙人員は，9,868人で，覚醒剤事犯の検挙人員3,578人を大きく上回った。

ウ　第五次薬物乱用防止五か年戦略(薬物乱用対策推進会議　平成30年8月)では，第四次薬物乱用防止五か年戦略に引き続き，薬物乱用防止教室は学校保健計画に位置付け，すべての中学校及び高等学校において年1回は開催するとともに，地域の実情に応じて小学校においても開催に努めることが示されている。

エ　30歳未満の覚醒剤事犯検挙率は増加しており，平成30年中の覚醒剤事犯の47%を占めている。

オ　平成29年に，福岡県においてシンナー等の有機溶剤を乱用して毒物及び劇物取締法違反で検挙された少年は16人で，平成25年と比較するとほぼ横ばいである。

	ア	イ	ウ	エ	オ
①	×	○	×	×	○
②	×	○	○	×	×
③	○	×	○	×	×
④	○	×	×	○	○
⑤	×	○	○	○	×

(☆☆☆○○○)

【21】次の表は,「がん教育推進のための教材」(平成28年4月文部科学省(平成29年6月一部改訂))のがんの種類の一部を示したものである。表中の(ア)～(エ)に当てはまる語句の正しい組合せを選びなさい。

がんの名称	特徴など
(ア)がん	・ピロリ菌の感染が発病にかかわっていると考えられている。
(イ)がん	・運動不足や肥満,大量の飲酒などが発病に関連している。
肺がん	・我が国では,(ウ)者数が最も多く,男性に多い。 ・最大の原因は喫煙であり,たばこを吸う人が肺がんにかかる確率は,男性では吸わない人の4～5倍にもなる。
肝臓がん	・主な原因は(エ)及びC型の肝炎ウイルスの感染である。 ・大量の飲酒の習慣も,肝臓がんになるおそれがある。

	ア	イ	ウ	エ
①	胃	大腸	死亡	A型
②	胃	大腸	罹患	A型
③	大腸	胃	罹患	B型
④	胃	大腸	死亡	B型
⑤	大腸	胃	死亡	A型

(☆☆☆○○○)

【22】次のア～オの各文は,摂食障害(神経性無食欲症,神経性大食症)について述べたものである。適切でないものを1つ選びなさい。

　ア　神経性無食欲症は,中学生・高校生(まれに小学生)でも発症するが,神経性大食症の発症は20歳代が多い。

　イ　神経性無食欲症では,標準体重の80％以下の体重の持続が診断基

153

準に挙げられている。

ウ　神経性無食欲症の場合，放置すると症状が悪化することが多く，専門医を受診する必要がある。多くの場合，予後は悪くないが，ときに自殺の危険がある。

エ　学校では，神経性無食欲症は体重測定によって気付かれやすいが，神経性大食症は分かりにくく，親しい友人や家族からの情報で初めて異変に気付くことが多い。

オ　摂食障害においては，食事の症状について知られたくないと思う子どもが多いため，学校では養護教諭が定期的に面接を行うなど，担当者を固定することが望ましい。

①	ア
②	イ
③	ウ
④	エ
⑤	オ

(☆☆☆◎◎◎)

【23】次の文は，学校保健安全法施行規則(平成28年省令第4号)の就学時の健康診断に係る条文の一部である。文中の(ア)～(カ)に当てはまる語句を条文のとおりに答えなさい。ただし，同じ記号には同じ語句が入る。

(方法及び技術的基準)

第3条　法第11条の健康診断の方法及び技術的基準は，次の各号に掲げる検査の項目につき，当該各号に定めるとおりとする。

一　栄養状態は，皮膚の色沢，皮下脂肪の充実，(ア)の発達，(イ)の有無等について検査し，栄養不良又は肥満傾向で特に注意を要する者の発見につとめる。

二　脊柱の疾病及び異常の有無は，(ウ)等について検査し，側わん症等に注意する。

三　胸郭の異常の有無は，(ウ)及び(エ)について検査する。

(略)

七　耳鼻咽頭疾患の有無は，耳疾患，鼻・副鼻腔疾患，口腔咽喉頭疾患及び（　オ　）等に注意する。

八　皮膚疾患の有無は，（　カ　），アレルギー疾患等による皮膚の状態に注意する。

（略）

※法とは，学校保健安全法のことである。

(☆☆☆◎◎◎)

【24】次の各文は，小学校学習指導要領解説体育編(平成29年文部科学省)「第2章　体育科の目標及び内容」「第2節　各学年の目標及び内容」[第3学年及び第4学年]「2　内容」「ア　知識」の一部を抜粋したものである。文中の（　A　）～（　E　）に当てはまる語句を記入しなさい。ただし，同じ記号には同じ語句が入る。

○　ア　知識

（ア）（略）

（イ）思春期の体の変化

㋐　思春期には，（　A　）に変化が起こり，人によって違いがあるものの，男子はがっしりした（　A　）に，女子は丸みのある（　A　）になるなど，男女の特徴が現れることを理解できるようにする。

㋑　思春期には，（　B　），（　C　），変声，発毛が起こり，また，異性への関心も芽生えることについて理解できるようにする。さらに，これらは，個人差があるものの，大人の体に近づく現象であることを理解できるようにする。

なお，指導に当たっては，（　D　）を踏まえること，学校全体で共通理解を図ること，（　E　）の理解を得ることなどに配慮することが大切である。

(☆☆☆◎◎◎)

【25】次の文は，「児童生徒等の健康診断マニュアル(平成27年度改訂)」
(平成27年8月公益財団法人日本学校保健会)の「健康診断時に注意すべ
き疾病及び異常」の難聴について述べたものである。文中の(　ア　)，
(　イ　)に当てはまる語句を漢字で答えなさい。ただし，同じ記号に
は同じ語句が入る。

　　耳は外耳，中耳，内耳に分かれ，外耳〜中耳に原因のある場合は
(　ア　)難聴，内耳に障害がある場合は(　イ　)難聴となる。(　ア　)
難聴は多くの場合，治療や手術で改善が見込めるものである。
(　イ　)難聴は主に内耳に障害がある場合に起こり，先天性の場合と
後天性の場合があり，それぞれ遺伝性，感染に起因するもの等がある
が原因不明の場合も多い。

(☆☆☆◎◎◎)

【26】次の図は，ヒトの脳の構造を表したものである。図中の(　ア　)〜
(　エ　)に当てはまる語句を漢字で正しく記入しなさい。ただし，同
じ記号には同じ語句が入る。

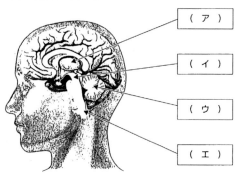

記号	説　明
（　ア　）	視床と視床下部に区分される。視床は，多くの感覚神経の中継の場。視床下部は，自律神経系の中枢，体温・水分・血糖値・血圧などを調整する中枢。
（　イ　）	姿勢の維持，眼球運動，瞳孔の大きさを調節する中枢。
（　ウ　）	随意運動の調節，体の平衡を保つ中枢。
（　エ　）	呼吸運動，心臓の拍動を調節する中枢。

（☆☆☆◎◎◎）

【27】次の文は，学校環境衛生基準の一部改正について(通知)(平成30年4月2日29文科初第1817号)の一部を抜粋したものである。文中の（　ア　）〜（　ウ　）に当てはまる語句を通知文のとおりに答えなさい。

第1　改正の概要

　1　教室等の環境に係る学校環境衛生基準関係

　　(1)　温度の基準について

　　　望ましい温度の基準を「（　ア　）℃以上，（　イ　）℃以下」に見直したこと。

　　(2)　温度，相対湿度及び気流の検査方法について

　　　最低限必要な測定器の（　ウ　）を示すよう見直したこと。

（☆☆☆◎◎◎）

【28】次の文は，アレルギー疾患対策基本法(平成26年法律第98号)の条文である。文中の（　ア　）〜（　ウ　）に当てはまる語句を条文のとおり答えなさい。

(定義)

第2条　この法律において「アレルギー疾患」とは，気管支ぜん息，アトピー性皮膚炎，アレルギー性鼻炎，アレルギー性結膜炎，（　ア　），食物アレルギーその他アレルゲンに起因する（　イ　）による人の生体に有害な局所的又は（　ウ　）反応に係る疾患であって政令で定めるものをいう。

（☆☆☆◎◎◎）

解答・解説

【1】②

〈解説〉第6条は学校環境衛生基準の規定であり，aは保温が正しい。第18
条は保健所との連絡の規定であり，cは保健所が正しい。

【2】⑤

〈解説〉bは，解熱した後「三日」を経過するまで。dは，すべての発しん
が「痂皮化」するまで。eは，「主要症状」が消退した後二日を経過す
るまで。である。

【3】⑤

〈解説〉社会の変化に伴い子供や家庭も変容し，生徒指導等に関わる課題
が複雑化・多様化しており，学校や教員だけでは十分に解決すること
ができない課題も増えている。学校や教員は多くの役割を担うことを
求められており，このような状況に対応していくためには，個々の教
員が個別に教育活動に取り組むのではなく，組織として教育活動に取
り組む体制を創り上げ，必要な指導体制を整備することが必要である。
学校や教員が心理や福祉等の専門スタッフ・専門機関と連携・分担す
る体制を整備し，学校の機能を強化していくことが重要である。この
ような「チームとしての学校」の体制の中で，養護教諭は，専門スタ
ッフ等の参画を得て協働し，課題の解決に求められる専門性や経験を
補い，子供たちの教育活動を充実していくことが望まれている。

【4】③

〈解説〉aは，病気の予防には，病原体が体に入るのを防ぐこと，病原体
に対する体の「抵抗力」を高めること，望ましい生活習慣を身に付け
ることが必要である。　cは，適切な「運動」である。eは，人々の病
気を予防するために，保健所や保健センターなどでは，健康な生活習

慣に関わる情報提供や予防接種などの「保健」に関わる様々な活動が行われている。

【5】⑤

〈解説〉小学校学習指導要領の保健領域は，「健康な生活」，「体の発育・発達」，「心の健康」，「けがの防止」，「病気の予防」の5つの内容となっており，第5学年及び第6学年では「心の健康」，「けがの防止」の知識及び技能，「病気の予防」の知識と，それぞれの思考力，判断力，表現力等の指導内容で構成されている。「心の健康」については，心は発達すること，心と体には密接な関係があること，不安や悩みへの自己に合ったいろいろな対処法があるという「知識」と，不安・悩みへの対処の「技能」，心の健康に関する課題解決のための「思考力，判断力，表現力等」を中心として構成されている。

【6】①

〈解説〉学習指導要領の保健においては，小学校，中学校，高等学校を通じて系統性のある指導ができるように示されていることを押さえておく。中学校の保健分野は，「健康な生活と疾病の予防」，「心身の機能の発達と心の健康」，「傷害の防止」，「健康と環境」の4つの内容で構成されており，「傷害の防止」では，心肺蘇生法などの応急手当の技能の内容が明確に示されている。また，傷害の防止について，危険の予測やその回避の方法を考え，それらを表現することも示されている。

【7】②

〈解説〉イは頭部の一部ではなく背の一部である。エは眼位ではなく頭位。頭位を正位(眼耳水平位)に保つため，軽く顎を引かせるのである。

【8】④

〈解説〉イで，心筋が厚くなって左室の拡張不全を来すのは「肥大型心筋症」である。肥大型心筋症も拡張型心筋症も突然死を起こしやすい。

ウの心筋炎はウイルスによるものがもっとも多い。不顕性に発症し発病時期がはっきりしない型と急性心筋炎が遷延する型とがある。

【9】③

〈解説〉給付の対象となる学校管理下の範囲については，①授業中…(例)各教科，遠足，修学旅行，大掃除，保育の時間　②学校の教育計画に基づく課外指導中…(例)部活動，林間学校，臨海学校　③休憩時間中及び学校の定めた特定時間中…(例)始業前，業間休み，昼休み，放課後　④通常の経路及び方法による通学(園)中…(例)登校中，下校中　⑤その他…(例)寄宿舎にあるとき，学校外で授業等が行われるとき，集合・解散場所との間の合理的な経路及び方法による往復中。と示されている。

【10】①

〈解説〉熱中症の発症は，環境(気温，湿度，輻射熱，気流等)，行動(活動強度，持続時間，休憩等)とからだ(体調，性別，年齢，暑熱順化の程度等)の条件が複雑に関係している。熱中症の暑さ指数(WBGT：湿球黒球温度)は，環境条件としての気温，気流，湿度，輻射熱の4要素の組み合わせによる温熱環境を総合的に評価したもので，運動時や労働時の熱中症予防に用いられている。屋外のWBGTの算出式は「0.7×湿球温度＋0.2×黒球温度＋0.1×乾球温度」。乾球温度とは，通常の温度計の示す温度(気温)である。湿球温度は，温度計の球部を湿らせたガーゼで覆い，常時湿らせた状態で測定する温度で，湿球の表面では水分が蒸発し気化熱が奪われるため湿球温度は下がる。空気が乾燥しているほど蒸発の程度は激しく，乾球温度との差が大きくなる。黒球温度は，周囲からの輻射熱の影響を示すものである。選択肢中の「熱収支」とは，人体と外気との熱のやりとりのことで，これに着目した指標がWBGTである。

【11】①

〈解説〉アの回復体位では，傷病者の下になる腕を前に伸ばし，上になる
　腕を曲げ，その手の甲を傷病者の顔に乗せるようにする。イは，てん
　かんによる意識障害発生時には，まず誤嚥や窒息を防ぐことが重要と
　なるので，できる限り回復体位にする。けいれんがある場合は，けが
　の予防と気道確保が重要となる。けいれん中に無理に押さえつけると
　骨折などを起こすことがあるので行わない。舌を噛むのを防止するた
　めに口に物を噛ませることは避けるなどが注意事項である。仰臥位は，
　背中を下にした，仰向けに寝た状態。ウでは，まず何を飲んだのか，
　何を吸ったのか中毒の原因物質を確認する。応急手当は，意識があり
　呼吸，脈拍に異常がない場合に行う。口の中に残っているものは取り
　除き，口をすすいでうがいをさせる(難しい場合は濡れガーゼでふき取
　る)。漂白剤などは，吐かせることで食道から胃にかけての損傷をより
　ひどくさせるので吐かせない。また，吐かせることで気管に入ってし
　まう危険がある。刺激性があったり炎症を起こしたりする危険性があ
　るものの場合は，牛乳または水を飲ませる。これらを飲ませることで
　症状を悪化させる恐れのあるもの(灯油，殺虫剤など石油製品，たばこ，
　防虫剤など)については，何も飲ませないようにし，直ちに救急車を要
　請する。

【12】①

〈解説〉冠状動脈は心臓を取り囲むように流れており，心臓に酸素と栄養
　を与えている。腋窩動脈は上腕動脈につながり，肘窩で橈骨動脈と尺
　骨動脈とに分かれる。尺骨動脈は前腕の内側を下り手掌にいたる。大
　腿動脈は鼠蹊部から膝上部までで，下肢に血液を送る大腿部の重要な
　血管である。

【13】②

〈解説〉ウは，安静時に肝臓へ送られる血液の量は約25％。肝臓の出入口
　(肝門)から，門脈と肝動脈の2つの血管が肝臓内へ入っており，門脈は，

腸や脾臓を循環して栄養分を豊富に取り込んだ静脈血を肝臓へ運んでいる。オは，脂肪の分解により肝臓でつくられ血中に放出されるケトン体は，飢餓時や糖尿病時などには合成が亢進し，過剰に合成されたケトン体により血中濃度が上がると，血液のphは正常よりも酸性に傾きアシドーシスを引き起こす。アルカリ性に傾いた状態をアルカローシスと呼ぶ。

【14】②

〈解説〉アの関係機関との連携については，学校保健安全法第10条で，「学校においては，救急処置，健康相談又は保健指導を行うに当たつては，必要に応じ，当該学校の所在する地域の医療機関その他の関係機関との連携を図るよう努めるものとする。」と規定されている。ウの「友人との人間関係の問題」は，中学校では1番多い事項であった。エは保健室に来室した児童生徒の中で養護教諭が救急処置の必要「有」と判断した児童生徒の割合は，小学校57.4％，中学校46.9％など全体で54.0％と半数を超えていた。オは，小学校・中学校・高等学校ともに「心に関する問題」が40％を越え，他の背景要因の約2倍近くであった。

【15】⑤

〈解説〉アの即時型は，原因食物を食べて2時間以内に症状が出現し，その症状はじんましんのような軽い症状から生命の危険も伴うアナフィラキシーショックに進行するものまでさまざまである。食物アレルギーの児童生徒のほとんどはこの病型に分類される。イは，児童生徒に起きるアナフィラキシーの原因のほとんどは食物だが，蚊やハチ等の有刺昆虫，ガ，チョウ，ゴキブリなどの昆虫成分の吸入が原因となることがある。ウ・エだが，児童生徒の年代での原因食物は，鶏卵，乳製品が約50％を占める。重篤度の高い原因食物は，そば，ピーナッツで，発症数の多い原因食物は，卵・乳・小麦・えび，かにである。オは，医師の治療を受けるまでの間アナフィラキシー症状の進行を一時

的に緩和し，ショックを防ぐための補助治療剤(アドレナリン自己注射薬)である。

【16】①
〈解説〉イで，結核は感染後，数十年後に病状が出現することもある。ウの「発病に至らない場合もまれにある。」は「発病に至らない場合も多い。」が正しい。

【17】④
〈解説〉ウは，保護者や周囲の大人の反応や苦悩は子供のトラウマ反応に大きく影響するので，トラウマを体験した子供の支援に際しては，保護者などへの支援も必要不可欠なものとなる。エは，再体験症状や回避症状・過覚醒症状ができごとの後1か月以上にわたり認められ，生活の支障を来している場合に，PTSDと診断される。

【18】④
〈解説〉イは，CD4陽性リンパ球が減少する。ウは，ブロック別年間新規報告数の推移で，HIV感染者年間新規報告数は，九州で2017年が過去最多となっている。

【19】④
〈解説〉薬物乱用防止の指導では，児童参加型の指導が重要となるので，指導方法についてよく知っておく必要がある。問題文にあるような手法を導入する場合，これらの手法に関して研修を受けた教師，さらに薬物に関する専門家を交えて授業が行われることは非常に有効である。アのブレインストーミングは，小集団活動において，ロールプレイングと共に最もよく使われる学習法である。薬物乱用防止に関する指導でも有効である。イのケーススタディは健康教育において有用な学習法の1つである。オのフィールドワークは，関係各所を訪問して専門家に話を聞くことによって，学校での話とは違った印象を受け，

興味を深めることがある。

【20】③

〈解説〉イで，平成30年の覚醒剤事犯の検挙人員は9,868人，大麻事犯は3,578人である。エで，30歳未満の検挙率は平成29年からわずかに減少しており，覚醒剤事犯の約13％である。年齢別の検挙状況では，最も多い年齢層は40歳代，次に30歳代である。オは，平成29年に毒物及び劇物取締法で検挙された少年は1人で，平成25年の16人と比較して大幅に減少している。

【21】④

〈解説〉「がん教育推進のための教材」は，学校でがん教育を実施するに当たり，効果的な指導が行えるように補助教材として作成されたものである。なお，平成29年・30年告示の新学習指導要領(中学校及び高等学校の保健体育科)には「がん教育」が明記されている。アの胃がんは，男女あわせた罹患数は第2位，死亡数は第3位。イの大腸がんは，男女あわせた罹患数は第1位，死亡数は第2位。エの肺がんは，男女あわせた罹患数は第3位である(国立がん研究センターがん情報サービス「がん登録・統計」最新がん統計より)。エの肝炎ウイルスには，A～Eなどさまざまな種類が存在しているが，肝臓がんと関係があるのは主にB，Cの2種類。これらのウイルスは，妊娠・出産，血液製剤の注射，性的接触，針刺し行為によって感染すると言われている。

【22】②

〈解説〉無神経性無食欲症(AN)の場合，成長曲線を見ると，体重の低下とそれ以外に身長の伸び率も比較的早期から低下していく。高校生の場合を例に挙げると，養護教諭は，BMIが16未満，BMIが16以上17.5未満で徐脈を伴う場合，のいずれかが見られた時は，学級担任などと情報を共有し見守り体制を作ること。BMIが15未満であったら学校医に連絡相談，あるいは本人・保護者に受診を勧める。BMIが14未満で

あるなら受診を強く勧める。などである(「エキスパートコンセンサスによる摂食障害に関する学校と医療のより良い連携のための対応指針」より)。ANなどの基準についてはBMI値で示されており，国際保健機関は成人の正常下限をBMI18.5としている。養護教諭は，成長曲線を活用しながら早期発見に努めるとよい。また発見後，ANを疑う児童生徒へ自分の身体の状態に眼を向けてもらう・関心を持ってもらうアプローチが必要となる。「教職員のための子どもの健康相談及び保健指導の手引」(平成23年8月　文部科学省)なども参考にするとよい。

【23】ア　筋骨　　イ　貧血　　ウ　形態　　エ　発育　　オ　音声言語異常　　カ　感染性皮膚疾患
〈解説〉「栄養状態」から，個々の幼児の養育環境に関する状況(栄養不良，肥満傾向，貧血の有無)を把握できる。「脊柱の疾病・異常の有無」では，運動の基本動作や，身体も動きを制御する動作がうまくできない幼児の中には，四肢・関節の機能や形態の疾病や異常が隠されていることがあり，それらを早期発見することが重要である。「耳鼻咽頭疾患の有無」だが，就学前の年齢では耳・鼻・咽頭の疾患に罹患しやすく，コミュニケーションや就学後の学習に影響を与える恐れがある。「皮膚疾患の有無」では，感染性のある疾患を早期発見し，集団感染を予防する。それぞれの検査の目的と意義を覚えておくこと。

【24】A　体つき　　B　初経　　C　精通　　D　発達の段階(発達段階)
E　保護者
〈解説〉本資料の体の発育・発達については，(イ)で，思春期の体の変化として，体つきの変化，初経，精通など，異性への関心の芽生えを扱い，これらのことを大人の体に近づく具体的な現象として捉えさせ，近い将来起こったときに不安にならないよう指導する。指導に当たって発達の段階(自分の体の変化や個人による発育の違いなど)について，自分のこととして実感させ，肯定的に受け止めさせるよう配慮する。学校での保健教育の計画・展開では，保健教育の方針や児童生徒の実

態などについて家庭や地域住民等に適切に情報発信し理解や協力を得ることが大切である。指導内容については保護者の理解を得る配慮が必要である。

【25】ア　伝音　　イ　感音

〈解説〉感音難聴の場合は治療での改善が見込めないことが多く，補聴器の使用や聴能訓練応答が必要になる。軽・中度難聴では十分な音情報が入らず何らかの支障がみられることが多く，言語の遅れや構音障害(発音が正しくできない・発音がはっきりしないなどの症状)として対応されていることもある。健康診断では，難聴が疑われた者について再検査を行う場合は，耳鼻咽喉科学校医の直接の指示の下に行う。その要領については，1,000Hzで十分に聞こえる強さの音を聞かせ，順次音を弱めていく。

【26】ア　間脳　　イ　中脳　　ウ　小脳　　エ　延髄

〈解説〉人間の脳は，大脳，間脳，脳幹(中脳，後脳，延髄)，小脳の4つの領域に分類される。脳の神経細胞の大部分は小脳にある。小脳の主な機能は知覚と運動機能の統合である。随意運動とは，自分の思いどおりにできる，意識的・意図的な運動動作をいう。不随意運動は，内臓器官の自働性による運動や反射運動などをいう。

【27】ア　17　　イ　28　　ウ　精度

〈解説〉学校保健安全法附則第2条の規定に基づき，環境衛生に関する新たな知見や児童生徒等の学習環境等の変化を踏まえて検討が行われ，「学校環境衛生基準」が一部改正された。大きな改正事項の1つは，これまでは冬期で18〜20℃，夏期で25〜28℃程度であったが，健康を保護し快適に学習する上で望ましい温度の基準が「17℃以上，28℃以下であることが望ましい」と示されたことである。

【28】ア　花粉症　　イ　免疫反応　　ウ　全身的

〈解説〉本法律が成立した背景には，アレルギー疾患の患者が多数存在し，その症状の悪化，生活の質が著しく損なわれることなどで，生活に多大な影響を及ぼしていることがある。本法律は，アレルギー疾患対策を総合的に推進することを目的としたもので，第1条から第22条で構成されており，第4条から第9条は，国，地方公共団体，医療保険者，国民，医師その他の医療関係者及び学校等の設置者又は管理者の責務を明らかにしている。第2条は，アレルギー疾患について規定されている。

2019年度　　実施問題

【1】次のア〜オの各文は，学校保健安全法(平成27年法律第46号)の条文を示したものである。文中の下線部a〜eについて，正しいものを○，誤っているものを×としたとき，正しい組合せを選びなさい。

ア　この法律において「学校」とは，_a教育基本法第1条に規定する学校をいう。(第2条)

イ　学校においては，児童生徒等及び職員の心身の健康の保持増進を図るため，児童生徒等及び職員の健康診断，_b健康相談，児童生徒等に対する指導その他保健に関する事項について計画を策定し，これを実施しなければならない。(第5条)

ウ　_c学校の設置者は，前条^(※注)の健康診断の結果に基づき，治療を指示し，及び勤務を軽減する等適切な措置をとらなければならない。(第16条)

(※注)　第15条　職員の健康診断

エ　学校医，学校歯科医及び学校薬剤師の職務執行の準則は，_d厚生労働省令で定める。(第23条第5項)

オ　学校においては，児童生徒等の安全の確保を図るため，当該学校の施設及び設備の安全点検，児童生徒等に対する_e通学を含めた学校生活その他の日常生活における安全に関する指導，職員の研修その他学校における安全に関する事項について計画を策定し，これを実施しなければならない。(第27条)

	a	b	c	d	e
①	×	○	×	×	×
②	×	×	○	○	×
③	○	×	×	○	○
④	×	×	○	×	○
⑤	○	○	○	×	×

(☆☆☆○○○)

【2】 次の各文は，学校保健安全法施行規則(平成28年省令第4号)学校薬剤師の職務執行に係る条文の一部である。文中の下線部a～eについて，正しいものを○，誤っているものを×としたとき，正しい組合せを選びなさい。

(学校薬剤師の職務執行の準則)

第24条

　(略)

　三　学校の環境衛生の_a検査及び改善に関し，必要な指導及び助言を行うこと。

　四　法第8条の_b衛生管理に従事すること。

　五　法第9条の_c保健指導に従事すること。

　(略)

2　学校薬剤師は，前項の職務に従事したときは，その状況の概要を_d保健室執務記録簿に記入して_e校長に提出するものとする。

※　法とは，学校保健安全法のことである。

	a	b	c	d	e
①	×	○	○	×	○
②	○	○	×	○	×
③	×	○	○	×	○
④	×	○	×	○	○
⑤	○	×	○	×	×

(☆☆☆◎◎◎)

【3】 次の文は，「幼稚園，小学校，中学校，高等学校及び特別支援学校の学習指導要領等の改善及び必要な方策等について」(答申)(平成28年12月中央教育審議会)「第2部　各学校段階，各教科等における改訂の具体的な方向性」「第2章　各教科・科目等の内容の見直し」「11　体育，保健体育」「(2)　具体的な改善事項」の一部を抜粋したものである。文中の下線部a～eについて，正しいものを○，誤っているものを×としたとき，正しい組合せを選びなさい。

②　教育内容の改善・充実

【小学校　体育】

(略)

　保健領域については，身近な生活における健康・安全についての基礎的・基本的な「知識・技能」，「思考力・判断力・表現力等」，「学びに向かう力・人間性等」の育成を重視する観点から，内容等の改善を図る。その際，自己の健康の保持増進や回復等に関する内容を明確化するとともに，「技能」に関連して，心の健康，a病気の予防の内容の改善を図る。

【中学校　保健体育】

(略)

　保健分野については，個人生活における健康・安全についての「知識・技能」，「思考力・判断力・表現力等」，「学びに向かう力・人間性等」の育成を重視する観点から，内容等の改善を図る。その際，心の健康や疾病の予防に関する健康課題の解決に関わる内容，bストレス対処や心肺蘇生法等の技能に関する内容等を充実する。

(略)

【高等学校　保健体育】

(略)

　科目保健については，c個人及び社会生活における健康・安全についての総合的な「知識・技能」，「思考力・判断力・表現力等」，「学びに向かう力・人間性等」の育成を重視する観点から，内容等の改善を図る。その際，少子高齢化やd疾病構造の変化による現代的な健康課題の解決に関わる内容や，ライフステージにおける健康の保持増進や回復に関わる内容及び一次予防のみならず，二次予防や三次予防に関する内容を改善するとともに，人々の健康を支える環境づくりに関する内容の充実を図る。

③　学習・指導の改善充実や教育環境の充実等

　ii）　教材や教育環境の充実

　　　(略)　保健については，同様に，健康に関する課題解決的な学びや児童生徒の多様なニーズ，興味や関心を踏まえ，教科書を

含めた教材を工夫することが重要である。また，保健の知識・技能，思考力・判断力・表現力等の育成を目指して_e外部人材の活用を図ることが重要である。

	a	b	c	d	e
①	×	○	○	○	×
②	×	×	×	×	○
③	○	○	○	×	○
④	×	○	○	×	×
⑤	○	×	×	○	×

(☆☆☆○○○)

【4】次の文は，中学校学習指導要領(平成20年告示)「第2章　各教科」「第7節　保健体育」「第2　各分野の目標及び内容」[保健分野]の一部を抜粋したものである。文中の下線部a〜eについて，正しいものを○，誤っているものを×としたとき，正しい組合せを選びなさい。

2　内容
(1)　心身の機能の発達と心の健康について理解できるようにする。
　ア　身体には，多くの器官が発達し，それに伴い，様々な機能が発達する時期があること。また，発育・発達の時期やその程度には，個人差があること。
　イ　思春期には，_a性ホルモンの働きによって生殖にかかわる機能が成熟すること。また，成熟に伴う変化に対応した適切な行動が必要となること。
　ウ　知的機能，_b情意機能，社会性などの精神機能は，生活経験などの影響を受けて発達すること。また，思春期においては，自己の認識が深まり，自己形成がなされること。
3　内容の取扱い
(1)　(略)

(2)　内容の(1)のアについては，c消化器，運動器を中心に取り扱うものとする。

(3)　内容の(1)のイについては，妊娠や出産が可能となるような成熟が始まるという観点から，受精・妊娠までを取り扱うものとし，d妊娠の経過は取り扱わないものとする。また，身体の機能の成熟とともに，e性衝動が生じたり，異性への関心が高まったりすることなどから，異性の尊重，情報への適切な対処や行動の選択が必要となることについて取り扱うものとする。

	a	b	c	d	e
①	○	○	×	×	×
②	×	×	×	○	○
③	×	×	○	○	○
④	○	×	○	○	×
⑤	×	○	○	×	×

(☆☆☆○○○)

【5】次の(1)～(3)の各文と下の図は，「『医薬品』に関する教育の考え方・進め方」(平成23年3月財団法人日本学校保健会)「第1章『医薬品』に関する教育の考え方」の一部を抜粋したものである。(　a　)～(　e　)に当てはまる語句の正しい組合せを選びなさい。

(1)　「医薬品」に関する教育に際しては，健康に対する基本的な概念として(　a　)に関する理解が前提であり，安易に医薬品に頼らないように指導することが大切である。

(2)　平成20年3月告示中学校学習指導要領解説において，「医薬品には，使用回数，(　b　)，使用量などの使用法があり，正しく使用する必要があることについて理解できるようにする。」と示されている。

(3)　医薬品の分類については，(　c　)で初めて学習する内容である。

【図】

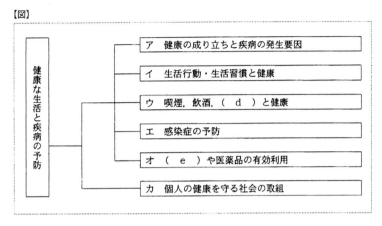

	a	b	c	d	e
①	自然治癒力	使用時間	中学校	ストレス	地域医療
②	自然治癒力	使用間隔	高等学校	ストレス	保健・医療機関
③	自己回復力	使用間隔	中学校	ストレス	保健・医療機関
④	自己回復力	使用時間	高等学校	薬物乱用	地域医療
⑤	自然治癒力	使用時間	高等学校	薬物乱用	保健・医療機関

(☆☆☆◎◎◎)

【6】次のア～オの各文は,「児童生徒等の健康診断マニュアル(平成27年度改訂)」(平成27年8月公益財団法人日本学校保健会)の「第1章　児童, 生徒, 学生及び幼児の健康診断の実施」の方法及び技術的基準に則って実施した脊柱胸郭・四肢等の健康診断について述べたものである。正しいものを○, 誤っているものを×としたとき, 正しい組合せを選びなさい。

ア　野球肩では, 児童生徒等の腕を伸ばすと, 片方だけまっすぐに伸びなかったり, 最後まで曲げられなかったりする症状がみられる。

イ　野球肘のスクリーニングでは, 児童生徒等の両肘関節を伸展させた状態で上肢を前方挙上させて異常の有無を検査し, 上腕が耳につくか否かに注意する。

ウ　大腿骨頭すべり症では，立つ，歩行，しゃがむなどの動作がぎこ
　ちない，また左右それぞれに片脚立ちするとふらつく，骨盤が傾い
　たり，背骨が曲がったりする症状がみられる。
エ　脊椎分離症のスクリーニングでは，かがんだり，腰を反らしたり
　したときに，腰に痛みが出るか否かをたずね，後ろに反らせること
　により腰痛が誘発されるかどうか確認する。
オ　ペルテス病では，膝のお皿の下の骨(脛骨粗面)の周囲を痛がる症
　状がみられる。

	ア	イ	ウ	エ	オ
①	○	○	○	×	×
②	×	×	○	○	×
③	×	×	×	×	○
④	○	○	×	○	×
⑤	○	×	○	○	○

(☆☆☆◎◎◎)

【7】次のア～エの各文は，「児童生徒等の健康診断マニュアル(平成27年
　度改訂)」(平成27年8月公益財団法人日本学校保健会)の「第2章　健康
　診断時に注意すべき疾病及び異常」の学校生活管理指導表について述
　べたものである。正しいものを○，誤っているものを×としたとき，
　正しい組合せを選びなさい。
ア　心疾患・腎疾患の児童生徒を対象とした学校生活管理指導表(小学
　生用)の指導区分の「D」では，運動会の種目において，「短なわ跳
　び」や「長なわ跳び」に選手として参加することができる。
イ　心疾患・腎疾患の児童生徒を対象とした学校生活管理指導表(中
　学・高校生用)の指導区分の「D」では，体育的学校行事のバレーボー
　ル競技試合に選手として参加することができる。
ウ　心疾患・腎疾患の児童生徒を対象とした学校生活管理指導表の運
　動強度の定義では，中等度の運動とは，同年齢の平均的児童生徒に
　とって，少し息がはずむが息苦しくない程度の運動で，レジスタン
　ス運動(等尺運動)では強い運動ほどの力はこめて行わないものであ
　る。

エ　遠足，宿泊学習などへの参加について心疾患・腎疾患の児童生徒を対象とした学校生活管理指導表を用いる場合は，指導区分の「B」の児童生徒については，乗り物のみ可とする。

	ア	イ	ウ	エ
①	○	○	×	○
②	○	×	×	○
③	×	×	○	○
④	×	○	×	×
⑤	×	×	○	×

(☆☆☆○○○)

【8】次のア～オの各文は，耳鼻咽喉疾患の有無の検査について述べたものである。「児童生徒等の健康診断マニュアル(平成27年度改訂)」(平成27年8月公益財団法人日本学校保健会)に照らしたときに，正しい文の組合せを選びなさい。

ア　小学校低学年の児童には，器具に対する恐怖心を与えないような配慮が必要であり，検査の順序として口腔・喉頭及び咽頭から始めるとスムーズにいくことが多い。

イ　高度の扁桃肥大は，呼吸，嚥下の障害(飲み込みにくくなる)を来すおそれがある。

ウ　検査には側燈あるいはLED等の光源を使用するが，場所全体が明るいことが望ましい。

エ　滲出性中耳炎の検出のために拡大耳鏡の使用が有効である。

オ　アデノイドの疑いでは，鼻呼吸障害，いびき及び特有な顔貌，態度の症状がみられる。

①	ア ・ ウ ・ オ
②	ア ・ ウ ・ エ
③	ア ・ イ ・ オ
④	イ ・ ウ ・ エ
⑤	イ ・ エ ・ オ

(☆☆☆○○○)

【9】次のア～オの各文は，独立行政法人日本スポーツ振興センターの災害共済給付制度について述べたものである。正しいものを○，誤っているものを×としたとき，正しい組合せを選びなさい。

ア　負傷の原因となった事実が学校の管理下で起きたことが明らかであると認められていても，負傷が学校の外で起きている場合は，給付の対象にならない。したがって，学校でのいじめが原因となったことが明らかな学校外での自傷行為などは対象外である。

イ　中学校在籍中に負傷し治療を継続していたが，高等学校に進学してからその負傷が治ゆ又は症状が固定した場合においては，障害見舞金の支払請求は，原則として負傷が発生した中学校の設置者が行う。

ウ　災害共済給付の行われる期間は，医療費については，同一の負傷又は疾病に関しては，支給開始後10年間，死亡見舞金については，原因である負傷又は疾病の医療費の支給開始後10年以内の死亡である場合に支給される。

エ　A子は，小学校4年時の4月14日の登校中に転倒し，前歯(右上1)が少し欠けてしまったが，保護者の判断で受診しなかった。しかし，小学校5年生になった5月中旬頃，前歯(右上1)の変色に気付き歯科医院を受診したところ，小学校4年時の負傷が原因の可能性があると言われたが，受傷日から1年以上経っているため，災害共済給付金制度の対象にはならない。

オ　へき地にある学校(義務教育諸学校)の管理下における児童生徒の災害に対し，通院日数に応じ，1日当たり定額1,000円の通院費が支給される。

	ア	イ	ウ	エ	オ
①	×	○	×	×	○
②	×	○	○	○	×
③	○	×	×	○	○
④	×	×	○	○	○
⑤	○	○	○	×	×

(☆☆☆◎◎◎)

【10】次の表は，「[改訂版]学校環境衛生管理マニュアル」(平成22年3月文部科学省)「Ⅱ　学校環境衛生基準」の一部を示したものである。文中の(　ア　)～(　ク　)に当てはまる数字の正しい組合せを選びなさい。

検査項目	基準	検査回数
換気	換気の基準として，二酸化炭素は，(　ア　)ppm以下であることが望ましい。	毎学年(　キ　)回定期に行う。
一酸化炭素	(　イ　)ppm以下であること。	
照度	教室及びそれに準ずる場所の照度の下限値は，(　ウ　)lx（ルクス）とする。また，教室及び黒板の照度は，(　エ　)lx（ルクス）以上であることが望ましい。	
遊離残留塩素 ※水道水を水源とする飲料水（専用水道を除く。）の水質	給水における水が，遊離残留塩素を(　オ　)mg／ℓ以上保持するように塩素消毒すること。ただし，供給する水が病原生物に著しく汚染されるおそれがある場合又は病原生物に汚染されたことを疑わせるような生物若しくは物質を多量に含むおそれがある場合の給水栓における水の遊離残留塩素は，(　カ　)mg／ℓ以上とする。	毎学年(　ク　)回定期に行う。

	ア	イ	ウ	エ	オ	カ	キ	ク
①	1500	15	1000	1500	0.1	0.4	1	2
②	1500	10	300	500	0.1	0.2	2	1
③	1500	15	300	500	0.2	0.4	2	1
④	1000	10	300	500	0.1	0.2	1	2
⑤	1000	10	1000	1500	0.2	0.4	2	1

(☆☆☆◎◎◎)

【11】次の表は，「薬物乱用防止教室マニュアル〈平成26年度改訂〉」(平成27年3月公益財団法人日本学校保健会)の薬物の種類と特徴について述べたものである。表中の(　ア　)～(　オ　)に当てはまる語句の正しい組合せを選びなさい。

薬物の タイプ	中枢作用	精神依存	身体依存	耐性	乱用時の主な症状	
					催幻覚	その他
（　ア　）	興奮	＋＋	±	＋＋ ※注	－	鎮静，発揚， 食欲低下
（　イ　）	抑制	＋＋	＋＋	＋＋	－	酩酊，脱抑制， 運動失調
（　ウ　）	抑制	＋	±	＋	＋＋	眼球充血， 感覚変容， 情動の変化
（　エ　）	興奮	＋＋＋	－	－	－	瞳孔散大， 血圧上昇， 興奮，痙攣， 不眠，食欲低下
（　オ　）	抑制	＋	±	＋	＋	酩酊，脱抑制， 運動失調

＋－：有無および相対的な強さを表す。
※注：主として急性耐性

	ア	イ	ウ	エ	オ
①	MDMA	シンナー	コカイン	ニコチン	アルコール
②	ニコチン	シンナー	大麻	コカイン	アルコール
③	大麻	アルコール	MDMA	ニコチン	シンナー
④	ニコチン	アルコール	大麻	コカイン	シンナー
⑤	大麻	MDMA	シンナー	コカイン	アルコール

(☆☆☆◎◎◎)

【12】次の各文は，子どもの心の健康問題の特徴について述べたものである。文中の（　ア　）～（　オ　）に当てはまる語句を語群a～iから選びなさい。ただし，同じ記号には同じ語句が入る。

　小学校低学年から気付かれやすい障がいの代表は，（　ア　）と（　イ　）である。（　ア　）の場合，クラスに馴染めず，固執やこだわりがみられ，集団活動を苦手とすることなどから気付くことができる。一方，（　イ　）の場合，落ち着きや根気のなさ，不注意や忘れ物の多さなどから気付かれやすい。

　子どもがうつ病になることは一般にも知られるようになったが，うつ状態だけが認められる「うつ病」，うつ状態と躁状態の両方が現れる「双極性障がい」の2つが(ウ)の代表である。

　小学校低学年を過ぎるころから出現する可能性のある障がいとして，(エ)(しばしばけんかする，うそをつく，放火，盗み，動物をいじめるなど)，(オ)(大人に対して反抗的，拒否的，攻撃的になり，問題行動を繰り返す)などがある。

《語群》

a　知的障がい　　　　　　　b　強迫性障がい
c　気分障がい　　　　　　　d　学習障がい
e　注意欠陥多動性障がい　　f　行為障がい
g　広汎性発達障がい　　　　h　反抗挑戦性障がい
i　パーソナリティ障がい

	ア	イ	ウ	エ	オ
①	g	e	c	f	h
②	a	d	i	f	i
③	a	d	c	i	h
④	g	d	f	b	i
⑤	g	e	f	i	h

(☆☆☆◎◎◎)

【13】次のア〜オの各文は，「がん教育推進のための教材」(平成28年4月文部科学省(平成29年6月一部改訂))のがん及びがん教育について述べたものである。正しいものを○，誤っているものを×としたとき，正しい組合せを選びなさい。

ア　現在，日本人の5人に1人は，一生のうちに何らかのがんになると推計されている。また，日本人の死因の1割が，がんとなっている。

イ　がんの罹患率の特徴として，生涯では性別で見ると女性の方が男性より多い。また近年，男女ともに罹患数が最も多いのは大腸がんである。

ウ　肺がん，胃がん，乳がん，子宮頸がん，大腸がん，この5つのがん検診は，国が死亡率を減少させる効果を認めて推奨している。

エ　がん治療における緩和ケアとは，がんに伴う体と心の痛みを和らげようとする医療のことで，終末期に行われる。

オ　「がん教育」は，がんをほかの疾病等と区別して特別に扱うことが目的ではなく，がんを扱うことを通じて，ほかの様々な疾病の予防や望ましい生活習慣の確立等も含めた健康教育そのものの充実を図るものである。

	ア	イ	ウ	エ	オ
①	×	○	○	×	×
②	○	○	○	○	×
③	×	×	○	×	○
④	×	×	×	○	×
⑤	○	×	×	×	○

(☆☆☆○○○○)

【14】次のア〜オの各文は，食物アレルギーの症状とその対応について述べたものである。正しいものを○，誤っているものを×としたとき，正しい組合せを選びなさい。

ア　食物依存性運動誘発アナフィラキシーは，食後30分以内の運動によって誘発されることが多く，原因食物の大部分は鶏卵と乳製品だと言われている。

イ　アドレナリン自己注射製剤(エピペン®)を処方されている児童生徒で，給食後に声がかすれたり息がしにくかったりする症状が一つもみられる場合は，アナフィラキシーを疑い，ただちにエピペン®を投与する。

ウ　アナフィラキシーは，急速に進行することがあるため，食物の関与が疑われる何らかのアレルギー症状があったり，原因食物を食べたり触れたりした(可能性も含む。)場合，緊急性が高いアレルギー症状があるかどうかの判断は，5分以内に行うべきである。

エ　エピペン®の投与によりアレルギー症状の進行が治まった場合，

薬剤の効果が持続するのは2時間程度であるため，2時間以内に医療機関を受診した方がよい。

オ　学校給食における配慮や管理が必要な児童生徒については，学校生活管理指導表(アレルギー疾患用)の提出を必須とし，症状等に変化がない場合であっても，配慮や管理が必要な間は，少なくとも毎年提出を求める。

	ア	イ	ウ	エ	オ
①	○	○	○	×	×
②	×	○	○	×	○
③	○	×	×	○	○
④	×	×	×	×	○
⑤	×	○	×	○	×

(☆☆☆○○○)

【15】次のア～オの各文は，「学校において予防すべき感染症の解説」(平成25年3月公益財団法人日本学校保健会)の一部について述べたものである。正しいものを○，誤っているものを×としたとき，正しい組合せを選びなさい。

ア　流行性耳下腺炎は，エンテロウイルスに感染することで発症する。3,000～5,000人に1人が可逆的な難聴を併発する。不顕性感染はないので，飛沫感染，接触感染として一般の予防法を励行し，感染者の隔離ができれば流行を阻止することができる。

イ　風しんでは，ピンク色の発しん，発熱，リンパ節の腫脹と圧痛を訴える。ウイルスの排出は，発しん出現7日前から出現後7日目頃まで認められる。脳炎，血小板減少性紫斑病，関節炎などの合併症が見られることがある。

ウ　髄膜炎菌性髄膜炎は，髄膜炎菌による細菌性髄膜炎で，発熱，頭痛，嘔吐を主症状とする。乳幼児期，思春期に好発し，発症した場合は，後遺症や死の危険性がある。

エ　伝染性紅斑は，かぜ様症状の後に，顔面，頬部に蝶のような形あるいは平手打ち様といわれる紅斑が見られる。病原体はヒトパルボ

ウイルスB19である。合併症として，重症の溶血性貧血を発症することがある。感染期間は，かぜ様症状が出現した時。発しんが出現した時にはウイルスの排出はなく，他への感染力はない。

オ　経口感染や糞口感染するA型肝炎は，A型肝炎ウィルスに感染することで発症する。潜伏期間は平均28日(15〜50日)で，発症すれば発熱，全身倦怠感，頭痛，食欲不振，下痢，嘔吐，上腹部痛があり，3〜4日後に黄疸が出現する。ウイルスは，黄疸出現1〜2週間前に便中に高濃度排出され，発症1週間程度で感染力は急速に弱まる。子どもは無症状で済むことも多く，便の処理が十分に行われにくいことから，集団発生しやすい。

	ア	イ	ウ	エ	オ
①	×	×	○	×	○
②	○	×	×	○	○
③	×	○	×	○	×
④	○	×	○	×	×
⑤	×	○	○	○	○

(☆☆☆◎◎◎)

【16】次のア〜オの各文は，性感染症について述べたものである。正しいものを○，誤っているものを×としたとき，正しい組合せを選びなさい。

ア　梅毒に感染すると，感染初期(3週間以内)に，手のひらや足の裏，体全体にうっすらと赤い発疹(バラ疹)が出るのが特徴である。

イ　性器クラミジア感染症の報告数は，平成14年には24,825件であったが，平成29年には43,766件となり，報告数は増え続けている。

ウ　梅毒の報告数は，近年増え続けており，女性は20歳代の報告が多い。

エ　ヒトパピローマウイルス感染症は，症状はほとんどなく，様々なタイプがある。一部のウイルスは，性器にいぼができる尖圭コンジローマの原因となったり，子宮頸がんや膣がんなどの原因になった

りする。

オ　淋菌感染症と性器クラミジア感染症は，同時に感染していること
　　が多く，男性，女性の双方で不妊の原因になることがある。男性で
　　は排尿痛，尿道不快感，尿道からの分泌物，女性ではおりものの変
　　化や下腹部の痛みといった症状をきたすことがあるが，感染しても
　　無症状な場合も多い。

	ア	イ	ウ	エ	オ
①	×	×	○	○	○
②	○	×	○	×	○
③	○	×	×	○	×
④	×	○	×	×	○
⑤	×	○	×	○	×

（☆☆○○○）

【17】次のア～オの各文は，急性リンパ性白血病及びリンパ芽球性リンパ
　　腫について述べたものである。正しい文の組合せを選びなさい。

ア　急性リンパ性白血病及びリンパ芽球性リンパ腫は，白血球の一種
　　であるリンパ球が幼若な段階で悪性化し，がん化した細胞(白血病
　　細胞)が無制限に増殖することで発症する。白血病細胞の種類は同
　　じでも，主に骨髄で増殖するものを急性リンパ性白血病，リンパ節
　　などリンパ組織で増殖するものをリンパ芽球性リンパ腫という。

イ　造血機能の障害の主な症状のひとつとして，赤血球の減少による
　　皮膚の内出血，赤い点状の出血斑，鼻血，歯ぐきからの出血などが
　　ある。

ウ　急性リンパ性白血病は特に内分泌系に浸潤しやすく，頭痛や吐き
　　気・嘔吐などの症状に注意が必要である。

エ　骨髄中の白血病細胞の割合が25％以上であれば，急性リンパ性白
　　血病と診断される。主に6歳以下の小児に多く，成人の1年間の発症
　　率は約10万人に1人程度である。

オ　骨髄中の白血病細胞の割合が25％未満であれば，リンパ芽球性リ
　　ンパ腫と診断される。青年期の男性に多いとされているが，どの年

齢層でも発症する。

①	ウ ・ オ
②	ウ ・ エ
③	イ ・ ウ ・ エ
④	ア ・ エ ・ オ
⑤	イ ・ オ

(☆☆☆◎◎◎)

【18】次のア～オの各文は，もやもや病(ウィリス動脈輪閉塞症)について
述べたものである。正しい文の組合せを選びなさい。

ア　もやもや病は，人口10万人あたり6～10人程度いると考えられて
いる。また，もやもや病には家族内発症が1～2%程度にみられると
言われている。

イ　小児では，明らかな身体的障がいを持たなくても，慢性的頭痛な
どによる不登校もしばしばみられる。

ウ　脳の血管の閉塞に関しては，最初の診断時と同じ状態が何年も何
十年も変わらない人もいれば，徐々に進行していく人もいると言わ
れている。

エ　もやもや病は，側頭葉の血流不足による症状が起きやすく，症状
が一時的に起こり回復することがしばしばみられる。典型的には，
手足の麻痺が生じ，言葉が話せなくなったり，ろれつがまわらなく
なるといった言語障がいもしばしばみられる。

オ　小児には，熱いめん類などの食べ物を食べるときのふーふーと冷
ます動作や，フルートなどの楽器演奏や走るなど息がきれるような
運動が引き金となって症状がでることがしばしばみられる。

①	ア ・ ウ
②	ウ ・ エ
③	イ ・ ウ ・ エ
④	ア ・ エ ・ オ
⑤	イ ・ ウ ・ オ

(☆☆☆◎◎◎)

【19】次のア～ウの各文は，ヒトの眼の構造と働きについて述べたものである。文中の（ a ）～（ e ）に当てはまる語句の正しい組合せを選びなさい。

ア　角膜と水晶体の間には，眼房水によって満たされる眼房があり，（ a ）によって前眼房と後眼房に分けられる。

イ　網膜では，さまざまな細胞が規則正しく並んで層をなしている。視細胞の層には，光の感度は高いが色を感じない（ b ）と，光の感度は低いが，色を感じる（ c ）がある。

ウ　遠くを見るときは，毛様体筋が（ d ）することで毛様体小帯の緊張が強まり，水晶体が（ e ）なる。

	a	b	c	d	e
①	虹彩	錐体	杆体	弛緩	薄く
②	結膜	錐体	杆体	収縮	薄く
③	虹彩	杆体	錐体	弛緩	薄く
④	結膜	杆体	錐体	弛緩	厚く
⑤	虹彩	錐体	杆体	収縮	厚く

(☆☆☆◎◎◎◎)

【20】次のア～オの各文は，「学校の管理下における体育活動中の事故の傾向と事故防止に関する調査研究」(平成25年3月独立行政法人日本スポーツ振興センター)の体育活動における頭頚部外傷について運べたものである。正しいものを○，誤っているものを×としたとき，正しい組合せを選びなさい。

ア　急性硬膜外血腫は，頭蓋骨骨折の続発症として認めることがある。骨折した部分の頭蓋骨からの出血が少量では無症状のこともあるが，増大してくると頭蓋内圧が上昇し，頭痛や吐き気などの症状が出現する。

イ　軽傷な頭部外傷であっても短時間の内に繰り返されると，二度目の外傷後にはるかに重篤になることがあり，セカンドインパクトシンドロームといわれる。

ウ　頭部を打撲した後，頭痛や吐き気などの症状が出現したり指導者

185

から見て普段と違う行動パターンをとったり，訳のわからない会話
をしたりすることは，脳震盪に含まれない。

エ　頚椎・頚髄損傷は，様々なスポーツ等で起こり得るものである。
具体的には，ラグビーや柔道等のいわゆるコンタクトスポーツ，ま
た，体操での鉄棒等からの転落，野球でのヘッドスライディングの
際等においても事故事例がある。

オ　頚椎・頚髄損傷が起きた際のスポーツ現場での対応は，受傷後は
意識や呼吸状態を確認した後に知覚・運動障害の程度をチェックす
る。医療機関への搬送時にも，頚椎が動かないように十分注意し，
担架上では頭の脇に枕を置いて固定することが大切である。

	ア	イ	ウ	エ	オ
①	○	○	×	○	○
②	×	○	×	○	×
③	○	×	○	×	×
④	×	×	○	×	○
⑤	×	○	×	×	○

(☆☆☆◎◎◎)

【21】次の図は，「「生きる力」をはぐくむ学校での安全教育(平成22年3月
文部科学省)」「第1章　総説」「第3節　学校安全の考え方とその内容」
「1　学校安全の定義」の一部を抜粋したものである。図中の(ア)
〜(オ)に当てはまる語句を記入しなさい。

学校安全の構造図

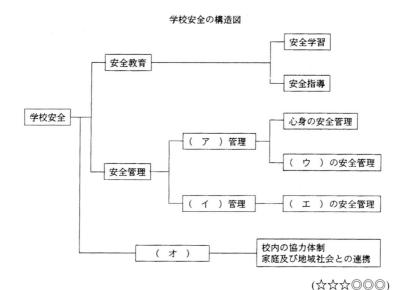

(☆☆☆◎◎◎)

【22】次の文は，「子どもの心身の健康を守り，安全・安心を確保するために学校全体としての取組を進めるための方策について(答申)」(平成20年1月中央教育審議会)「Ⅱ　学校保健の充実を図るための方策について」「2　学校保健に関する学校内の体制の充実」から抜粋したものである。(　ア　)~(　オ　)に当てはまる語句をそれぞれ漢字で正しく記入しなさい。

> 　養護教諭の職務は，学校教育法で「児童生徒の(　ア　)をつかさどる」と定められており，昭和47年及び平成9年の保健体育審議会答申において主要な役割が示されている。それらを踏まえて，現在，救急処置，健康診断，疾病予防などの(　イ　)，(　ウ　)，健康相談活動，(　エ　)，(　オ　)などを行っている。

(☆☆☆◎◎◎)

【23】 次の表は，「児童生徒等の健康診断マニュアル(平成27年度改訂)」(平成27年8月公益財団法人日本学校保健会)に示されている定期健康診断の検査項目及び実施学年を一部抜粋したものである。必要な個所に◎，△を記入しなさい。

　　◎　ほぼ全員に実施されるもの
　　△　検査項目から除くことができるもの

定期健康診断の検査項目及び実施学年

平成28年4月1日現在

項　目	検診・検査方法	小学校						中学校			高等学校		
		1年	2年	3年	4年	5年	6年	1年	2年	3年	1年	2年	3年
聴　力	オージオメータ												
結　核	問診・学校医による診察												
	エックス線撮影												
心臓の疾患及び異常	心電図検査												

(☆☆☆◎◎◎)

【24】 次の文は，ヒトの歯の構造について述べたものであり，下の図は，ヒトの歯と歯周組織の構造を表したものである。文中及び図中の(ア)〜(オ)に当てはまる語句を漢字で正しく記入しなさい。ただし，同じ記号には同じ語句が入る。

　　歯は(ア)部と言われる歯肉から出ている部分と歯肉に覆われている(イ)部の2つに分けられる。

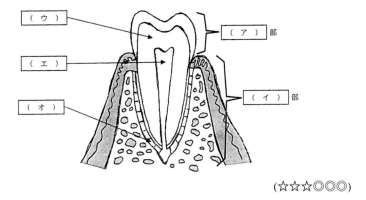

(☆☆☆◯◯◯)

【25】次の文は，学校保健安全法施行規則(平成28年省令第4号)の一部を
抜粋したものである。文中の(ア)〜(オ)に当てはまる語句を条
文のとおりに答えなさい。ただし，同じ記号には同じ語句が入る。

(臨時の健康診断)

第10条　法第13条第2項の健康診断は，次に掲げるような場合で
　　　　必要があるときに，必要な検査の項目について行うもの
　　　　とする。

一　(ア)又は(イ)の発生したとき。

二　(ウ)等により(ア)の発生のおそれのあるとき。

三　(エ)における休業日の直前又は直後。

四　結核，寄生虫病その他の疾病の有無について検査を行
　　う必要のあるとき。

五　(オ)のとき。

(☆☆☆☆◯◯◯)

189

解答・解説

【1】④

〈解説〉aは「学校教育法」，bは「環境衛生検査」，dは「文部科学省令」が正しい。

【2】③

〈解説〉aは「維持」，bは「健康相談」，dは「学校薬剤師執務記録簿」が正しい。

【3】①

〈解説〉本答申を踏まえて，平成29年3月に幼稚園・小学校・中学校の改訂学習指導要領(幼稚園は教育要領)が，平成30年3月に高等学校の改訂学習指導要領が告示された。今回の改訂の基となった重要な答申であるので，全編を熟読しておくこと。

【4】②

〈解説〉aは「内分泌」，cは「呼吸器・循環器」が正しい。本問は現行の中学校学習指導要領(平成20年3月告示)からの出題であるが，改訂された新学習指導要領が平成30年度より先行実施され，2021年度には全面実施の予定となっている。今後は新学習指導要領からの出題の可能性もあるので，現行版と改訂版との対照表を活用し，改訂箇所を中心に確認しておきたい。

【5】⑤

〈解説〉平成20年1月の「幼稚園，小学校，中学校，高等学校及び特別支援学校の学習指導要領の改善について(答申)」では，中学校保健体育において「医薬品」に関する内容について取り上げ，高等学校保健体育における「医薬品」に関する内容を充実することと示された。これ

を踏まえて改訂された学習指導要領では,「医薬品」に関する内容が中学校保健体育科(保健分野)に盛り込まれるとともに,高等学校保健体育科科目「保健」での内容の充実が図られた。「『医薬品』に関する教育の考え方・進め方」(平成23年3月)は,これを受けて,学校における円滑な指導の実践の一助となるよう作成されたものである。

【6】②

〈解説〉この検査は成長発達の過程にある児童生徒等の脊柱・胸郭・四肢・骨・関節の疾病及び異常を早期に発見することを目的とする。アは「野球肩」ではなく,「野球肘」の症状である。イは「野球肘」ではなく,「野球肩」のスクリーニングである。オは「ペルテス病」ではなく,「オスグッド病」の症状である。

【7】③

〈解説〉学校生活管理指導表による指導区分のAは「在宅医療・入院が必要」,Bは「登校はできるが運動は不可」,Cは「軽い運動は可」,Dは「中等度の運動まで可」,Eは「強い運動も可」である。ア及びイのように,運動会や競技試合に選手として参加する場合,指導区分は「D」ではなく「E」である。

【8】⑤

〈解説〉アは「口腔・喉頭及び咽頭から」ではなく「耳から」が正しい。ウは「明るいこと」ではなく「ある程度暗いこと」が正しい。健康診断は頻出であるので,検査の意義・準備・方法・判定について理解しておくこと。

【9】④

〈解説〉独立行政法人日本スポーツ振興センターによる災害共済給付制度は,国・学校の設置者・保護者の3者による互助共済制度である。義務教育諸学校,高等学校,高等専門学校,幼稚園,幼保連携型認定こ

ども園，高等専修学校及び保育所等の学校の管理下で生じた負傷・疾病・障害・死亡について給付の対象としている。

【10】②

〈解説〉本問は平成22年発行の「学校環境衛生管理マニュアル」からの出題であるが，現在すでに「学校環境衛生管理マニュアル—『学校環境衛生基準』の理論と実践」(平成30年度改訂版)が出されている。検査項目等については必ず最新版で確認しておくこと。

【11】④

〈解説〉薬物乱用防止は保健教育で取り扱うことが多く，養護教諭とも関係が深い。健康教育や生徒指導として教育活動全体を通して行うことが必要であり，理解を深めておくことが重要である。主な乱用薬物と作用や薬物に関する法律等にも目を通しておくこと。厚生労働省のホームページでも薬物乱用に関する情報は入手できる。問題文にある資料のほか，「薬物乱用防止教室推進マニュアル」(文部科学省)も合わせて確認しておくとよい。

【12】①

〈解説〉ア　広汎性発達障がい(PDD)とは社会性やコミュニケーション能力の発達遅滞とする，発達障がいの総称。対人関係の障がい，言葉等のコミュニケーションの障がい，こだわりや想像力の障がいが特徴である。　イ　注意欠陥多動性障がいはADHDとも呼ばれ，不注意，多動性，衝動性の3つの要素がみられる。　ウ　気分障がいには，うつだけをくり返す単極型うつ病と，うつ病と躁病の両方が出てくる双極型気分障がいがあり，前者は後者の3～4倍多くみられる。発病は10歳代以降が多い。　エ　行為障がいには，反復し持続する攻撃的・反社会的行動パターンが見られ，人や動物への攻撃性(いじめ，脅迫，暴行，残虐行為)が特徴である。　オ　反抗挑戦性障がいは，怒りに基づく大人や社会への反抗・挑戦的行動が特徴。各障がいについては，障がい

名とその特徴が一致するように覚えておこう。

【13】③

〈解説〉ア　日本人の「5人に1人」ではなく「2人に1人」,「死因の1割」ではなく「死因の3割」が正しい。　イ　性別で見ると,がんの罹患率は男性より女性の方が多く,男性では胃がん,女性では乳がんが最も多い。　エ　平成18年に制定されたがん対策基本法により,緩和ケアは早期から行われるべきものと示されている。したがって緩和ケアは,がんと診断されたときから開始するものである。

【14】②

〈解説〉ア　食物依存性運動誘発アナフィラキシーの即時型は食後5分から2時間程度,特に30分以内に生じることが多い。したがって,原因食物摂取後は少なくとも2時間は運動を控える必要がある。原因食物だけでは発症しないが,運動と組み合わせることで発症するのが特徴である。なお原因食物では小麦が60％,甲殻類が30％を占めるといわれる。　エ　「エピペン®」はあくまでもアナフィラキシーの症状を抑える補助的な治療薬であり,根本的な治療を行うものではない。注射後はすぐに医療機関を受診しなければならない。

【15】⑤

〈解説〉ア　流行性耳下腺炎はおたふくかぜの名称でも知られる。病原体ムンプスウイルスの感染により,耳下腺等の唾液腺が急に腫れてくることを特徴とする。合併症としては無菌性髄膜炎が多く,また不可逆的な難聴の原因としても注意すべき疾患である。約100人に1人が無菌性髄膜炎を,500〜1,000人に1人が回復不能な片側性の難聴を,3,000〜5,000人に1人が急性脳炎を併発する。飛沫感染,接触感染として一般の予防法を励行するが,不顕性感染があり,発症者の隔離だけでは流行を阻止することはできない。感染症については,「学校において予防すべき感染症の解説」(文部科学省)を参照しながら,感染症

名，病原体，性質，潜伏期間，感染経路，出席停止期間等について学習しておこう。

【16】①

〈解説〉ア　梅毒に感染してバラ疹が現れるのは，感染後3か月以上経過してからである。感染初期には感染部位にしこりができたり，鼠経部のリンパ節が腫れたりすることがある。　イ　性器クラミジアの感染報告に関しては，平成14年が43,766件，平成29年が24,825件であり，減少している。

【17】④

〈解説〉急性リンパ性白血病／リンパ芽球性リンパ腫の症状の原因は大きく2つに分類される。骨髄で白血病細胞が増加することによって，造血機能が低下し，正常な血液細胞がつくれないために起こる症状と，白血病細胞が臓器に浸潤することで起こる症状である。　イ　「赤血球の減少」ではなく，血液を凝固させる「血小板の減少」により内出血や出血斑が見られる。　ウ　急性リンパ性白血病は特に「内分泌系」ではなく「中枢神経系(脳と脊髄)」に浸潤しやすく，頭痛や吐き気・嘔吐等の症状に注意が必要である。

【18】⑤

〈解説〉もやもや病(ウィリス動脈輪閉塞症)は，日本人に多発する原因不明の進行性脳血管閉塞症であり，脳血管撮影検査で両側の内頚動脈終末部に狭窄あるいは閉塞と，その周囲に異常血管網を認める。
ア　もやもや病の有病率は最近の検討では10万人に対して3〜10.5人とされ，家族性の発症を10〜20%に認める。　エ　小児例は大脳の虚血による神経症状を初発とするものが多く，意識障害，脱力発作(四肢麻痺，片麻痺，単麻痺)，感覚異常，不随意運動，けいれん，頭痛等が生じる。

【19】③

〈解説〉眼の構造からの出題である。眼・耳・歯・脳の構造図や全身の骨格図，全身の筋肉も合わせて理解しておくことが望ましい。

【20】①

〈解説〉「脳震盪」とは「頭部打撲直後から出現する神経機能障害であり，かつそれが一過性で完全に受傷前の状態に回復するもの」と定義されている。症状としては神経機能障害であり，健忘，興奮，意識消失，頭痛，めまい，吐き気，視力・視野障害，耳鳴り等，ふらつき，多弁，集中力の低下，感情変化等多種多様である。

【21】ア　対人　　イ　対物　　ウ　生活や行動　　エ　学校環境
　　　オ　組織活動

〈解説〉学校安全は，学校保健，学校給食とともに学校健康教育の3領域の一つで，安全教育と安全管理，それらの活動を円滑に進めるための組織活動という3つの主要な活動から構成されている。安全教育と安全管理を効果的に進めるためには，学校の教職員の研修，児童生徒等を含めた校内の協力体制や家庭及び地域社会との密接な連携を深めながら，学校安全に関する組織活動を円滑に進めることが極めて重要であるとされる。安全教育を行う場合には，児童生徒等が安全に関する問題について，興味・関心をもって積極的に学習に取り組み，思考力・判断力を身に付け，安全について適切な意志決定や行動選択ができるように工夫する。学校における安全管理は，事故の要因となる学校環境や児童生徒等の学校生活等における行動の危険を早期に発見し，それらの危険を速やかに除去するとともに，万が一，事件・事故・災害が発生した場合には，適切な応急手当や安全措置ができるような体制を確立して，児童生徒等の安全の確保を図ることを目指して行われる。

【22】ア　養護　　イ　保健管理　　ウ　保健教育　　エ　保健室経営
　　オ　保健組織活動

〈解説〉「子どもの心身の健康を守り，安全・安心を確保するために学校
　全体としての取組を進めるための方策について(平成20年1月17日中央
　教育審議会答申)Ⅱ学校保健の充実を図るための方策について　2. 学
　校保健に関する学校内の体制の充実　(1)養護教諭」では，学校保健に
　おける養護教諭の役割について述べられている。養護教諭の役割に加
　え，学校保健活動において連携が不可欠となる保健主事や学級担任，
　学校医，スクールカウンセラー等の役割についても記述がなされてい
　る。これらについても目を通しておこう。

【23】健康診断実施項目

項　目	検診・検査方法	小学生						中学生			高等学校		
		1年	2年	3年	4年	5年	6年	1年	2年	3年	1年	2年	3年
聴　力	オージオメータ	◎	◎	◎	△	◎	△	◎	△	◎	◎	△	◎
結　核	問診・学校医による診察	◎	◎	◎	◎	◎	◎	◎	◎	◎			
	エックス線撮影										◎		
心臓の疾患及び異常	心電図検査	◎	△	△	△	△	△	◎	△	△	◎	△	△

〈解説〉健康診断の検査項目・検査方法については，学校保健安全法施行
　規則第6～7条が根拠となるため，まず当該の施行規則を確認しておき
　たい。「児童生徒等の健康診断マニュアル」では一覧表にまとめられ
　ているので，合わせて確認しておくとよい。

【24】ア　歯冠　　イ　歯根　　ウ　象牙質　　エ　歯髄　　オ　歯根膜

〈解説〉歯の構造図は確実に覚えておきたい。また歯や口腔に関しては，
　歯牙脱臼等のような救急処置や「歯・口の健康づくり」といった健康

教育の視点からも，整理しておくことが望ましい。

【25】ア　感染症　　イ　食中毒　　ウ　風水害　　エ　夏季　　オ　卒業

〈解説〉設問の5項目については暗記しておくこと。第10条が言及している「学校保健安全法第13条第2項」では，「学校においては，必要があるときは，臨時に，児童生徒等の健康診断を行うものとする」と示されている。問題文の一〜五以外の場合でも，必要があるときは臨時に健康診断を行うものとされており，例えば，歯及び口腔の定期の健康診断で，CO(要観察歯)，GO(歯周疾患要観察者)の児童生徒を対象にその後の経過を把握し，指導や管理に役立てるために行うこと等が考えられる。

2018年度　実施問題

【1】次の文は，学校保健安全法施行規則(最終改正：平成28年3月22日文部科学省令第4号)の一部を抜粋したものである。文中の下線部a〜eについて，正しいものを○，誤っているものを×としたとき，正しい組合せを選びなさい。

(健康診断票)

第8条　(略)

2　校長は，児童又は生徒が進学した場合においては，その作成に係る当該児童又は生徒の健康診断票を_a進学先の学校の設置者に送付しなければならない。

3　(略)

4　児童生徒等の健康診断票は，_b5年間保存しなければならない。ただし，第2項の規定により送付を受けた児童又は生徒の健康診断票は，当該健康診断票に係る児童又は生徒が進学前の学校を卒業した日から_c10年間とする。

(出席停止の報告事項)

第20条　令7条の規定による報告は，次の事項を記載した書面をもつてするものとする。(※令とは，学校保健安全法施行令のことである。)

一　学校の名称

二　出席を停止させた_d理由及び期間

三　出席停止を指示した年月日

四　出席を停止させた児童生徒等の_e学級別人員数

五　その他参考となる事項

	a	b	c	d	e
①	×	○	×	○	×
②	×	○	×	○	○
③	×	×	○	×	○
④	○	○	×	×	×
⑤	○	×	○	○	×

(☆☆☆○○○)

【2】次の文は，小学校学習指導要領(平成20年告示)「第1章　総則」「第1　教育課程編成の一般方針」及び小学校学習指導要領解説体育編(平成20年文部科学省)「第4章　指導計画の作成と内容の取扱い」「3　体育・健康に関する指導」の一部を抜粋したものである。文中の下線部a〜eについて，正しいものを○，誤っているものを×としたとき，正しい組合せを選びなさい。

【小学校学習指導要領】
　学校における体育・健康に関する指導は，児童の発達の段階を考慮して，学校の教育活動全体を通じて適切に行うものとする。特に，学校における a食育の推進並びに体力の向上に関する指導，b生活習慣に関する指導及び心身の健康の保持増進に関する指導については，体育科の時間はもとより，家庭科，特別活動などにおいてもそれぞれの特質に応じて適切に行うよう努めることとする。

【小学校学習指導要領解説体育編】
　さらに，安全に関する指導においては，身の回りの c生活の安全，交通安全，d防災に関する指導を重視し，安全に関する情報を正しく判断し，安全のための行動に結び付けるようにすることが重要である。なお，児童が心身の成長発達に関して適切に理解し，行動することができるようにする指導に当たっては，学校の教育活動全体で共通理解を図り，e地域の理

解を得ることに配慮するとともに，関連する教科，特別活動
等において，発達の段階を考慮して，指導することが重要で
ある。

	a	b	c	d	e
①	○	○	○	×	×
②	×	×	○	×	○
③	×	×	×	○	○
④	○	×	○	○	×
⑤	○	○	×	×	×

(☆☆☆○○○)

【3】次の表は，高等学校学習指導要領解説特別活動編(平成21年7月文部
科学省)の一部を抜粋したものである。文中の(A)～(E)に当て
はまる語句の正しい組合せを選びなさい。ただし，同じ記号には同じ
語句が入る。

○中学校における学級活動と高等学校におけるホームルーム活動の内
容(学習指導要領)

中学校（学級活動）	高等学校（ホームルーム活動）
（2）適応と成長及び健康安全 　ア　思春期の不安や悩みとその解決 　イ　自己及び他者の個性の理解と尊重 　ウ　社会の一員としての自覚と責任 　エ　男女相互の理解と協力 　オ　望ましい（ A ）の確立 　カ　ボランティア活動の意義の理解と参加 　キ　心身ともに健康で安全な生活態度や習慣の形成 　ク　（ B ）への適応 　ケ　食育の観点を踏まえた学校給食と望ましい食習慣の形成	（2）適応と成長及び健康安全 　ア　青年期の悩みや課題とその解決 　イ　自己及び他者の個性の理解と尊重 　ウ　社会生活における役割の自覚と自己責任 　エ　男女相互の理解と協力 　オ　（ C ）の育成と（ A ）の確立 　カ　ボランティア活動の意義の理解と参画 　キ　国際理解と国際交流 　ク　（ D ）と健全な生活態度や規律ある習慣の確立 　ケ　（ E ）と安全な生活態度や規律ある習慣の確立

	A	B	C	D	E
①	生活習慣	ストレス	コミュニケーション能力	豊かな心	男女の相互理解
②	人間関係	ストレス	自立心	心身の健康	生命の尊重
③	生活習慣	性的な発達	心身の健康	豊かな心	生命の尊重
④	人間関係	性的な発達	自立心	生活習慣	男女の相互理解
⑤	人間関係	性的な発達	コミュニケーション能力	心身の健康	生命の尊重

(☆☆☆◎◎◎)

【4】次の文は,「子どもの心身の健康を守り,安全・安心を確保するために学校全体としての取組を進めるための方策について」(答申)(平成20年1月中央教育審議会)「Ⅳ　学校安全の充実を図るための方策について」「1.　子どもの安全を取り巻く状況とその対応」の一部を抜粋したものである。文中の(ア)～(オ)に当てはまる語句を語群a～jから選んだとき,正しい組合せを選びなさい。

　学校に求められる役割として第一に挙げられるのは,各教科,(ア),特別活動,総合的な学習の時間など学校の教育活動全体において行われる総合的な安全教育によって,子ども自身に安全を守るための(イ)を身に付けさせることである。

　具体的には,

　i)　日常生活における事件・事故,自然災害などの現状,原因及び(ウ)について理解を深め,現在や将来に直面する安全の課題に対して,的確な思考・判断に基づく適切な(エ)や行動選択ができるようにすること,

　ii)　日常生活の中に潜む様々な危険を予測し,自他の安全に配慮して安全な行動をとるとともに,自ら危険な環境を(オ)できるようにすること,

　iii)　(略)

などについて,発達段階に合わせて,子どもの能力をはぐくむことが求められている。

《語群》

a　避難方法　　b　ホームルーム活動　　c　道徳
d　状況把握　　e　防止方法　　　　　　f　意思決定
g　回避　　　　h　知識　　　　　　　　i　能力
j　改善

	ア	イ	ウ	エ	オ
①	b	h	e	f	g
②	c	i	e	d	g
③	c	h	a	f	j
④	b	i	a	d	g
⑤	c	i	e	f	j

(☆☆☆◎◎◎)

【5】次のア～オの各文は，「児童生徒等の健康診断マニュアル(平成27年度改訂)」(平成27年8月公益財団法人日本学校保健会)の児童，生徒，学生及び幼児の健康診断の実施と健康診断時に注意すべき疾患及び異常について述べたものである。正しいものを○，誤っているものを×としたとき，正しい組合せを選びなさい。

ア　眼科検診で診断される「内反症」とは，まぶたの慢性肉芽腫性炎症のことである。

イ　成長曲線等を描くことによって，「肥満」や「やせ」といった栄養状態の変化，それに加えて低身長，高身長，特に性早熟症といった病気等を早期に見つけることができる。

ウ　眼位異常は両眼開放下で一眼が耳側へ偏位している眼位異常は外斜視といい，一眼が鼻側へ偏位している眼位異常を内斜視といい，外斜視より内斜視が多い。

エ　扁桃炎は，かぜをひきやすく，のどを痛めやすい原因となるが，腎臓や心臓の病気の原因となる病巣感染源とはならない。

オ　指しゃぶりや爪かみ等のくせがある場合，その他の疾病異常等，例えば先天性欠損症，小帯の異常などは前年度の状況を事前に確認し，学校歯科医に知らせる。

	ア	イ	ウ	エ	オ
①	○	×	×	×	○
②	×	○	×	○	×
③	×	○	×	×	×
④	×	×	○	○	○
⑤	○	○	○	○	×

(☆☆☆◎◎◎)

【6】次の表は，「学校検尿のすべて(平成23年度改訂)」(平成24年3月財団法人日本学校保健会)の学校検尿で発見される腎臓病について述べたものである。表中の(ア)～(オ)に当てはまる語句の正しい組合せを選びなさい。

(ア)	四肢，臀部への点状出血と腹痛，血便などの消化器症状，関節の腫脹，痛みなどの関節症状が出現する全身性の血管炎の一症状として，腎炎が発症する。本症の約半数が腎炎を発症するが，多くは自然経過あるいは治療により改善する。
(イ)	全身性エリテマトーデスの一症状として腎炎が発症し，思春期の女児に多い疾患。症状がなく，腎炎が発症して学校検尿で指摘されることがある。
(ウ)	学校検尿の3次検尿で暫定的診断として「腎炎の疑い」とされることが多く，必要な場合には腎生検などの詳しい検査を受ける必要がある。
(エ)	学校検尿で白血球反応陽性あるいは尿沈渣の白血球の増加（白血球尿）を指摘されて診断されることがある。
(オ)	蛋白尿のみが見られるが，浮腫やそのほかの臨床症状がみられない状態。まれにネフローゼ症候群の発症初期の状態を学校検尿にて指摘されることがある。

	ア	イ	ウ	エ	オ
①	急性腎炎	慢性腎炎	蛋白尿・血尿群	血尿症候群	無症候性蛋白尿
②	急性腎炎	ループス腎炎	蛋白尿・血尿群	血尿症候群	無症候性蛋白尿
③	紫斑病性腎炎	蛋白尿・血尿群	無症候性蛋白尿	尿路感染症	慢性腎炎
④	紫斑病性腎炎	ループス腎炎	蛋白尿・血尿群	尿路感染症	無症候性蛋白尿
⑤	紫斑病性腎炎	ループス腎炎	慢性腎炎	血尿症候群	蛋白尿・血尿群

(☆☆☆◎◎◎)

【7】次のア～ウの文は，「学校心臓検診の実際(平成24年度改訂)」(平成
25年3月公益財団法人日本学校保健会)の児童生徒の心臓病について述
べたものである。文中の下線部a～dについて，正しいものを○，誤っ
ているものを×としたとき，正しい組合せを選びなさい。

ア　生れつきの心臓病である先天性心疾患は出生1,000人に対して8～
　10人発生する。もっとも多いのは，a肺動脈狭窄症である。心房中
　隔欠損症，動脈管開存症，ファロー四徴症等も多い。これら4疾患
　の先天性心疾患全体に占める割合はb70%以下である。

イ　学童期の心臓病は，数・種類ともに少ないものではなく，心電図
　異常だけの人も含めると1～2%は異常を持つ児童生徒が在学してい
　ると思われる。もっとも多いのはc不整脈で，年長になるにつれて
　頻度は高くなる。

ウ　d上室期外収縮は注意すべき疾患群に分類されている。心臓の筋
　肉の障害によるもので，心臓の本来の機能である血液を送り出す能
　力が低下している疾患であり，突然死を来すものが少なくない。

	a	b	c	d
①	○	×	○	○
②	×	○	×	○
③	×	×	○	×
④	○	○	×	○
⑤	×	○	○	×

(☆☆☆◎◎◎)

【8】次のア～エの文は，「『生きる力』を育む小学校保健教育の手引き」
　(平成25年3月文部科学省)及び，「『生きる力』を育む中学校保健教育の
　手引き」(平成26年3月文部科学省)の保健教育について述べたものであ
　る。正しい組合せを選びなさい。

ア　小学校の体育科保健領域は，健康・安全に関する包括的な内容に
　ついて，第3学年から第6学年にかけて，系統的に，合計36単位時間
　程度指導される。

イ　保健教育を効果的に進めるために主として留意すべきことは，

「指導計画の立案を含む教職員の共通理解」「各教科等の関連を図った指導」「家庭との連携」「地域の関係機関等との連携」の4点である。

ウ　子どもたちの心身の成長発達には個人差があることから，学校における性に関する指導は，すべてを集団指導で教えるのではなく，集団指導で教えるべき内容と個別指導で教えるべき内容を明確にし，それらを関連させて指導することが重要となる。

エ　学校の教育活動全体で保健教育に取り組むに当たっては，養護教諭を中心に，子どもの健康課題に応じて行うことが大切であり，各教科等とは独立して行うものである。

①	エ
②	イ ・ ウ
③	ア ・ イ ・ エ
④	イ ・ ウ ・ エ
⑤	ア ・ ウ

(☆☆☆◯◯◯)

【9】次の各文は，「薬物乱用防止教室マニュアル〈平成26年度改訂〉」(平成27年3月公益財団法人日本学校保健会)から一部抜粋したものである。表や文中の（　ア　）～（　オ　）に当てはまる語句を，語群a～iから選んだとき，正しい組合せを選びなさい。ただし，同じ記号には同じ語句が入る。

　私たちの周りにはたくさんの（　ア　）があること，また，その中には私たちの心身の健康に大きな影響を与える危険な薬物があることを理解できるようにする。

　薬物乱用の危険性が「依存」にあることを明らかにし，そのために自分の健康や社会生活に害があると分かっていても，いったん使用し始めるとやめることが難しいこと，また，「（　イ　）」により，乱用を繰り返すと使用量が増え危険性が大きくなることを理解するようにする。

単に規制薬物を乱用しないだけでなく，一人ひとりが（　ウ　）を
もち，生活の改善や課題の解決などの実践を通じて，健康な行
動をとることができるようにする。

「（　エ　）」とは，「薬物を社会的許容から逸脱した目的や方法で
自己使用すること」と，定義付けることができる。

「（　オ　）」とは，「（　エ　）の繰り返しの結果，その薬物の使用
に対する自己コントロールを失った状態」を指す　(略)。

《語群》

a　生きる目標　　b　薬物依存　　c　化学物質　　d　薬物乱用
e　医薬品　　　f　自己肯定感　　g　中毒　　　　h　薬物中毒
j　耐性

	ア	イ	ウ	エ	オ
①	e	g	f	d	b
②	c	i	f	b	d
③	e	g	a	h	b
④	c	i	a	d	b
⑤	e	i	f	b	h

(☆☆☆◎◎◎)

【10】次のア～オの各文は，「学校における子供の心のケアーサインを見
逃さないために－」(平成26年3月文部科学省)の健康相談のポイントに
ついて述べたものである。正しい組合せを選びなさい。

ア　面接では，子供が自分のペースで話せるよう傾聴を心がけ，結論
を急ぎすぎないようにする。中には，自分の気持ちや困っているこ
とをはっきり言えない子供もいるため，具体的な聞き方はしない。

イ　危機発生の直後だけではなく，数年単位で影響を及ぼす場合もあ
るので支援を続けることになる。また，危機状況の影響は，同じ経
験をしても子供によって異なるため，先入観を持たずに健康観察や

206

　　健康アンケートなどにより状況把握を強化する必要がある。

ウ　健康相談では，個別の健康相談で状況を確認するだけで，積極的に子供を励ますようなメッセージを伝えることは適切ではない。

エ　面接で子供から子供自身について否定的な発言があったら，そのまま否定的な評価を受け入れることで，良い効果が期待できる。

オ　健康相談の中で，ストレスの反応と思われる状態が明らかになった場合は，大抵は「時間がたつと消えていくことが多い」「現れ方は一人一人違う」ことなどを丁寧に子供に話す必要がある。

①	イ・エ
②	ア・ウ・オ
③	ア・イ・オ
④	ア・ウ・エ
⑤	イ・オ

(☆☆☆◎◎◎)

【11】次の文は，「子どものメンタルヘルスの理解とその対応－心の健康つくりの推進に向けた組織体制づくりと連携－」(平成19年2月財団法人日本学校保健会)に示された吃音について述べたものである。文中の(A)～(E)に当てはまる語句を語群a～jから選んだとき，正しい組合せを選びなさい。

　　言語器官の協調運動がうまくいかず，話し言葉の(A)に障害を来たす状態である。最初の音や音節を(B)するもの，引き伸ばすもの，途中で急につまって出てこなくなるものなどがある。(C)に発症し，(D)に多い。吃音は緊張している時や不安な時に悪化し，落ち着いている時には消失する。治療は保護者等に対して，子どもに不安を与えない，(E)などの指導が行われる。

《語群》

a　反復　　　　　　　　　　b　2～7歳　　c　女児

d　間違いを繰り返し指摘する　e　リズム　　f　8～11歳

g　男児　　　　　　　　　　h　表出　　　i　省略

j　子どもの話をしっかり聞く

207

	A	B	C	D	E
①	e	a	b	g	j
②	h	a	f	c	j
③	e	i	b	g	d
④	h	a	f	g	d
⑤	e	i	f	c	j

(☆☆☆◎◎◎)

【12】次のア～オの各文は，「学校において予防すべき感染症の解説」(平成25年3月文部科学省)の予防すべき感染症について述べたものである。正しいものを○，誤っているものを×としたとき，正しい組合せを選びなさい。

ア　学校において予防すべき感染症の中で，定期接種の対象である感染症としては，ジフテリア，百日咳，急性灰白髄炎(ポリオ)，麻しん，風しん，結核(BCG)がある。

イ　咽頭結膜熱は，アデノウイルスによって飛沫感染，接触感染し，高熱，咽頭痛，結膜充血などを認め，発熱，咽頭炎，結膜炎などの主要症状が消退した後2日を経過するまで出席停止とする。

ウ　マイコプラズマ感染症は，肺炎ウイルスによって飛沫感染し，咳，発熱，頭痛などのかぜ症状がゆっくりと進行し，特に咳は徐々に激しくなる。しつこい咳が3～4週持続する場合もある。症状が改善し，全身状態の良い者は登校可能である。

エ　水痘は，水痘・帯状疱疹ウイルスによって空気感染，飛沫感染，接触感染し，発しんは体と首のあたりから顔面に生じやすく，発熱しない例もある。発しんは紅斑，水疱，膿疱，かさぶたの順に変化する。全ての発しんがかさぶたになるまで出席停止とする。

オ　百日咳は，百日咳菌によって飛沫感染，接触感染し，特有な咳発作が特徴で，本症状は長期にわたって続く。特有の咳が消失するまで又は3日間の適切な抗菌薬療法が終了するまで出席停止とする。

	ア	イ	ウ	エ	オ
①	○	○	×	○	×
②	○	×	×	×	○
③	×	○	×	×	×
④	○	×	○	○	○
⑤	×	○	×	×	○

(☆☆☆○○○)

【13】次のア～エの各文は，「学校のアレルギー疾患に対する取り組みガイドライン」(平成20年3月財団法人日本学校保健会)の「アナフィラキシー病型」の一部について述べたものである。正しいものを○，誤っているものを×としたとき，正しい組合せを選びなさい。

ア　医薬品では，抗生物質や非ステロイド系の抗炎症薬，抗てんかん薬などが原因になるため，学校で医薬品を使用している児童生徒については，このことを念頭においておく必要がある。

イ　学校生活の中で，初めてアナフィラキシーを起こすことはまれなため，アナフィラキシーを過去に起こしたことのある児童生徒が在籍していない学校では特別な対応は必要ないと考えられている。

ウ　運動誘発アナフィラキシーは，運動と原因食物の組み合わせにより，はじめて症状が誘発される。

エ　教材に使われる輪ゴムやゴム手袋，ゴム風船等への接触や粉末の吸入でアナフィラキシーを起こすことがあるので，ラテックスアレルギーを有する児童生徒が在籍する場合には，厳重な取組みを行う必要がある。

	ア	イ	ウ	エ
①	○	×	○	○
②	○	×	×	○
③	×	○	○	×
④	×	×	○	○
⑤	×	○	×	×

(☆☆☆○○○○)

【14】次のア～オの各文は,「学校のアレルギー疾患に対する取り組みガイドライン」(平成20年3月財団法人日本学校保健会)の「アトピー性皮膚炎」について述べたものである。適切でないものを1つ選びなさい。

ア	アトピー性皮膚炎は,後天的にアレルギー反応を生じやすく,また,皮膚の真皮の水分量が少なく,バリア機能が低下しているところに様々な刺激やアレルゲンが加わって皮膚炎を生じる疾患である。
イ	アトピー性皮膚炎の児童生徒にとっては,汗に対するケアが大切であるため,体育の授業後には,体操服を必ず着替えるよう指導したり,ぬれたタオルで体を拭いたり保冷剤で皮膚を冷やすことは効果的である。
ウ	アトピー性皮膚炎の児童生徒にとっては,動物の毛やフケの成分を吸い込むだけでかゆみが現れたり皮膚炎が悪化したりすることもあるため,医師から学校生活管理指導表（アレルギー疾患用）により,管理・配慮が指示された場合には,保護者・本人と相談の上で,動物の飼育当番を免除する必要がある。
エ	まぶたにアトピー性皮膚炎がある場合の合併症は,アトピー性角結膜炎,白内障,円錐角膜などがある。
オ	制服や体操服などの素材が皮膚に合わず,アトピー性皮膚炎を悪化させている児童生徒については,管理指導表により,医師から規制服の素材変更の指示があった場合には,他の素材のものを許可するなど,柔軟に対応する。

①	ア
②	イ
③	ウ
④	エ
⑤	オ

(☆☆☆◎◎◎)

【15】次のア～エの各文は,「災害共済給付ハンドブックー児童生徒等の学校の管理下の災害のためにー」(平成24年10月独立行政法人日本スポーツ振興センター)の一部について述べたものである。独立行政法人日本スポーツ振興センターの災害給付の対象となる「学校の管理下の範囲」について正しいものを○,誤っているものを×としたとき,正し

い組合せを選びなさい。

ア　学校が休憩時間中に遊び場として使用を認めている公園で，授業中にエスケープして遊んでいるとき。

イ　夏季休業中に学校のプールにおいて，教師とその補助者としてのPTAが監督者となり学校の教育計画に基づいて水泳教室が行われていたとき。

ウ　学校の教育計画に基づき学校とPTAが協力し，教師とその補助者の監督指導の下で行われた，土曜日課外講座の授業と授業の間の休憩時間。

エ　児童生徒が昼休みに通常の方法と通学路で，学用品等忘れ物をとりに学校と自宅を往復するとき。

	ア	イ	ウ	エ
①	×	×	×	○
②	○	×	○	×
③	×	○	○	○
④	○	○	×	×
⑤	×	○	○	×

(☆☆☆◎◎◎)

【16】次のア～エの各文は，「目の事故防止のポイント」及び「もし眼にものが当たってしまったら…?」(平成28年4月独立行政法人日本スポーツ振興センター)に示された眼の負傷について述べたものである。正しいものを○，誤っているものを×としたとき，正しい組合せを選びなさい。

ア　眼を負傷した時の観察は，受傷していないほうの眼を隠し，指の数を数えさせたり，両眼で上下左右にものを見たときに，1つのものが2つに見えたりしないかを確認する。

イ　眼にものが当たってしまったら，症状の程度を確認するために，眼を大きく開かせる。

ウ　眼のけがは，数日後に異常が現れる場合があり，経過観察や容態を聞くなどし，見え方に異変がないかを確認する必要がある。

エ　眼を濡れタオルで冷やすことは，受傷部位の炎症を少なくするために有効である。

	ア	イ	ウ	エ
①	○	×	○	×
②	×	○	×	×
③	○	×	○	○
④	○	×	×	○
⑤	×	○	○	×

(☆☆○○○)

【17】次のア～オの各文は，「学校事故対応に関する指針」(平成28年3月文部科学省)の事故発生後の取組の一部について述べたものである。正しいものを○，誤っているものを×としたとき，正しい組合せを選びなさい。

ア　事故発生時に優先すべきことは，事故にあった児童生徒等(以下「被害児童生徒」という。)の安心と安全である。事故直後は，まずは管理職や被害児童生徒等の保護者へ連絡を行う。

イ　事故が発生した場合には，第一発見者は，被害児童生徒等の症状を確認し，近くにいる管理職や教職員，児童生徒等に応援の要請を行うとともに，被害児童生徒等の症状に応じて，速やかに止血，心肺蘇生などの応急手当を行い，症状が重篤にならないようにする。

ウ　救命処置において，心肺停止ではない人に，胸骨圧迫を行ったりAEDを使用したりすると，健康上大きな問題となるため，意識や呼吸の有無が「分からない」場合には，胸骨圧迫やAEDの装着は実施しない。

エ　応急手当を優先しつつも，事故の発生状況や事故後の対応及びその結果について，適宜メモを残すことを心がけ，対応が一段落した時点でメモを整理する。(応援に駆けつけた教職員に対し，記録担当の役割を指示する。)

オ　学校事故では，意図的でなくても，他の児童生徒等がもう一方の当事者(加害者)となることもある。再発を防止するためにも，当事

者に対して厳しく指導を行う必要がある。

	ア	イ	ウ	エ	オ
①	×	×	○	×	×
②	○	○	×	○	○
③	○	○	○	×	×
④	○	×	×	○	×
⑤	×	○	×	○	×

(☆☆☆◎◎◎)

【18】次の表は,「保健室利用状況に関する調査報告書」(平成25年4月公益財団法人日本学校保健会)「第1章 学校基礎調査」,「養護教諭が過去1年間に把握した心身の健康に関する状況」「(1) 身体に関する主な事項」について,校種別にまとめたものである。表中の(A)～(E)に当てはまる語句の正しい組合せを選びなさい。

表 身体の健康に関する状況（校種別）　　　（千人当たりの児童生徒数）単位：人

身体の健康に関する主な事項	小学校	中学校	高等学校
(A)	64.0	50.8	37.3
(B)	0.6	3.5	10.8
(C)	42.6	45.0	29.4
(D)	50.1	55.3	58.8
(E)	1.2	5.1	7.9

	A	B	C	D	E
①	肥満傾向(肥満度による)	スポーツ障害等に関する問題	ぜん息	アトピー性皮膚炎	月経に関する問題
②	ぜん息	月経に関する問題	アレルギー性結膜炎	肥満傾向(肥満度による)	スポーツ障害等に関する問題
③	ぜん息	腎臓病	食物アレルギー	アトピー性皮膚炎	スポーツ障害等に関する問題
④	肥満傾向(肥満度による)	月経に関する問題	アレルギー性結膜炎	ぜん息	糖尿病
⑤	アレルギー性結膜炎	糖尿病	食物アレルギー	肥満傾向(肥満度による)	月経に関する問題

(☆☆☆◎◎◎)

【19】次のア〜オの各文は，「平成28年度学校保健統計　(学校保健統計調査報告書)」(平成29年3月文部科学省)について示したものである，正しいものを選びなさい。

ア	小学校，中学校，高等学校の女子（平成18年度以降）のうち，痩身傾向児の出現率が最も高いのは高等学校1年生である。
イ	平成10年度生まれ（平成28年度17歳）の身長の年間発育量をみると，男子では14歳時に，女子では11歳に最大の発育量を示している。
ウ	疾病・異常を被患率等別にみると，幼稚園及び小学校においては，「鼻・副鼻腔疾患」の者の割合が最も高く，中学校，高等学校においては，「歯垢の状態，歯肉の状態，歯列・咬合」の者の割合が最も高い。
エ	高等学校における「心電図異常」の割合は，平成24年度以降，年々増加している。
オ	小学校においては，男女とも「裸眼視力1.0未満の者」の割合は30%を超えている。

①	ア
②	イ
③	ウ
④	エ
⑤	オ

(☆☆☆◎◎◎◎)

【20】次の文は，「調理場における洗浄・消毒マニュアルPartⅠ」(平成21年3月文部科学省)及び「ノロウイルスに関するQ&A」(最終改定：平成28年11月厚生労働省)に示されたノロウイルスの消毒方法について述べた文である。文中の(ア)〜(オ)に当てはまる語句及び数字を記入しなさい。ただし，同じ記号には同じ語句が入る。

　嘔吐物には大量のノロウイルスが存在しており，直ちに安全に処理しない場合，二次感染を起こす。また，放置すると(ア)し，ウイルスが舞い上がり，まわりを汚染することがある。

　学校において，ノロウイルスに感染した児童が嘔吐した際，

（　イ　）が主成分の消毒薬を使用する。

　市販されている消毒薬を用いて，感染した児童が使用した食器を消毒するには，（　イ　）の濃度が200ppmの希釈液を用いる。

　5％の（　イ　）を用いて200ppmの希釈液を500mlの水に加えて作る場合には，5％の（　イ　）を（　ウ　）ml使う。

　（　イ　）の主成分が入った消毒薬は，希釈すると（　エ　）性が良くないため，また繰り返し使用する場合も（　オ　）能力が低下するため，十分な濃度であるかを確認して使用する。

(☆☆☆◎◎◎)

【21】次の文は，「保健室経営計画作成の手引(平成26年度改訂)」(平成27年2月公益財団法人日本学校保健会)の学校保健計画と保健室経営計画について述べたものである。文中の（　ア　）～（　カ　）に当てはまる語句を漢字で答えなさい。ただし，同じ記号には同じ語句が入る。

　学校保健計画は，学校保健活動の年間を見通した総合的な基本計画である。学校保健の成果を上げるためには，（　ア　）と（　イ　）に加え，全ての教職員が役割を分担し，家庭や地域の関係者と連携して，（　ウ　）的に活動を推進することが必要となることから，（　エ　）を達成するために，「（　ア　）」「（　イ　）」「（　ウ　）活動」の3領域について，毎年度，具体的な計画として作成されるものである。

　一方，保健室経営計画は当該学校の（　オ　）および（　エ　）などを受け，その具現化を図るために，保健室の経営において達成されるべき目標を立て，（　カ　）的・（　ウ　）的に運営するために作成される計画である。

(☆☆☆◎◎◎)

【22】次の表は，小学校4年生のAさんの歯科検診の結果を表したものです。「児童生徒等の健康診断マニュアル(平成27年度改訂)」(平成27年8月公益財団法人日本学校保健会)に示されている児童生徒健康診断票(歯・口腔)記入上の注意に沿って記入しなさい。

表　歯科検診の結果（Aさん）

項目	結果
右上5	未処置歯
左下D	処置歯
左上C	要注意乳歯
右下6	要観察歯
顎関節	異常なし
歯列・咬合	定期的観察が必要
歯垢の状態	ほとんど付着なし
歯肉の状態	専門医による診断が必要

児童生徒健康診断票（歯・口腔）

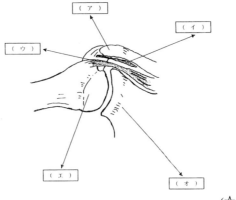

（☆☆☆◎◎◎）

【23】次の図は，ヒトの肩の構造を表したものである。図中の（　ア　）〜
（　オ　）に当てはまる語句を漢字で記入しなさい。

（☆☆☆◎◎◎）

216

【24】次の文は，学校保健安全法施行規則(最終改正：平成28年3月22日文部科学省令第4号)の条文である。文中の(ア)，(イ)に当てはまる語句を条文のとおり答えなさい。

(学校医の職務執行の準則)

第22条　学校医の職務執行の準則は，次の各号に掲げるとおりとする。

一　略

二　略

三　法第8条の健康相談に従事すること。

四　法第9条の(ア)に従事すること。

五　法第13条の健康診断に従事すること。

六　法第14条の疾病の(イ)に従事すること。

※法とは，学校保健安全法のことである。

(☆☆☆◎◎◎)

【25】次の文は，「〔改訂版〕学校環境衛生管理マニュアル」(平成22年文部科学省)「Ⅱ　学校環境衛生基準」「第5　日常における環境衛生に係る学校環境衛生基準」の一部を抜粋したものである。文中の(ア)～(オ)に当てはまる語句を答えなさい。ただし，同じ記号には同じ語句が入る。

1　教室等の環境

C　事後措置

(1)　換気

　　○　外部から教室に入った場合に，不快な(ア)や臭気等を感じたら，直ちに窓を開けて十分に換気をする。このとき，(イ)の窓も開け，換気がスムーズに行われるようにする。

　　○　コンピュータ教室等の常時使用しない教室では，特に換気を十分行う。

(2)　温度

　　(略)

(3)　明るさと(ウ)

○　(略)

○　(略)

○　邪魔な(　エ　)がある場合は，(　エ　)を遮断する。例えば，直射日光であれば，カーテンを使用する。

(4)　騒音

騒音がある場合には，(　オ　)を調べて窓を閉める等により，騒音の低減化の工夫をする。教師の声が聞き取りにくい場合は，教師に申し出るよう，児童生徒等に指示をする。

(☆☆☆◎◎◎)

解答・解説

【1】①

〈解説〉aは，進学先の「校長」に送付，cは，「5年間」，eは，「学年別人員数」が正しい。

【2】④

〈解説〉b　本資料の，学校での体育・健康に関する指導では，特に，学校での食育の推進と体力の向上に関する指導，安全に関する指導，心身の健康の保持増進に関する指導について適切に行うことが示されている。児童の安全・安心に対する懸念が広がっていることから，安全に関する指導の充実が必要だと示されている。「解説」の該当部分では，安全に関する指導では，学校の教育活動全体で共通理解を図り，家庭の理解を得ることにも配慮することが示されている。新学習指導要領が，平成29年3月31日に告示されている。問題文の下線部分とその前後などを比較しておくとよい。

【3】⑤

〈解説〉本資料では,「学校における生徒の基礎的な生活集団として編成したホームルームを単位として,ホームルームや学校の生活の充実と向上,生徒が当面する諸課題への対応に資する活動を行うこと。」として,(1)ホームルームや学校の生活づくり,(2)適応と成長及び健康安全,(3)学業と進路,の3つに整理されており,それぞれの活動内容においては,入学から卒業までを見通して取り扱うものとし,複数の項目が示されている。中学校とも対比して理解しておきたい。

【4】⑤

〈解説〉「子どもの安全を取り巻く状況とその対応」については,問題文以外に,学校での施設設備の安全点検などによって安全な環境づくりを行うとともに,教育活動中の事故や災害,学校への不審者侵入による事件などから子どもを守ること,さらに,小学校・中学校を中心に登下校に子どもの安全が確保されるよう,地域の実情を考慮し通学路の設定を行っており,設定した通学路について定期的に点検を行うなど,通学路を含めた学校外の子どもの安全について一定の対応をとることが求められている。

【5】③

〈解説〉ア　内反症とは,逆まつげのこと。　ウ　眼位異常では,内斜視より外斜視の方が多い。　エ　扁桃炎では,腎臓や関節,皮膚などの病気の原因となる病巣感染源と判断される場合は治療の適応となる。

【6】④

〈解説〉学校検尿において,症状が明らかでない早期の時期にこれらの病気を発見し,早期治療に結びつけることは,腎臓やその他の臓器の予後を良好に保つという観点から重要である。そのためにも疾患の知識が重要である。

【7】③

〈解説〉a，b　先天性心疾患で最も多いのは，心室中隔欠損症である。こ
れと，心房中隔欠損症，動脈管開存症，ファロー四徴症の4疾患は，
先天性心疾患の80％以上を占めている。　d　上室期外収縮(上室性期
外収縮)は，危険のほとんどない不整脈に含まれている。

【8】②

〈解説〉ア　小学校における指導時間は，合計24単位時間程度である。
エ　体育科保健領域の指導が，質的にも量的にも，保健教育において
中心的役割を担うものであることから，養護教諭を中心に各教科等と
独立して行うことは間違いである。

【9】④

〈解説〉薬物乱用防止は，一次予防が最も重要である。現在，学校におけ
る薬物乱用防止教育は，小学校は体育科，中学校・高等学校は保健体
育科が中核となり，「特別活動」「総合的な学習の時間」「道徳」等，
学校教育全体を通じて指導が行われている。薬物乱用防止教室は，学
校保健計画で位置づけられており，すべての中学校，高等学校で年1
回，小学校では地域の実情に応じて開催することが望ましく，薬物に
関する専門的知識を持つ警察職員，麻薬取締官OB，学校薬剤師など外
部専門家の協力を得て充実を図ることが必要であるとされている。

【10】⑤

〈解説〉ア　自分の気持ちなどをはっきり言えない子供に対して，「大丈
夫？」といったあいまいな聞き方ではなく，「ごはん食べられてい
る？」「眠れている？」など，健康観察の項目を参考にして具体的に
聞くことが大切である。　ウ　健康相談では，個別の状況を確認する
だけでなく，積極的に子供を励ますようなメッセージを伝えることも
大切である。子供ががんばっている点を言葉にして伝える場合，叱咤
激励ではなく柔らかい表現で励ますとよい。　エ　もし，子供から子

供自身について否定的な発言があっても，肯定的な評価を示すことで子供を勇気づけることになり，良い効果が期待できる。

【11】①

〈解説〉吃音は，心身症及びその関連疾患の中に含まれている。吃音のある子どもが小学校に入学した後は，家族への対応だけでなく，学校の理解・協力が必要となってくる。

【12】①

〈解説〉ウ　マイコプラズマ感染症の病原体は，肺炎マイコプラズマである。　オ　百日咳の出席停止期間の基準は，特有の咳が消失するまで又は5日間の適切な抗菌薬療法が終了するまでである。本資料には，学校保健安全法施行規則の一部改正(平成24年4月1日施行)の概要や，学校における感染症への対応，さらには感染症各論では，感染症の概説，病原体，潜伏期間，感染経路，症状・予後が一覧表として提示されている。中でも「第三種の感染症」の「4　その他の感染症」の記載が拡充されている。全てを精読しておくこと。

【13】②

〈解説〉アナフィラキシー病型は，①食物によるアナフィラキシー，②食物依存性運動誘発アナフィラキシー，③運動誘発アナフィラキシー，④昆虫(ハチなど)，⑤医薬品，⑥その他(ラテックスなど)に分類される。児童生徒に起きるアナフィラキシーの原因は，食物アレルギーが最多であることを知った上で，過去にアナフィラキシーを起こしたことのある児童生徒については，その病型を知り，学校生活における原因を除去することが不可欠である。　イ　学校生活の中で，初めてのアナフィラキシーを起こすこともまれではない。アナフィラキシーを過去に起こしたことのある児童生徒が在籍していない学校でも，アナフィラキシーに関する基礎知識，対処法などに習熟しておく必要がある。ウ　運動誘発アナフィラキシーは，特定もしくは不特定の運動を行う

ことで誘発されるアナフィラキシー症状である。食物依存性運動誘発
アナフィラキシーと違って食事との関連はない。

【14】①
〈解説〉アトピー性皮膚炎は，かゆみのある湿疹が顔や関節などに多く現
　　れ，長く続く病気である。生まれつきアレルギー反応を生じやすく，
　　皮膚表層の水分量が少なく，バリア機能が低下しているところに刺激
　　やアレルゲンが加わって，さらに掻破や様々な悪化因子が加わり皮膚
　　炎が悪化するという悪循環を繰り返していると考えられている。

【15】③
〈解説〉学校管理下とは，①児童生徒等が，法令の規定により学校が編成
　　した教育課程に基づく授業を受けているとき，②児童生徒等が学校の
　　教育計画に基づいて行われる課外指導を受けているとき，③児童生徒
　　等が休憩時間中に学校にあるとき，その他校長の指示又は承認に基づ
　　いて学校にあるとき，他である。

【16】③
〈解説〉事故発生時の対応は，①眼を無理に開かせない，②強く押さえな
　　い，③外傷部分に異物が入らないように覆う，④眼と眼の周辺を清潔
　　に保つ，⑤化学物質が眼に入った場合は，十分に洗い流す，である。

【17】⑤
〈解説〉ア　事故発生時に優先すべきことは，被害児童生徒等の生命と健
　　康であるため，まずは医学的対応(応急手当)を行う。　ウ　救命処置
　　において，意識や呼吸の有無が「分からない」場合には，呼吸と思え
　　た状況が死戦期呼吸である可能性にも留意して，意識や呼吸がない場
　　合と同様の対応とし，速やかに心肺蘇生とAED装着を実施する。
　　オ　学校事故では，意図的でなくても，他の児童生徒等がもう一方の
　　当事者(加害者)となることもあるので，事故にあった本人はもとより，

加害児童生徒等も傷つき，相当の心的負担がかかっていることに留意し，心のケアを十分に行う。

【18】②
〈解説〉本資料において，養護教諭が過去1年間に把握した「心身の健康に関する状況」の「身体に関する主な事項」は，小学校，中学校，高等学校ともにアレルギー疾患(ぜん息，アトピー性皮膚炎，アレルギー性結膜炎，アレルギー性鼻炎，食物アレルギー)が多く，次いで肥満傾向である。「アドレナリン自己注射薬の処方を受けている」は，1000人当たり小学校0.4人，中学校0.3人，高等学校0.3人が持参していたことが示されている。

【19】④
〈解説〉アは，女子の痩身傾向児の出現率が最も高いのは，中学1年生である。　イ　身長の年間発育量は，男子では11歳時に，女子では9歳児に最大の発育量を示している。　ウ　疾病・異常被患率等では，幼稚園及び小学校においては「むし歯(う歯)」が，中学校，高等学校においては「裸眼視力1.0未満」の者の割合が最も高い。　オ　小学校においては，「裸眼視力1.0未満の者」の割合は，女子は30％を超えているが，男子は30％を超えていない。

【20】ア　乾燥　　イ　次亜塩素酸ナトリウム　　ウ　2　　エ　保存　オ　殺菌
〈解説〉ノロウイルスが含まれる可能性のある便や吐物の付着した箇所は，塩素系消毒薬(次亜塩素酸ナトリウム)200ppm程度(市販の塩素濃度5〜6％の漂白剤を約200倍に希釈)で消毒する。

【21】ア　保健教育(保健管理)　　イ　保健管理(保健教育)　　ウ　組織　エ　学校保健目標　　オ　学校教育目標　　カ　計画
〈解説〉学校保健計画は全教職員が取り組む総合的な基本計画であるのに

対し，保健室経営計画は，学校保健計画を踏まえた上で，養護教諭が中心となって取り組む計画である。

【22】

〈解説〉平成28年度からの学校歯科医の基本的な活動指針(日学歯発第292号，平成27年3月24日)が改訂されて，要観察歯(CO)の検出基準が，「要観察歯(CO)」は，視診にて明らかなう窩は確認できないが，う蝕の初期病変の徴候(白濁，白斑，褐色斑)が認められ，放置するとう歯に進行すると考えられる歯である。状態を経時的に注意深く観察する必要のある歯で，記号COを用いる。(ア)小窩裂溝において，エナメル質の実質欠損は認められないが，う蝕の初期病変を疑うような褐色，黒色などの着色や白濁が認められるもの，(イ)平滑面において，エナメル質の実質欠損は認められないが，脱灰を疑うような白濁や褐色斑等が認められるもの，(ウ)そのほか，例えば，隣接面や修復物下部の着色変化，(ア)や(イ)の状態が多数認められる場合等，地域の歯科医療機関との連携が必要な場合が該当する。学校歯科医の所見欄にCO要相談と記入。

【23】ア　肩峰　　イ　肩峰下滑液包　　ウ　腱板　　エ　上腕骨
　　　オ　肩甲骨
〈解説〉児童生徒が肩の痛みを訴えた場合には，年齢によって痛みの原因が異なる。小・中学生では骨の成長線に関するものが多く，高校生では骨よりも腱などの柔らかい組織が損傷されやすく，脱臼も増える。

よく見られるものに，上腕骨近位骨端線障害(リトルリーグ肩)，肩関節脱臼，動揺肩，インピンジメント症候群，関節唇損傷がある(「学校の運動器疾患・障害に対する取り組みの手引」平成21年3月・監修運動器の10年　より)。

【24】ア　保健指導　　イ　予防処置
〈解説〉学校医の職務執行の準則は，本問の一～六以外に，「七　法第2章第4節の感染症の予防に関し必要な指導及び助言を行い，並びに学校における感染症及び食中毒の予防処置に従事すること。　八　校長の求めにより，救急処置に従事すること。　九　市町村の教育委員会又は学校の設置者の求めにより，法第11条の健康診断又は法第15条第1項の健康診断に従事すること。　十　前各号に掲げるもののほか，必要に応じ，学校における保健管理に関する専門的事項に関する指導に従事すること。」の規定がある。

【25】ア　刺激　　イ　対角線　　ウ　まぶしさ　　エ　光源　　オ　発生源
〈解説〉日常における環境衛生は，毎授業日に点検を行うものとされ，その検査項目は，「教室等の環境」，「飲料水等の水質及び施設・設備」，「学校の清潔及びネズミ，衛生害虫等」，「水泳プールの管理」である。検査項目に対して，それぞれ環境衛生検査の基準が定められている。学校環境衛生基準は頻出問題である。

2017年度　実施問題

【1】次の(1)～(3)の各文は,「子どもの心身の健康を守り,安全・安心を確保するために学校全体としての取組を進めるための方策について」(答申)(平成20年1月中央教育審議会)「Ⅱ　学校保健の充実を図るための方策について」「2.学校保健に関する学校内の体制の充実」の一部を抜粋したものである。文中の下線部a～eについて,正しいものを○,誤っているものを×としたとき,正しい組合せをあとの　　　の①～⑤から一つ選びなさい。

(1) 深刻化する子どもの現代的な_a健康課題の解決に向けて,学級担任や教科担任等と連携し,養護教諭の有する知識や技能などの専門性を保健教育に活用することがより求められていることから,学級活動などにおける保健指導はもとより専門性を生かし,ティーム・ティーチングや兼職発令を受け保健の領域にかかわる授業を行うなど保健学習への参画が増えており,養護教諭の_b保健教育に果たす役割が増している。

(2) 近年,社会的な問題となっているいじめや児童虐待などへの対応に当たっては,_cすべての教職員がそれぞれの立場から連携して組織的に対応するための_d学校保健委員会の充実を図るとともに,家庭や,地域の関係機関等との連携を推進していくことが求められている。

(3) 子どもの健康づくりを効果的に推進するためには,学校保健活動のセンター的役割を果たしている保健室の経営の充実を図ることが求められる。そのためには,養護教諭は_e学校保健安全計画を立て,教職員に周知を図り連携していくことが望まれる。

	a	b	c	d	e
①	×	○	×	○	○
②	○	×	×	○	×
③	×	○	○	×	○
④	○	○	○	×	×
⑤	○	×	×	×	○

(☆☆☆☆◎◎◎)

【2】次の表は，小学校学習指導要領解説体育編(平成20年文部科学省)
「第3章　各学年の目標及び内容」「第3節　第5学年及び第6学年の目標
及び内容」「2　内容」「G　保健」「(2)　けがの防止」の一部を抜粋し
たものである。表中の(A)~(E)に当てはまる語句を語群a~jか
ら選んだとき，正しい組合せをあとの□の①~⑤から一つ選びな
さい。ただし，同じ記号には同じ語句が入る。

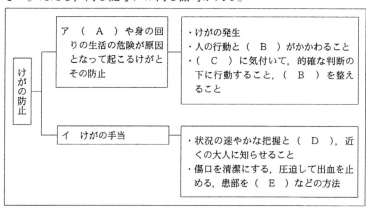

《語群》

a　環境　　　　b　周囲の危険　　c　心理状態　　d　記録
e　処置　　　　f　交通事故　　　g　温める　　　h　負傷者の有無
i　自然災害　　j　冷やす

227

	A	B	C	D	E
①	i	a	b	d	g
②	f	c	h	e	g
③	i	c	b	e	g
④	f	a	b	e	j
⑤	f	c	h	d	j

(☆☆☆○○○)

【3】次の文は，中学校学習指導要領解説保健体育編(平成20年文部科学省)「第2章　保健体育科の目標及び内容」「第2節　各分野の目標及び内容」〔保健分野〕「2　内容」「(4)　健康な生活と疾病の予防」の一部を抜粋したものである。文中の(A)～(E)に当てはまる語句を語群a～jから選んだとき，正しい組合せを，あとの□の①～⑤から一つ選びなさい。

> ウ　喫煙，飲酒，薬物乱用と健康
> 　(ア)　喫煙と健康
> 　　　喫煙については，たばこの煙の中にはニコチン，タール及び一酸化炭素などの有害物質が含まれていること，それらの作用により，毛細血管の(A)，心臓への負担，運動能力の低下など様々な(B)が現れること，また，常習的な喫煙により，肺がんや心臓病など様々な病気を起こしやすくなることを理解できるようにする。
> 　(イ)　飲酒と健康
> 　　　特に，未成年者の飲酒については，身体に大きな影響を及ぼし，(C)の作用などにより(D)になりやすいことを理解できるようにする。
> 　(ウ)　薬物乱用と健康
> 　　　薬物乱用については，覚せい剤や(E)を取り上げ，摂取によって幻覚を伴った激しい急性の錯乱状態や急死などを引き起こすこと，薬物の連用により，依存症状が現れ，

228

> 中断すると精神や身体に苦痛を感じるようになるなど様々な障害が起きることを理解できるようにする。

《語群》

a	依存症	b	急性影響	c	拡張
d	シンナー	e	身体症状	f	エチルアルコール
g	急性中毒	h	メチルアルコール	i	収縮
j	大麻				

	A	B	C	D	E
①	c	b	h	a	j
②	c	b	f	g	d
③	i	e	f	g	d
④	i	e	h	a	d
⑤	i	b	f	a	j

(☆☆☆◎◎◎)

【4】次の図は,「[改訂版] 学校環境衛生管理マニュアル」(平成22年3月文部科学省)及び中学校学習指導要領保健体育編(平成20年文部科学省)に示された環境及び身体の環境に対する適応能力等を,中学校保健体育科保健分野の単元「健康と環境の学習」において,生徒用に作成したワークシートにまとめたものである。ワークシート中の(ア)～(カ)に当てはまる数字または語句を語群a～lから選んだとき,正しい組合せを,あとの[　]の①～⑤から一つ選びなさい。ただし,同じ記号には同じ数字または語句が入る。

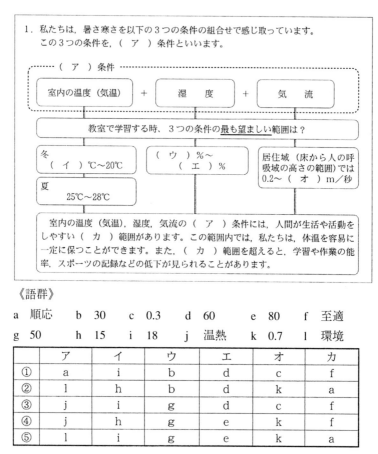

1. 私たちは，暑さ寒さを以下の３つの条件の組合せで感じ取っています。
   この３つの条件を，（　ア　）条件といいます。

（　ア　）条件

| 室内の温度（気温） | ＋ | 湿　度 | ＋ | 気　流 |

教室で学習する時、３つの条件の最も望ましい範囲は？

| 冬
（　イ　）℃〜20℃ | （　ウ　）％〜
（　エ　）％ | 居住域（床から人の呼吸域の高さの範囲）では
0.2〜（　オ　）m／秒 |
| 夏
25℃〜28℃ | | |

室内の温度（気温），湿度，気流の（　ア　）条件には，人間が生活や活動をしやすい（　カ　）範囲があります。この範囲内では，私たちは，体温を容易に一定に保つことができます。また，（　カ　）範囲を超えると，学習や作業の能率，スポーツの記録などの低下が見られることがあります。

《語群》

| a | 順応 | b | 30 | c | 0.3 | d | 60 | e | 80 | f | 至適 |
| g | 50 | h | 15 | i | 18 | j | 温熱 | k | 0.7 | l | 環境 |

	ア	イ	ウ	エ	オ	カ
①	a	i	b	d	c	f
②	l	h	b	d	k	a
③	j	i	g	d	c	f
④	j	h	g	e	k	f
⑤	l	i	g	e	k	a

(☆☆☆◎◎◎)

【5】次のア〜オの各文は，「児童生徒等の健康診断マニュアル（平成27年度改訂）」(平成27年8月公益財団法人日本学校保健会)の視力について述べたものである。正しいものを○，誤っているものを×としたとき，正しい組合せを，あとの　　　の①〜⑤から一つ選びなさい。

　ア　視力表(視標)は，原則5m用を使用する。ただし，十分な距離がとれない場合は，3m用でも可とする。

イ　視力表については，国際基準に準拠したランドルト環を使用した視力表の0.3，0.7，1.0の視標を使用する。破損，変色，しわのある視標は使用しない。

ウ　視標面の照度は，100ルクスから300ルクスとすること。また，検査場の照度は，視力表の照度の基準を超えず，またその基準の10分の1以下であることが望ましい。

エ　視力の判定については，視標の上下左右4方向のうち2方向以上を正答した場合，「正しく判別」と判定する。

オ　幼児，小学校低学年の児童では，並列(字づまり)視力表では読みわけ困難のために視力が出にくいので，単独(字ひとつ)視力表を使用する。

	ア	イ	ウ	エ	オ
①	×	×	×	○	○
②	○	×	○	○	×
③	×	○	○	○	×
④	○	○	×	×	○
⑤	○	○	○	×	×

(☆☆☆◎◎◎)

【6】次の表は，「児童生徒等の健康診断マニュアル(平成27年度改訂)」(平成27年8月公益財団法人日本学校保健会)の皮膚科関連の感染症について述べたものである。表中の(ア)～(オ)に当てはまる疾患名を，語群a～eから選んだとき，正しい組合せを，あとの□□の①～⑤から一つ選びなさい。

| (ア) | ヒト乳頭腫ウイルスによる感染症で，手足の微小な擦過傷に感染し，結節を作る。足底にできたものは，鶏眼（うおのめ），胼胝（たこ）と間違われて放置されることが多い。次第に増数，増大する。 |
| (イ) | ヒゼンダニによる感染症で，強いかゆみを伴う。家族に同様の症状があり，指間や陰部に丘疹を認めることが多い。診断は，顕微鏡で虫卵や虫体を確認する。 |

		内容
（　ウ　）		近年，柔道やレスリングなどの組み合って行うスポーツ選手に流行している白癬症の一つである。臨床的には，脱毛や湿疹様の皮膚症状を示す。
（　エ　）		多くは黄色ブドウ球菌による感染症で，水泡やびらんを形成する。登校可能だが，感染予防のため患部を覆う。
（　オ　）		皮膚と皮膚の接触によって感染する。そのためプールでの感染が多い。自然消退する場合もあるが，回復までに6〜12ヵ月，時には数年を要する。

《語群》

a　伝染性膿痂疹　　b　伝染性軟属腫　　c　トンズランス感染症
d　疥癬　　　　　　e　尋常性疣贅

	ア	イ	ウ	エ	オ
①	e	b	a	c	d
②	c	d	a	e	b
③	b	e	c	d	a
④	c	b	e	a	d
⑤	e	d	c	a	b

(☆☆☆◎◎◎)

【7】次の各文は，「［改訂版］学校環境衛生管理マニュアル」(平成22年3月文部科学省)「Ⅱ　学校環境衛生基準」「第4　水泳プールに係る学校環境衛生基準」の一部について述べたものである。文中の（　ア　）〜（　オ　）に当てはまる数字または語句を，語群a〜hから選んだとき，正しい組合せを，あとの◯◯◯の①〜⑤から一つ選びなさい。

○　大腸菌検査の検体の採水場所は，プール全体の水質が把握できる場所とし，長方形のプールではプール内の対角線上のほぼ等間隔の位置で，水面下約（　ア　）cm付近の（　イ　）か所以上を原則とする。

○　大腸菌が検出された場合は，プール内の（　ウ　）の基準が，常に保たれていなかったと考えられる。

○　水素イオン濃度は，pH値5.8以上8.6以下であること。この範囲を超えて水が（　エ　）に傾くと，浄化能力が低下し，逆に（　オ　）に傾くと消毒用の塩素剤の効果が低下することから，中性付近を維持

232

することによって，効率的な浄化，消毒を行うことができる。

《語群》

a 2　　　　　　　　b 3　　　c 総トリハロメタン濃度

d 遊離残留塩素濃度　　e 20　　f 30

g アルカリ性　　　　　h 酸性

	ア	イ	ウ	エ	オ
①	e	b	d	h	g
②	f	a	d	h	g
③	f	b	c	h	g
④	e	a	c	g	h
⑤	e	b	c	g	h

(☆☆☆◯◯◯)

【8】次のア～オの各文は，気管支ぜん息について述べたものである。正しいものを◯，誤っているものを×としたとき，正しいものの組合せを，あとの　　の①～⑤から一つ選びなさい。

ア　ぜん息患者の性別には，小児では男児が2倍多く，成人では，男女ほぼ同数か男性がやや多い。

イ　気管支ぜん息(小児)の原因は，ダニ(死骸やフン)，ハウスダスト(ダニの死骸やフンを含んだほこり)，ペットの毛やフケ，カビ，花粉などのアレルゲンに対するアレルギー反応が気道で慢性的に起きることによるものが多い。

ウ　気管支ぜん息の大発作から症状が増悪して呼吸不全になると，ぜん鳴がひどくなる。

エ　チェーン＝ストークス(Cheyne-Stokes)型呼吸とは，左心不全や肺の疾患で呼吸困難がある場合，それを和らげるため上半身を起こしてものに寄りかかる姿勢で，座ったままの体位で行う呼吸である。

オ　発作が起きたときには，ゆっくりと腹式呼吸をして，痰(たん)が出るようであれば，水を飲んで痰を吐き出しやすくする。

	ア	イ	ウ	エ	オ
①	○	○	×	○	×
②	○	×	×	×	○
③	×	○	○	○	×
④	○	×	○	×	×
⑤	×	○	×	×	○

(☆☆☆☆○○○)

【9】次のア～オの各文は，血糖値について述べたものである。正しいも
のを○，誤っているものを×としたとき，正しい組合せを，下
の　　　の①～⑤から一つ選びなさい。

　ア　血糖値を下げるインスリンと，血糖値を上げるグルカゴンは，同
　　じ膵臓から分泌される。

　イ　血糖値の上昇を感知した視床下部は，副交感神経を通してランゲ
　　ルハンス島のβ細胞を刺激し，インスリンを分泌させる。

　ウ　インスリンの働きにより，グリコーゲンは身体の細胞に取り込ま
　　れる。余分なグリコーゲンは，グルコースに変換される。

　エ　血糖値が高い状態を高血糖という。1型糖尿病の治療にはインス
　　リン注射が不可欠であり，治療中には，高血糖による糖尿病性昏睡
　　に気を付けなければならない。

　オ　食事をしてから1時間以内に測った血糖値が100mg/dl以上ある場
　　合，食後高血糖と判断される。

	ア	イ	ウ	エ	オ
①	○	×	×	○	○
②	○	○	×	○	×
③	×	○	○	○	×
④	○	×	○	×	×
⑤	×	○	○	×	○

(☆☆☆○○○)

【10】次のア〜オの各文は，ヒトの免疫のしくみについて述べたものである。正しいものを○，誤っているものを×としたとき，正しい組合せを，下の□の①〜⑤から一つ選びなさい。

ア　白血球は，好中球やマクロファージ，樹状細胞，リンパ球などに分けられる。好中球には，T細胞とB細胞があり，T細胞には，ヘルパーT細胞とキラーT細胞がある。樹状細胞やマクロファージは，食作用で取り込んだ異物の情報を好中球に伝える働きをもつ。

イ　病原体などの異物(抗原)が体内に侵入すると，B細胞でつくられる抗体と呼ばれる物質が働き，異物は排除される。このような抗体の作用による獲得免疫を体液性免疫という。体液性免疫は，抗原に感染した細胞に対しては作用しない。

ウ　HIVは，体液性免疫と細胞性免疫の両方で重要な働きをするヘルパーT細胞に感染する。感染によってヘルパーT細胞が破壊されると，獲得免疫が正常に働かなくなる。

エ　ウイルスや結核菌などは，体内の細胞に感染すると，その中で増殖する。このような感染細胞には，マクロファージが直接結合して作用し，感染細胞を破壊する。このような免疫を細胞性免疫と呼ぶ。

オ　抗体は免疫グロブリン(Ig)ともよばれ，血漿タンパク質のγグロブリンである。Igには，IgG，IgM，IgA，IgE，IgDの5種類があり，IgEの過剰に産生されると，アレルギー性鼻炎や気管支ぜん息などのアレルギー性疾患の原因となる。

	ア	イ	ウ	エ	オ
①	○	○	×	×	○
②	×	○	×	○	×
③	×	○	○	×	○
④	×	×	○	○	○
⑤	○	×	○	○	×

(☆☆☆☆○○○)

【11】 次のア～オの各文は，「教職員のための子どもの健康観察の方法と問題への対応」(平成21年3月文部科学省)「第6章　主な疾患等の解説」の一部について述べたものである。正しいものを○，誤っているものを×としたとき，正しい組合せを，あとの　　　　の①～⑤から一つ選びなさい。

ア　チックは，幼児期に発症することが多いが，多くは1年以内で治まり，大きな問題にはならない。一方，症状が1年以上持続し，運動チックと音声チックの両方がある場合はブルガダ症候群と呼ばれ，専門医による治療を要することが多い。

イ　統合失調症は，幻覚や妄想が代表的な症状であるが，なかには幻覚や妄想がなく，日常生活が徐々にだらしなくなり，独語(ひとり言)や空笑(ひとり笑い)が出現し，部屋に閉じこもるという形の症状や，短期間のうちに急激に支離滅裂(つじつまの合わないことを口にする)となり，興奮して行動がまとまらなくなるという急性錯乱で発症することもある。

ウ　選択性緘黙は，単なる人見知りや恥ずかしがりではなく，言語を話す機能に障害がないのに，特定の場面，例えば，教室の中や決まった人物に対して話をすることができない状態を指す。集団が苦手なため不登校となることもあるが，家庭では問題なく過ごしていることが多いため介入が遅れがちとなり，不登校の長期化を招きやすい点に注意が必要である。

エ　てんかんとは，てんかん発作を繰り返す疾患であるが，発作の症状は意識喪失やけいれんに限らず様々なものが含まれる。てんかん発作は大脳の異常な神経活動によるものである。

オ　双極性障害では，軽い躁病よりも重い躁状態(重躁病)が見られることが多い。躁状態では，上機嫌なため，家族やクラスメイトとのトラブルに発展することはない。

	ア	イ	ウ	エ	オ
①	×	○	○	○	×
②	○	○	×	×	×
③	×	○	×	○	○
④	○	×	○	×	○
⑤	○	×	×	○	×

(☆☆☆○○○)

【12】次のア～オの各文は，自動体外式除細動器(AED)の電極パッドの取扱いについて述べたものである。正しいものを○，誤っているものを×としたとき，正しい組合せを，下の□の①～⑤から一つ選びなさい。

ア　一度貼った電極パッドは，医師または救急隊に引き継ぐまでは絶対にはがさず，電源も切らず，そのまま心肺蘇生を続ける。

イ　電極パッドは繰り返し使用できるので，適切に保管することが必要である。

ウ　電極パッドは正しい位置に貼ることが大切なので，胸部の皮下に硬いこぶのような出っ張りがある場合，出っ張り部分の上に貼ることが必要である。

エ　傷病者の胸部が水や汗で濡れている場合は，水分を拭き取らずに，直ちに電極パッドを貼ることが大切である。

オ　電極パッドと体表のすき間に空気が入っていると電気ショックが正しく行われないため，電極パッドは傷病者の胸部に密着させることが大切である。

	ア	イ	ウ	エ	オ
①	○	×	○	○	×
②	×	○	×	○	×
③	○	○	×	×	○
④	×	○	○	×	×
⑤	○	×	×	×	○

(☆☆☆○○○)

【13】次の①〜⑤の各文は,「学校の管理下における歯・口のけが防止必携」(平成20年8月独立行政法人日本スポーツ振興センター)の「歯・口のけが」及び「災害給付」について述べたものである。適切でないものを,次の①〜⑤から一つ選びなさい。

①　「歯・口のけが」には,「歯の傷害」と「歯の障害」がある。「歯の傷害」とは,歯を外力によって傷つけ損なうことをいい,「歯の障害」とは,歯を損なった結果,歯の機能を果たさない状態をいう。

②　傷害を傷病別に見ると,「亜脱臼」,「歯牙破折」,「脱臼」の3種類が多くを占めている。小学生など年齢が低い場合には,骨に弾力があるので,歯は折れずに抜けることが多く,年齢が上がってくると折れることが多くなる。

③　歯の治療については,保険診療と自由診療の場合があるが,日本スポーツ振興センターの給付対象は保険診療の範囲である。自由診療の場合も保険診療としての算定が可能な場合は給付対象となるが,この場合,支給額は自由診療の額を保険診療の単価で算定した額の4割となる。

④　日本スポーツ振興センターの障害見舞金は,2本以上の歯に欠損補綴や歯冠修復を加えた場合が対象となる。また,歯の一部の修復(充填・インレー)も補綴の本数として数えることができる。

⑤　「歯・口のけが」の応急手当で重要なことは,「抜けたり折れたりした歯を乾燥させず,いかに早く元に戻すか」である。抜けたり破折したりした歯を保存液に浸し,口をぬるま湯で軽くすすぎ,汚れや血を流し,保存液につけた歯を持って歯科医院等で処置をする。

(☆☆☆◎◎◎)

【14】次の①〜⑤の各文は,コンタクトレンズについて述べたものである。適切でないものを次の①〜⑤から一つ選びなさい。

①　コンタクトレンズ装用者は年々増加し,それに伴いコンタクトレンズによる眼障害が増加している。

②　コンタクトレンズの汚れには,細菌,カビ,蛋白,脂肪などがあ

り，洗浄には，洗浄液によるこすり洗いが最も効果的である。

③　コンタクトレンズによる眼障害の多くは，軽い障害で始まり，次第に重篤な障害へ発展していく。障害が軽いうちは自覚症状がないため，必ず定期検査を受けることが大切である。

④　巨大乳頭結膜炎は，上まぶたの裏側にぶつぶつ(乳頭)が生じるアレルギーであり，かゆみや目やにが増加する。ハードコンタクトレンズ装用者に多くみられるアレルギーであり，レンズの汚れとは無関係である。

⑤　コンタクトレンズ装用による機械的刺激などにより角膜に傷がついた状態でアカントアメーバが付着すると，アカントアメーバが角膜に侵入し感染が成立する。この角膜感染症は，充血，視力障害，強い眼痛等の症状を示し，失明に至る恐れもある難治性の角膜疾患である。

(☆☆☆○○○)

【15】次のグラフは，「学校におけるアレルギー疾患対応資料」(文部科学省)のうち，即時型食物アレルギーの5つの誘発症状を示したものである。なお，即時型食物アレルギーとは，原因食物摂食後，通常2時間以内に出現するアレルギー反応による症状を示す。

　　グラフ中の(　ア　)に当てはまる症状を，あとの　　　の①～⑤から一つ選びなさい。

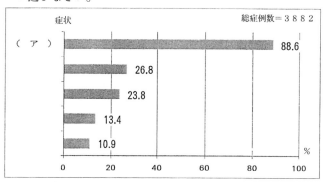

日本小児アレルギー学会食物アレルギー委員会「食物アレルギー診療ガイドライン2012」より一部抜粋し引用　文部科学省・(公財)日本学校保健会

	症　状	具体的症状
①	消化器症状	嘔吐，下痢，血便など
②	皮膚症状	じんましん，湿疹，血管性浮腫など
③	全身性症状	アナフィラキシー，アナフィラキシーショック
④	粘膜症状	結膜充血，くしゃみ，鼻汁，咽頭の痒み，イガイガ感など
⑤	呼吸器症状	喉頭絞扼感，嗄声，咳嗽など

(☆☆☆○○○)

【16】次の図は，ヒトの内臓の一部を表したものである。図中の（　ア　）
〜（　オ　）に当てはまる語句の正しい組合せを，あとの□□□の①〜⑤
から一つ選びなさい。ただし，同じ記号には同じ語句が入る。

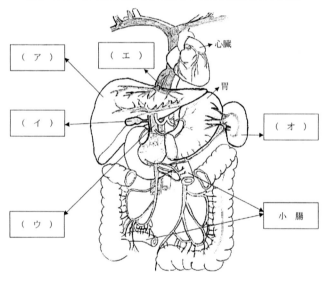

（　ウ　）は，腹腔内の消化器官及び（　オ　）から血液を集めて，
（　ア　）に運ぶ大切な静脈である。

	ア	イ	ウ	エ	オ
①	肝臓	胆のう	肝門脈	肝静脈	腎臓
②	肝臓	ひ臓	肝静脈	肝動脈	腎臓
③	膵臓	ひ臓	肝門脈	肝静脈	腎臓
④	膵臓	胆のう	肝静脈	肝動脈	ひ臓
⑤	肝臓	胆のう	肝門脈	肝静脈	ひ臓

(☆☆☆◎◎◎)

【17】次の各文は，がん対策基本法の条文の一部について示したものである。文中の下線部a～eについて，正しいものを○，誤っているものを×としたとき，正しい組合せを，下の◻◻の①～⑤から一つ選びなさい。

第1条　この法律は，我が国のがん対策がこれまでの取組により進展し，成果を収めてきたものの，なお，がんが国民の疾病による<u>死亡の最大</u>の原因となっている等がんが国民の_b<u>生命</u>及び健康にとって重大な問題となっている現状にかんがみ，がん対策の一層の充実を図るため，がん対策に関し，基本理念を定め，国，地方公共団体，医療保険者，国民及び医師等の責務を明らかにし，並びにがん対策の推進に関する計画の策定について定めるとともに，がん対策の基本となる事項を定めることにより，がん対策を総合的かつ計画的に推進することを目的とする。

第6条　国民は，喫煙，_c<u>食生活</u>，_d<u>睡眠</u>その他の生活習慣が健康に及ぼす影響等がんに関する正しい知識を持ち，がんの予防に必要な注意を払うよう努めるとともに，必要に応じ，_e<u>生活習慣病予防健診</u>を受けるよう努めなければならない。

	a	b	c	d	e
①	×	○	○	○	×
②	○	○	○	×	×
③	×	○	×	×	○
④	○	×	×	○	○
⑤	×	×	○	×	○

(☆☆☆◎◎◎)

【18】 次のア～オの各文は，「平成28年我が国の人口動態(平成26年までの動向)」(厚生労働省)及び「平成26年度学校保健統計調査(確定値)」(文部科学省)の調査結果について示したものである。正しいものを○，誤っているものを×としたとき，正しい組合せを，下の□□の①～⑤から一つ選びなさい。

ア　平成26年の溺死を月別にみると，冬季より夏季の死亡数が多い。

イ　平成26年の性・年齢階級別にみた死因順位において，10～14歳の死因は，男女とも1位は自殺，2位は不慮の事故である。

ウ　出生数は，平成22年から減少し続けている。

エ　むし歯(う歯)のうち，未処置歯のある者の割合が，福岡県においては，小学校，中学校において，男女とも30％を超えている。

オ　平成18年度に比べ，平成26年度の肥満傾向児の出現率は低下している。

	ア	イ	ウ	エ	オ
①	○	×	○	○	×
②	○	○	×	×	○
③	×	×	○	×	○
④	×	○	○	×	×
⑤	×	○	×	○	○

(☆☆☆◎◎◎)

【19】 次の各文は，学校保健安全法の一部である。文中の(ア)，(イ)に当てはまる語句を条文のとおりに答えなさい。

《学校保健安全法》

第19条　校長は，感染症にかかつており，かかつている疑いがあり，又はかかるおそれのある児童生徒等があるときは，政令で定めるところにより(ア)させることができる。

第20条　学校の設置者は，感染症の予防上必要があるときは，臨時に，学校の全部又は一部の(イ)を行うことができる。

(☆☆☆◎◎◎)

【20】次の文は，学校保健安全法施行規則の一部である。文中の(ア)，
(イ)に当てはまる語句を条文のとおりに答えなさい。ただし，同
じ語句を二度使ってもよい。

第21条

2 校長は，学校内に，感染症の病毒に汚染し，又は汚染した疑いが
ある物件があるときは，(ア)その他適当な処置をするものとす
る。

3 学校においては，その附近において，第一種又は第二種の感染症
が発生したときは，その状況により適当な(イ)を行うものとす
る。

(☆☆☆◎◎◎)

【21】次の文は，「学校保健安全法施行規則の一部改正等について(通知)」
(平成26年4月文部科学省スポーツ・青少年局長)を一部抜粋したもので
ある。文中の(A)～(E)に当てはまる語句を答えなさい。ただ
し，同じ記号には同じ語句が入る。

Ⅱ 改正の概要

1 児童生徒等の健康診断

(1) 検査の項目並びに方法及び技術的基準(第6条及び第7条関係)

ア (A)の検査について，必須項目から削除すること。

イ (B)の有無の検査について，必須項目から削除するこ
と。

ウ 「(C)の状態」を必須項目として加えるとともに，
(C)の状態を検査する際は，(C)の形態及び発育並び
に(D)の機能の状態に注意することを規定すること。

(2) (E)(第11条関係)

学校医・学校歯科医がより効果的に健康診断を行うため，
(E)の実施時期を，小学校入学時及び必要と認めるときか
ら，小学校，中学校，高等学校及び高等専門学校においては全
学年(中等教育学校及び特別支援学校の小学部，中学部，高等

243

部を含む。)において，幼稚園及び大学においては必要と認める
ときとすること。

(☆☆☆◎◎◎)

【22】次の文は，「児童生徒等の健康診断マニュアル(平成27年度改訂)」
(平成27年8月公益財団法人日本学校保健会)の体重について述べたもの
である，文中の(ア)，(イ)に当てはまる語句を答えなさい。た
だし，同じ記号には同じ語句が入る。

体重は身長と同じく身体の成長状態を評価するための基本的な指標
である。体重の成長についても，身長の成長と同じく，(ア)と
(イ)を描いて検討する必要がある。また，体重は身長に対比して
適正であるのかを検討する。身長に対比して体重を評価する指標が肥
満度である。

(☆☆☆◎◎◎)

【23】次の児童の身長・体重をもとに，「児童生徒の健康診断マニュアル
(平成27年度改訂)」(平成27年8月公益財団法人日本学校保健会)に示さ
れた方法を用いて下の(1)，(2)の各問いに答えなさい。

○　10歳女子(身長：145cm，体重：32kg)

(1)　この児童の身長別標準体重を求めなさい。

なお，計算の際は，次の表(身長別標準体重を求める係数)を用い
ること。

《表》　身長別標準体重を求める係数

	男		女				男		女	
	a	b	a	b			a	b	a	b
5	0.386	23.699	0.377	22.750		12	0.783	75.642	0.796	76.934
6	0.461	32.382	0.458	32.079		13	0.815	81.348	0.655	54.234
7	0.513	38.878	0.508	38.367		14	0.832	83.695	0.594	43.264
8	0.592	48.804	0.561	45.006		15	0.766	70.989	0.560	37.002
9	0.687	61.390	0.652	56.992		16	0.656	51.822	0.578	39.057
10	0.752	70.461	0.730	68.091		17	0.672	53.642	0.598	42.339
11	0.782	75.106	0.803	78.846						

(2)　(1)で求めた身長別標準体重を使用して肥満度を計算した結果，こ

の児童の肥満度は，−15.3％であった。

　このとき，この児童について，肥満度に基づく判定をした場合，「やせ傾向」「普通」「肥満傾向」のいずれとなるか，1つ選んで答えなさい。

(☆☆☆◎◎◎)

【24】次の表は，「児童生徒等の健康診断マニュアル(平成27年度改訂)」(平成27年8月公益財団法人日本学校保健会)の児童生徒健康診断票(歯・口腔)の歯式の記入について述べたものである。表中の(ア)～(ウ)に当てはまる記号を答えなさい。

記　号	説　　　明
(ア)	後継永久歯や歯列に障害を及ぼすおそれ等があり，保存の適否を慎重に考慮する必要があると認められる乳歯。
(イ)	むし歯が原因で喪失した永久歯。乳歯には用いない。
(ウ)	充填・補綴によって歯の機能を営むことのできる歯。

(☆☆☆◎◎◎)

【25】次の図は，ヒトの呼吸器の構造を表したものである。図中の(ア)～(カ)に当てはまる数字または語句を記入しなさい。

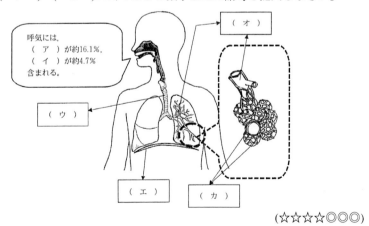

(☆☆☆◎◎◎)

解答・解説

【1】④

〈解説〉いじめや虐待などへの対応に当たっては，すべての教職員がそれぞれの立場から連携して組織的に対応するための校内組織体制の充実を図ることが求められている。「学校保健委員会」は，出題の答申において，「学校における健康に関する課題を研究協議し，健康づくりを推進するための組織である」と述べられており，「学校保健委員会は，校長，養護教諭・栄養教諭・学校栄養職員などの教職員，学校医，学校歯科医，学校薬剤師，保護者代表，児童生徒，地域の保健関係機関の代表などを主な委員とし，保健主事が中心となって，運営すること」とされているとともに，「学校保健計画に規定すべき事項として位置付けられている」のである。また，保健室の経営の充実を図るために，養護教諭は保健室経営計画を立て，教職員に周知し連携していくことが望まれている。なお，学校安全計画に関しては，児童生徒等の安全の確保を図ることを目的に，学校保健安全法第27条に規定されているため，確認しておこう。

【2】④

〈解説〉第5・6学年では，けがの防止について，けがが発生する原因や防止の方法について理解できるようにするとともに，けがの簡単な手当ができるようにすることにより，健康で安全な生活を営む資質や能力を育てることを，目標としている。事故や犯罪被害によるけがや死亡が少なくないこと，それらは人の行動や環境がかかわって発生していることを知り，防止の方法や環境整備についても理解できるように指導する。また，手当については，状況把握や大人を呼ぶこととともに，すり傷，鼻出血，やけどや打撲などを適宜取り上げ，実習を通して簡単な手当ができるようにするのである。学習指導要領の該当部分などは習熟しておこう。

【3】⑤

〈解説〉小学校では，健康の大切さや健康によい生活，病気の起こり方や予防などについて学習しているが，中学校では，人間の健康は主体と環境がかかわり合って成り立つこと，健康を保持増進し疾病を予防するためには，それにかかわる要因に対する適切な対策があることについて理解できるようにする必要がある。そこで，生活行動と健康に関する内容として，喫煙，飲酒，薬物乱用などの行為は，心身に様々な影響を与え，健康を損なう原因となること，また，これらの行為には，個人の心理状態や人間関係，社会環境が影響することを知り，それぞれの要因に適切に対処する必要があることを学ぶのである。

【4】③

〈解説〉「学校環境衛生管理マニュアル」によると，季節や地域によって違いはあるが，児童生徒等に生理的，心理的に負担をかけない最も学習に望ましい条件は，冬期で18〜20℃，夏期で25〜28℃程度である。日本の気候の特徴が夏は高湿，冬は低湿であることを踏まえ，教室内の湿度は30〜80%が望ましいとされている。最も望ましい条件は50〜60%程度である。室内には適度な空気の動きが必要であるが，強い気流は不快感を伴う。窓等の開放による自然換気の場合も適度な気流が必要であるが，冷暖房機等使用時には，室内は0.5m/秒以下であることが望ましい。特に，教室の居住域(床から人の呼吸域の高さの範囲)では0.2〜0.3m/秒前後が最も望ましい。とある。本資料に示された数字なども習熟しておこう。

【5】④

〈解説〉「児童生徒等の健康診断マニュアル」では，視力表は，国際標準に準拠したランドルト環を使用する。視力表(視標)から5m離れた床上に印を付けておく。視標面の照度は500〜1000ルクスとする。視標の4方向のうち正答が2方向以下の場合は「判別できない」とし，4方向のうち3方向を正答できれば「正しい判別」と判定するのである。

【6】⑤

〈解説〉健康診断を実施する際に，念頭に置いた方がよい皮膚科関連の感染症である。いずれも，学校において予防すべき感染症においては，「その他の感染症(第三種の感染症)」として扱われている。学校で通常見られないような重大な流行が起こった場合に，その感染拡大を防ぐために，必要があるときに限り，学校医の意見を聞き，校長が第三種の感染症として緊急的に措置をとることができるものとして定められているものである。

【7】①

〈解説〉遊離残留塩素はプール水の消毒管理の指標であり，一定濃度の保持は，感染症予防等プールの衛生管理において重要な意義をもっている。細菌やウイルス等のプールで感染する可能性のある病原体に対して消毒効果を得るためには，0.4mg/l以上が必要とされている。pH値を測定するための検体の採水場所は，大腸菌と同様である。

【8】⑤

〈解説〉ぜん息は，治療開始前の重症度で，間欠型，軽症持続型，中等症持続型，重症持続型に分類される。重症持続型は，咳嗽，喘鳴が毎日持続し，週に1～2回，中・大発作となり日常生活や睡眠が障害されるものと示されている。また，呼吸困難時に上半身を起こしオーバーテーブルなどにもたれかかり，前傾を保つ姿勢を起座位，後ろに寄りかかる姿勢をファーラー位という。チェーン＝ストークス型呼吸とは，異常呼吸の1つであり，徐々に1回換気量が増加し大きな呼吸となったあと，次第に呼吸が小さくなり1回換気量が減少するという周期が繰り返される呼吸のことである。重症心不全・脳疾患・薬物中毒などが原因となる。

【9】②

〈解説〉インスリンは，グルコース(ブドウ糖)の細胞内への取り込みを促

進する働きと，肝臓や筋肉でグルコース(ブドウ糖)からグリコーゲン
(貯蔵糖)が合成されることを促進する働きをもつ。それにより血糖値
が低下し，一定の値を保つことができる。しかし，インスリンの量が
少なかったり，分泌されても働きが弱かったりすることにより，血糖
値が高い状態が続く疾患を糖尿病という。

【10】③
〈解説〉リンパ球には，T細胞とB細胞があり，T細胞にはヘルパーT細胞
とキラーT細胞の2種類がある。樹状細胞やマクロファージは食細胞で
取り込んだ異物の情報をヘルパーT細胞などに伝える働きをもち，こ
れを抗原提示と呼ぶ。これにより，病原体に対する特異的な免疫の獲
得を誘導し，ヘルパーT細胞の指令を受けたキラーT細胞が，異物を攻
撃する。これを細胞性免疫という。一方，ヘルパーT細胞がマクロフ
ァージから受け取った情報をもとに，B細胞に抗体を作るよう指示を
出し，抗原抗体反応により異物を排除することを，体液性免疫という。

【11】①
〈解説〉チックは小学生に発症することが多く，子どもの10～20%が一時
的にチック障害に当てはまるともいわれているが，多くは１年以内で
治まり，大きな問題にはならない。症状が１年以上持続し，運動チッ
クと音声チックの両方がある場合はトゥレット症候群(トゥレット障
害)と呼ばれ専門医による治療を要することが多い。ブルガダ症候群と
は，心室細動が原因で突然心臓が停止し，死亡する可能性がある病気
の一群のことである。双極性障害では，重い躁病よりも軽度な躁状態
が見られることが多いため，単にテンションが高いと受け取られ，病
的には見えないことがある。しかし，躁状態では，上機嫌だけではな
く，ささいなことで怒り発作が誘発され，家族やクラスメートとのト
ラブルに発展することもあることを知っておきたい。

【12】⑤

〈解説〉電極パッドは使い捨てのため，使用後は必ず交換する。使用期限
　　があるため，未使用であっても使用期限に達したときには交換が必要
　　である。また，貼り付ける位置にでっぱりがある場合，でっぱりを避
　　けて電極パッドを貼り付ける。このでっぱりは，ペースメーカーや
　　ICD(植込み型除細動器)である可能性が高い。胸の部分が濡れている場
　　合は，電気ショックの電気が体の表面の水を伝わって流れてしまい，
　　電気ショックによる十分な効果が得られないことから，タオルや布で
　　胸を拭いてから電極パッドを貼り付ける。

【13】④

〈解説〉歯・口のけがに関する障害見舞金の支給基準のポイントは，
　　(ア)3本以上の歯に欠損補綴や歯冠修復を加えた場合が対象となる，
　　(イ)歯の一部の修復(充填，インレー)は補綴の本数として数えることは
　　できない，などである。本資料で詳細を確認しておこう。

【14】④

〈解説〉巨大乳頭結膜炎では，かゆみや目やにが増加することにより，レ
　　ンズがずれやすくなる。ソフトコンタクトレンズを装用している人，
　　特にこすり洗いをしない人，長時間装用している人に多くみられるア
　　レルギーであるが，ハードコンタクトレンズ装用者にもみられること
　　がある。レンズの汚れが主な原因である。

【15】②

〈解説〉即時型食物アレルギーの誘発症状の発生が多かった順は，1位が
　　皮膚症状，2位が呼吸器症状，3位が粘膜症状，4位が消化器症状，5位
　　が全身性症状となっている。食物アレルギーの管理においては，正し
　　い診断による必要最小限の原因食物の除去が原則であるため，学校生
　　活管理指導表を活用しながら，保護者及び主治医との情報交換及び連
　　携を取り，管理を進めることが大切である。

【16】⑤

〈解説〉肝臓には，通常の臓器と異なり，血液を送り込む血管が2種類ある。1つは栄養素を運び込む肝門脈で，もう1つは酸素を運び込む肝動脈である。肝臓の隅々まで栄養素や酸素が行き渡った後，肝静脈により肝臓から血液が送り出される。肝静脈は，右，中，左と主なものが3本ある。ひ臓は，胃に隣接する臓器である。胆のうは，肝臓で作られた胆汁を貯蔵しており，食物が十二指腸に達した際，胆汁を分泌する働きを持つ。

【17】②

〈解説〉平成18(2006)年6月に，全国どこでも同じレベルの医療が受けられる環境整備や，政府が総合的ながん対策として「がん対策推進基本計画」を策定することなどを目的に成立した法律である。第6条においては，「国民は，喫煙，食生活，運動その他の生活習慣が健康に及ぼす影響等がんに関する正しい知識を持ち，がんの予防に必要な注意を払うよう努めるとともに，必要に応じ，がん検診を受けるよう努めなければならない。」と定められている。通常，生活習慣病予防健診には，がんのスクリーニングを目的とした検査項目は含まれていない。

【18】③

〈解説〉「平成28年我が国の人口動態」によると，溺死は冬季に多く発生している。この理由の1つは，冬場，特に高齢者の入浴時の身体状況や入浴の環境により，意識障害を起こし溺水につながる危険性が高いことが考えられている。また，10〜14歳の死因は，男女とも1位は悪性新生物，2位は自殺，3位は不慮の事故となっている。そして，「平成26年度学校保健統計調査」によると，福岡県において，むし歯(う歯)のうち，未処置歯のある者の割合は，7歳30.0％，8歳32.5％，9歳33.1％，10歳29.3％，11歳26.8％，12歳21.6％，13歳23.0％，14歳25.0％，15歳30.1％となっており，7〜12歳の平均は28.9％，13〜15歳の平均は26.0％となる。

【19】ア　出席を停止　　イ　休業

〈解説〉感染症の予防に関する，第19条は出席停止の，第20条は臨時休業
　　の条文である。具体的に予防が必要な感染症の詳細については，学校
　　において予防すべき感染症の種類と出席停止の期間の基準など(同法施
　　行規則第18，19条参照)を中心に，確実に頭に入れておこう。

【20】ア　消毒　　イ　清潔方法

〈解説〉本条文第1項においては，「校長は，学校内において，感染症にか
　　かつており，又はかかつている疑いがある児童生徒等を発見した場合
　　において，必要と認めるときは，学校医に診断させ，法第19条の規定
　　による出席停止の指示をするほか，消毒その他適当な処置をするもの
　　とする。」と定められている。また，各種感染症に応じた具体的な消
　　毒方法や，基本的な清潔方法については，知識としてしっかりと身に
　　つけておきたい。

【21】A　座高　　B　寄生虫卵　　C　四肢　　D　運動器　　E　保健
　　調査

〈解説〉本通知においては，座高の検査を必須項目から削除したことに伴
　　い，児童生徒等の発育を評価する上で，身長曲線・体重曲線等を積極
　　的に活用することが重要となること，寄生虫卵検査の検出率には地域
　　性があり，一定数の陽性者が存在する地域もあるため，それらの地域
　　においては，今後も検査の実施や衛生教育の徹底などを通して，引き
　　続き寄生虫への対応に取り組む必要があることも，添えられている。

【22】ア　体重成長曲線　　イ　肥満度曲線

〈解説〉本マニュアルで述べられている，体重検査の意義に関する記述で
　　ある。これまでの測定値を体重成長曲線として検討し評価することに
　　よって，正常な体重の成長を確認するとともに，肥満ややせを早期に
　　発見することができる。特に過去の体重より減少した場合は，何か大
　　きな健康上の問題があると考えなければならない。体重の測定値を単

に一時的な数値としてみただけでは，体重の増えが正常であるのか，異常であるのか分からないため，必ず各児童生徒等について体重成長曲線と肥満度曲線を描く必要がある。

【23】(1)　37.759kg　　(2)　普通

〈解説〉(1)　身長別標準体重の求め方は以下の通り。身長別標準体重〔kg〕＝a×実測身長〔cm〕−b。設問は，10歳女子のため，0.730×145〔cm〕−68.091＝37.759〔kg〕となる。　(2)　肥満度の求め方は以下の通り。肥満度＝$\frac{実測体重−身長別標準体重}{身長別標準体重}$×100〔％〕。設問では，当該児童は32kgのため，$\frac{32−37.759}{37.759}$×100＝15.3〔％〕となる。肥満度に基づく判定は，−30％以下は「高度やせ」，−30％超から−20％以下は「やせ」，−20％超から＋20％未満は「普通」，20％以上30％未満は「軽度肥満」，30％以上50％未満は「中等度肥満」，50％以上は高度肥満である。肥満については，表面的な問題のみに着眼するのではなく，問題の背景を把握し支援を行なっていくことが大切である。「教職員のための子どもの健康相談及び保健指導の手引」(平成23年8月文部科学省)に様々な健康相談及び保健指導事例が掲載されているので熟読しておこう。

【24】ア　×　　イ　△　　ウ　○

〈解説〉その他の主要な歯式は以下の通り。—，／，＼　(現在歯)…現在萌出している歯は，斜線または連続横線で消す。CO(要観察歯)…視診では明らかなう窩のあるむし歯と判定はできないがむし歯の初期症状を疑わせる歯。C(むし歯)…視診にて歯質にう蝕病変と思われる実質欠損が認められる歯。治療途中の歯もCとする。などである。

【25】ア　酸素　　イ　二酸化炭素　　ウ　気管　　エ　横隔膜
　　　オ　気管支　　カ　肺胞

〈解説〉横隔膜や外肋間筋の収縮で胸郭が前後に拡大し，肺が膨らんで吸

気が起こる。鼻や口から吸い込んだ空気は気管支を通り，肺に達して肺胞に入る。肺胞内では肺胞を取り巻く毛細血管において，酸素と二酸化炭素のガス交換が行われる。その後，横隔膜と外肋間筋の弛緩により胸郭を狭め，呼気が起こる。大気中には，窒素が約78％，酸素が約21％，二酸化炭素が約0.03〜0.04％含まれており，ガス交換によってその組成が変化する。

2016年度　　実施問題

【1】次の文は，学校保健安全法施行規則(最終改正：平成27年1月20日文部科学省令第1号)の一部を抜粋したものである。文中の下線部ア〜オについて，正しいものを○，誤っているものを×としたとき，正しい組合せを，あとの◯の①〜⑤から一つ選びなさい。

(事後措置)

第9条　学校においては，法第13条第1項の健康診断を行つたときは，ア30日以内にその結果を幼児，児童又は生徒にあつては当該幼児，児童又は生徒及びその保護者(学校教育法(昭和22年法律第26号)第16条に規定する保護者をいう。)に，学生にあつては当該学生に通知するとともに，次の各号に定める基準により，法第14条の措置をとらなければならない。

一　疾病のイ予防処置を行うこと。

二　必要な医療を受けるよう指示すること。

三　必要な検査，予防接種等を受けるよう指示すること。

四　療養のため必要な期間ウ学校において学習しないよう指導すること。

五　特別支援学級への編入について指導及び助言を行うこと。

六　学習又は運動・作業の軽減，停止，変更等を行うこと。

七　エ修学旅行，対外運動競技等への参加を制限すること。

八　机又は腰掛の調整，座席の変更及び学級の編制の適正を図ること。

九　その他発育，健康状態等に応じて適当な保健指導を行うこと。

2　前項の場合において，オ疾病の有無の検査の結果に基づく措置については，当該健康診断に当たつた学校医その他の医師が別表第一に定める生活規正の面及び医療の面の区分を組み合わせて決定する指導区分に基づいて，とるものとする。

	ア	イ	ウ	エ	オ
①	×	○	○	○	×
②	×	×	○	×	○
③	○	○	×	×	○
④	○	×	○	×	×
⑤	×	○	×	○	○

(☆☆○○○○)

【2】次の各文は,「幼稚園,小学校,中学校,高等学校及び特別支援学校の学習指導要領等の改善について」(答申)(平成20年1月中央教育審議会)「7.　教育内容に関する主な改善事項」「(7)　社会の変化への対応の観点から教科等を横断して改善すべき事項」の一部を抜粋したものである。文中の下線部ア～オについて,正しいものを○,誤っているものを×としたとき,正しい組合せを,あとの□□□の①～⑤から一つ選びなさい。

(食育)

○　近年,子どもたちに偏った栄養摂取,朝食欠食等の食生活の乱れや_ア痩身傾向_の増大などが見られ,食生活の乱れが_イ生活習慣病_を引き起こす一因であることも懸念されており,学校教育においても,子どもたちの生活や学習の基盤としての食に関する指導の充実が求められている。

(安全教育)

○　安全教育については,子どもが安全に関する情報を正しく判断し,安全のための行動に結び付けることができるようにすること,すなわち,自他の危険予測・危険回避の能力を身に付けることができるようにする観点から,発達の段階を踏まえつつ,学校の_ウ教育活動全体_で取り組むことが重要である。

(心身の成長発達についての正しい理解)

○　学校教育においては,何よりも子どもたちの_エ心身の調和的発達_

256

を重視する必要があり，そのためには，子どもたちが心身の成長発達について正しく理解することが不可欠である。しかし，近年，性情報の氾濫など，子どもたちを取り巻く社会環境が大きく変化してきている。このため，特に，子どもたちが性に関して適切に理解し，行動することができるようにすることが課題となっている。また，若年層のエイズ及び性感染症やₒ若年出産も問題となっている。

	ア	イ	ウ	エ	オ
①	×	○	×	×	○
②	○	×	○	×	×
③	×	○	○	○	×
④	○	×	×	○	×
⑤	×	×	○	×	○

(☆☆☆◎◎)

【3】次の文は，小学校学習指導要領解説体育編(平成20年文部科学省)「第3章　各学年の目標及び内容」「第2節　第3学年及び第4学年の目標及び内容」「2　内容」「G　保健」「(1)　毎日の生活と健康」の一部を抜粋したものである。文中の下線部a〜eについて，正しいものを○，誤っているものを×としたとき，正しい組合せを，あとの□□□の①〜⑤から一つ選びなさい。

ア　健康な生活とわたし

　　健康な状態には，気持ちがₐ意欲的であること，元気なこと，具合いの悪いところがないことなどの心や体の調子がよい状態があることを理解できるようにする。また，1日の生活の仕方などの♭習慣の要因や身の回りの環境の要因がかかわっていることを理解できるようにする。(略)

イ　1日の生活の仕方

　　健康のᵈ保持増進には，1日の生活の仕方が深くかかわっており，1日の生活のリズムに合わせて，食事，運動，休養及び睡眠をとることが必要であることを理解できるようにする。

また，手や足などの_d清潔，ハンカチや衣服などの_d清潔を保つことが必要であることを理解できるようにする。(略)

ウ　身の回りの環境

　健康の保持増進には，生活環境がかかわっており，部屋の_e温度の調節や換気などの生活環境を整えることが必要であることを理解できるようにする。

　なお，自分の生活を見直すことを通して，生活環境を整えるために自分でできることに気付かせ，実践する意欲をもてるようにする。

	a	b	c	d	e
①	○	×	○	×	○
②	×	×	×	○	○
③	○	○	×	○	○
④	○	×	○	○	×
⑤	×	○	○	×	×

(☆☆☆○○○○)

【4】次の文は，小学校学習指導要領解説特別活動編(平成20年告示)「第3章　各活動・学校行事の目標及び内容」「第1節　学級活動」「2　学級活動の内容」「(2)　日常の生活や学習への適応及び健康安全」の一部を抜粋したものである。文中の(A)～(E)に当てはまる語句を，語群a～jから選んだとき，正しい組合せを，あとの□の①～⑤から一つ選びなさい。ただし，同じ記号には同じ語句が入る。

カ　心身ともに健康で安全な生活態度の形成

　心身ともに健康で安全な生活態度の形成は，学校の教育活動全体を通じて(A)に推進するものであるが，学級活動においてもその指導の特質を踏まえて取り上げる必要がある。この内容には，保健指導と安全指導の内容がある。

　保健指導としては，心身の発育・発達，心身の健康を高める生活，健康と(B)とのかかわり，病気の予防，心の健康など，児童が

258

自分の健康状態について関心をもち，（　C　）日常生活における健康の問題を自ら見付け，自分で判断し，処理できる能力や態度の育成などの内容が考えられる。これらの内容から，（　D　）に即して重点化して取り上げることになるが，取り上げた内容について日常生活で具体的に（　E　）できるようにすることが大切である。

なお，心身の発育・発達に関する指導に当たっては，（　D　）を踏まえ，学校全体の共通理解を図るとともに，家庭の理解を得ることなどに配慮する必要がある。

《語群》

a　生活　　b　計画的　　c　総合的　　　d　身近な
e　環境　　f　個人の　　g　発達の段階　h　理解
i　実践　　j　学校の課題

	A	B	C	D	E
①	b	e	f	g	h
②	c	e	d	g	i
③	c	a	d	j	h
④	b	a	f	j	i
⑤	c	e	f	j	i

(☆☆☆◎◎)

【5】次の文は，中学校学習指導要領解説特別活動編(平成20年告示)「第3章　各活動・学校行事の目標と内容」「第1節　学級活動」「2　学級活動の内容」「(2)　適応と成長及び健康安全」の一部を抜粋したものである。文中の（　A　）～（　E　）に当てはまる語句を，語群a～jから選んだとき，正しい組合せを，あとの［　　］の①～⑤から一つ選びなさい。ただし，同じ記号には同じ語句が入る。

キ　心身ともに健康で安全な生活態度や習慣の形成

心身の健康に関しては，中学生は身体的・精神的に変化の激しい時期であることを考え，心身の機能や発達，（　A　）についての理解を深め，生涯を通じて積極的に健康の保持増進を目指すような態

度の育成に努めることが大切である。特に，生活習慣の乱れや(B)及び不安感が高まっている現状を踏まえ，(A)を含め自らの健康を維持し，改善することができるように指導・助言することが重要である。

　具体的には，(A)や体力の向上に関すること，(C)，生活習慣病とその予防，食事・運動・休養の効用と余暇の活用，喫煙，飲酒，薬物乱用などの害に関すること，(B)への対処と自己管理などについて生徒の学年や発達の段階も踏まえて題材を設定し，身近な視点からこれらの問題を考え意見を交換できるような話合いや討論，(D)の育成につながる(E)などの方法を活用して展開していくことが考えられる。

《語群》

a　食習慣　　　　　　　b　表現力
c　口腔の衛生　　　　　d　心の葛藤
e　ストレス　　　　　　f　実践力
g　心の健康　　　　　　h　基本的生活習慣
i　ブレインストーミング　j　ロールプレイング

	A	B	C	D	E
①	g	d	c	f	i
②	h	d	a	b	i
③	h	e	c	b	j
④	g	e	a	b	i
⑤	g	e	c	f	j

(☆☆☆◎◎)

【6】 次のア～オの各文は,「児童生徒の健康診断マニュアル(改訂版)」(平成18年3月財団法人日本学校保健会)の児童生徒健康診断票(歯・口腔)記入上の注意について述べたものである。正しいものを○,誤っているものを×としたとき,正しい組合せを,下の[　　]の①～⑤から一つ選びなさい。

ア　歯垢の付着状態について,異常なし,定期的観察が必要,専門医(歯科医師)による診断が必要,の3区分について,それぞれ0,1,2で記入する。

イ　むし歯は,乳歯,永久歯ともにすべて(C)と記入する。

ウ　要注意乳歯は,保存の適否を慎重に考慮する必要があると認められる乳歯とする。

エ　学校歯科医所見は,要観察歯がある場合には,歯式欄に加えこの欄にも(CO)と記入する。

オ　学校歯科医所見は,歯垢と歯肉の状態及び生活習慣などを総合的に判断して,歯周疾患要観察者の場合には(GO),歯科医による診断と治療が必要な場合は(G)と記入する。

	ア	イ	ウ	エ	オ
①	×	○	×	×	○
②	○	×	○	×	×
③	○	○	×	○	×
④	×	×	○	○	○
⑤	×	○	×	○	○

(☆☆○○○○)

【7】次のア～オの各文は，「学校心臓検診の実際　―平成24年度改訂―」(平成25年3月公益財団法人日本学校保健会)の，突然死を予防するために学校関係者が注意することについて述べたものである。正しいものを○，誤っているものを×としたとき，正しい組合せを，下の□□□□の①～⑤から一つ選びなさい。

ア　心疾患児の診断，指導区分，許容される身体活動の内容を学校生活管理指導表を参照して個々の児童生徒毎にチェックし，学校関係者に周知させる。

イ　教科体育への参加は，その時間の運動量によって決めるものとする。

ウ　心停止の判断において，脈拍の触知は小児では信頼性がないため，あえぎ呼吸，しゃくりあげるような呼吸がとぎれとぎれおきる呼吸があれば心停止はないと判断する。

エ　学校管理下での心臓性突然死の多くは，心室細動や致死性心室頻拍によるものと考えられる。

オ　疲労状態，顔色，発熱などの身体的異常，本人の気分の良し悪し，食欲，睡眠などの変化に注意する。

	ア	イ	ウ	エ	オ
①	×	○	×	○	○
②	○	○	○	×	×
③	×	○	○	○	×
④	○	×	×	○	○
⑤	○	×	○	×	○

(☆☆☆☆◎◎)

【8】次のア～オの各文は，「保健室経営計画作成の手引」(平成21年4月
財団法人日本学校保健会)「第2章　保健室経営計画の作成」「1　保健
室経営計画作成に当たっての基本方針」の一部について述べたもので
ある。正しいものを○，誤っているものを×としたとき，正しい組合
せを，下の□□の①～⑤から一つ選びなさい。

ア　学校保健計画は，教職員で取り組む総合的な計画であるが，保健
　室経営計画は，学校保健計画を踏まえた上で，養護教諭が取り組む
　計画とした。

イ　保健室経営計画は，児童生徒の健康課題の解決及び健康つくりの
　観点から目標及び方策を立て，作成する。その際，学校教育目標，
　学校保健目標(重点目標)等と，関連性を図る。

ウ　保健室の利用方法，救急体制，出席停止措置などの基本的事項に
　ついては，教職員に周知を図るため，保健室経営計画に示すことが
　望ましい。

エ　保健室経営計画は，複数年度計画とし，中期的に実施する事項に
　ついて計画及び評価計画を立てる。

オ　保健室経営計画の評価は，評価計画(計画と評価の一体化)を立て
　て行う。なお，自己評価と他者評価と併せて総合的な評価が行える
　ようにする。

	ア	イ	ウ	エ	オ
①	×	○	○	○	×
②	○	○	×	×	○
③	○	×	×	×	○
④	○	×	○	×	×
⑤	×	×	○	○	×

(☆☆○○○○)

263

【9】次の文は，「子どもの心身の健康を守り，安全・安心を確保するために学校全体としての取組を進めるための方策について」(答申)(平成20年1月中央教育審議会)「Ⅱ　学校保健の充実を図るための方策について」「2.　学校保健に関する学校内の体制の充実」「(3)　学級担任や教科担任等」の一部を抜粋したものである。文中の下線部ア〜オについて，正しいものを○，誤っているものを×としたとき，正しい組合せを，下の[　　]の①〜⑤から一つ選びなさい。

○　健康観察は，学級担任，養護教諭などが子どもの体調不良や欠席・遅刻などの日常的な心身の健康状態を_ア把握することにより，感染症や_イ心の健康課題などの心身の変化について早期発見・早期対応を図るために行われるものである。また，子どもに_ウ自分の健康に興味・関心を持たせ，自己管理能力の育成を図ることなどを目的として行われるものである。_エ日常における健康観察は，子どもの_オ保健教育などにおいて重要であるが，現状は，小学校96.4％，中学校92.3％，高等学校54.3％で実施されており，学校種によって取組に差が生じている。

	ア	イ	ウ	エ	オ
①	○	○	×	○	×
②	○	×	×	×	○
③	×	○	×	○	○
④	○	×	○	○	×
⑤	×	○	○	×	○

(☆☆☆◎◎◎)

【10】次のア〜オの各文は，「学校における子供の心のケア　−サインを見逃さないために−」(平成26年3月文部科学省)の一部について述べたものである。誤っているものの組合せを，下の①〜⑤から一つ選びなさい。

ア　学校生活のあらゆる場面にストレス因はあり，そのストレス因そのものをなくすということは困難である。心のケア(ストレスケア)の基本は，かかっているストレス因と反対のことをすること(例えば，パソコンを使っての作業で疲れたら，人と交わったりおしゃべりしたりすること。)である。

イ　トラウマ体験の重篤さとトラウマ反応の大きさは比例しない。なぜなら，心理的ストレスの感じ方は，個人の経験や特性に関係するからである。

ウ　強いストレスにさらされたことのある子供にトラウマ反応が現れたら，たとえ楽しいことであっても，体を激しく動かすような課題や興奮するようなイベントへの参加については，配慮を行うことが大切である。ストレスや不安を抱えている時には，自分でコントロールできず，はしゃぎすぎてしまったり，無理をして動き回ったあとに熱を出したり，注意力が散漫になってけがをしてしまったりすることがある。

エ　災害発生後，基本的には，子供に作業や活動を強いる取組は避けるのが良い。災害に関する絵を描かせたり，作文を作らせたりする表現活動も，時期や状況によっては心のケアにとって逆効果になることがある。

オ　トラウマを体験した子供には，情緒・行動・身体・認知面に様々な反応があらわれる。トラウマ反応は，衝撃的な出来事を体験したときに生じる自然な反応であり，トラウマ反応のほとんどが，専門的な支援を受ける必要があり，自然に回復することはほとんどない。

①　ア・ウ　　②　イ・エ　　③　ア・オ

④　エ・ウ　　⑤　イ・オ

(☆☆☆☆◎◎)

【11】次のア〜オの各文は、「子供たちを児童虐待から守るために　－養護教諭のための児童虐待対応マニュアル－」(平成26年3月公益財団法人日本学校保健会)の一部について述べたものである。正しいものを○，誤っているものを×としたとき，正しい組合せを，下の□□□の①〜⑤から一つ選びなさい。

ア　平成25年度中に児童相談所が対応した養護相談のうち，児童虐待の相談件数を種類別に見ると，「身体的虐待」が最も多く，次いで「心理的虐待」となっている。

イ　平成25年度中に児童相談所が対応した養護相談のうち，児童虐待相談において，主な虐待者別に構成割合を見ると，「実母」が最も多く，次いで「実父」となっている。

ウ　平成25年度中に児童相談所が対応した養護相談のうち，児童虐待相談の対応件数は前年度に比べ増加している。

エ　平成25年度中に児童相談所が対応した養護相談のうち，児童虐待相談における被虐待者の年齢別構成は，「3歳〜学齢前」が最も多く，次いで「0〜3歳未満」，「小学生」となっている。

オ　身体的虐待による外傷には，スラッピング・マーク(平手打ちによってできる皮下出血で，平手で打ち付けられた部分のうち指と指との間の箇所に痕が残るもの)や，シガレット・バーン(紙巻きたばこを押しつけられた火傷)など，特徴のある外傷所見が見られる。

	ア	イ	ウ	エ	オ
①	○	○	×	○	×
②	○	×	×	×	○
③	×	○	○	○	○
④	×	×	○	○	×
⑤	×	○	○	×	○

(☆☆☆☆☆○○○)

【12】 次のア～オの各文は，薬物について述べたものである。適切でない
ものの組合せを，下の①～⑤から一つ選びなさい。ただし，ア，イ，
ウについては，「平成26年の薬物・銃器情勢，確定値」(警察庁)による。

ア　大麻事犯の検挙人員は，近年減少傾向である。20歳代以下の若年
　　層の検挙人員も減少し，検挙全体における構成比率も覚醒剤事犯と
　　同様に低い。

イ　覚醒剤事犯検挙人員の約6割は再犯者であり，再乱用防止対策の
　　強化が喫緊の課題である。しかし，薬物依存症については未だ治療
　　法は確立されていない。

ウ　覚醒剤事犯については，20歳代以下の若年層は，増加傾向がみら
　　れた。

エ　平成20年に策定された「第三次薬物乱用防止五か年戦略」の諸対
　　策は，薬物は絶対に使うべきではないと考える児童生徒の割合が高
　　くなるなど規範意識の向上，少年の覚醒剤や大麻事犯の検挙者人員
　　の継続的な減少及びそれらの事犯全体における少年の割合の低下な
　　ど一定の成果を上げているものと認められる。

オ　学校における薬物乱用防止教育は，小学校「体育」，中学校及び
　　高等学校「保健体育」の時間はもとより，「特別活動」，「総合的な
　　学習の時間」，「道徳」等も活用しながら，学校教育全体を通じて指
　　導を行う。

① ウ・オ　　② イ・エ　　③ ア・ウ
④ ア・イ　　⑤ エ・オ

(☆☆☆☆◎◎)

【13】 次のア～オの各文は，麻しんについて述べたものである。各文につ
いて，正しいものを○，誤っているものを×としたとき，正しい組合
せを，あとの［　　　］の①～⑤から一つ選びなさい。

ア　麻しんは，その症状の激烈さとともに合併症を起こす頻度が高く，
　　肺炎や脳炎，中耳炎，心筋炎といった疾患が同時に起こることがあ
　　る。肺炎と脳炎が麻しんによる2大死因といわれており，医療が発

達した現代でも，麻しんに対する特効薬はなく，対症療法をしながら治癒を待つしかない。

イ　麻しんは，麻しん患者のせきやくしゃみのしぶき(これを飛沫といい，約1～2mの範囲内に飛び散る)の中に含まれている麻しんウイルスを他者が吸い込むことによって感染が成立する。麻しんの感染力は強く，ウイルスを直接浴びた場合だけでなく，空気中を漂うウイルス粒子を吸い込むだけでも感染が成立する。

ウ　麻しん症状の典型例では，臨床的に，カタル期，発しん期，回復期に分けられる。カタル期には眼が充血し，涙やめやにが多くなる，くしゃみ，鼻水などの症状と発熱がみられ，口内の頬粘膜にコプリック斑という特徴的な白い斑点が見られる。最も感染力が強い時期はカタル期である。

エ　麻しん風しん(MR)混合生ワクチンを未接種の場合は，麻しん風しん患者との接触後6日以内であれば，ワクチンにて発症の阻止，あるいは症状の軽減が期待できる。

オ　学校の設置者は，麻しんを発症した者に対して学校保健安全法に基づく出席停止(発疹が消失するまで)の措置をとるとともに，患者以外で発熱等の症状があり麻しんが疑われる者についても，学校医及び保健所等と相談し，学校保健安全法による出席停止の措置をとる必要がある。

	ア	イ	ウ	エ	オ
①	○	○	○	×	×
②	×	×	○	○	×
③	×	○	×	×	○
④	○	×	×	○	○
⑤	×	○	○	○	×

(☆☆☆☆☆○○)

【14】次のア～エの各文は，「児童生徒の健康診断マニュアル(改訂版)」(平成18年3月財団法人日本学校保健会)の貧血について述べたものである。正しいものを○，誤っているものを×としたとき，正しい組合せを，下の▢の①～⑤から一つ選びなさい。

ア　思春期貧血は，栄養障害によって生じる鉄芽球性貧血が多い。

イ　思春期貧血は，食事療法で劇的に改善する疾患である。

ウ　鉄欠乏性貧血は，乳幼児期と思春期に見られることが多いが，その他，十二指腸潰瘍やポリープなどの消化管からの潜在性鉄喪失のある場合，激しい運動部活動の場合，まれではあるが基礎疾患があっての貧血や鉤虫症などでも見られる。

エ　体脂肪率の減少が競技力に影響するスポーツでは，ダイエットの行き過ぎにより栄養不足から鉄欠乏性貧血へ，さらに進行すると月経障害，骨粗しょう症などへの進展に注意する。

	ア	イ	ウ	エ
①	○	×	○	×
②	○	×	×	○
③	×	○	×	○
④	×	○	○	×
⑤	×	×	○	○

(☆☆☆○○○)

【15】次のア～オの各文は，きずの手当について述べたものである。正しいものを○，誤っているものを×としたとき，正しい組合せを，あとの▢の①～⑤から一つ選びなさい。

ア　土や砂などで汚れたきず口をそのままにしておくと，破傷風やガス壊疽などの危険があるほか，化膿したり，きずの治りに支障をきたす場合があるので，受傷後速やかに水道水などの清潔な流水で，きず口に明らかに異物がなくなるまで十分に洗い，必ず医師の診療を受けさせる。

イ　きずが頭蓋骨から脳にまで達している恐れがあるときは，細菌感

染の危険性があるため，きず口を清潔なガーゼで拭くことが大切である。

ウ　破傷風の予防には，ワクチンが非常に有効であり，終生免疫を得ることができる。

エ　きず口やきずの部分を固定し安静にすることは，止血や痛みを和らげる効果がある。

オ　頭皮からの出血がある場合は，頭部を高くし，体位は水平に保つ。

	ア	イ	ウ	エ	オ
①	○	×	○	×	○
②	○	×	×	○	×
③	×	×	○	○	○
④	○	○	×	×	×
⑤	×	○	○	○	×

(☆☆☆○○○)

【16】次のア～オの各文は，野外における事故防止及び応急処置について述べたものである。正しいものを○，誤っているものを×としたとき，正しい組合せを，あとの＿＿＿の①～⑤から一つ選びなさい。

ア　溺れている人の救助に際し，心肺蘇生をする場合は，水中から引き上げてから開始する。水を吐かせるために溺れた人の腹部を圧迫する。

イ　雷は，周囲より少しでも高いところに落ちるため，落雷による事故を防止するための避難に適した場所は，野外であれば，くぼ地があればこれに身を伏せ，高い木があれば，根元部分で姿勢を低くすることが大切である。

ウ　ヤマカガシにかまれたときは，数時間くらいたった後できず口から出血し，歯茎や皮下，内臓，粘膜などからも出血するので，急いで医療機関に搬送する。

エ　ハチ(スズメバチ，アシナガバチ)に刺されると痛みと腫れが起こり，ハチ毒に過敏な人は，一匹に刺されてもショック状態になるこ

とがあるが，一時的なものなので死亡するまでには至らない。

オ　感電によるきずは，冷やした後，清潔な布で覆う。

	ア	イ	ウ	エ	オ
①	×	×	○	×	○
②	○	×	○	○	×
③	×	○	×	○	○
④	○	×	×	○	×
⑤	×	○	×	×	○

(☆☆☆○○○)

【17】次のア〜オの各文は，熱中症について述べたものである。正しいものを○，誤っているものを×としたとき，正しい組合せを，あとの□の①〜⑤から一つ選びなさい。

ア　熱中症の発生には，環境の条件が関係しており，気温だけでなく，気流，湿度，輻射熱を合わせた暑さ指数(WBGT)を把握することが望ましい。

イ　吐き気を訴えたり吐いたりするときは，胃腸の動きが鈍っているので，経口で水分を入れるのは禁物である。

ウ　高温環境下の小児には，熱疲労がよく観察される。これは，小児の放熱特性(過度な皮膚血管の拡張)と未発達な血圧調節に起因するためである。

エ　熱中症を疑ったときの水分補給は，腹痛を予防するため，冷たい飲み物より常温の飲み物を摂取する方が好ましい。

オ　大量の発汗があった場合には，汗で失われた塩分も適切に補える経口補水液やスポーツドリンクなどが最適だが，1〜2％程度の食塩水も有効である。

	ア	イ	ウ	エ	オ
①	×	×	×	○	○
②	○	○	×	○	○
③	○	○	×	×	×
④	○	○	○	×	×
⑤	×	×	○	×	○

(☆☆☆◎◎◎)

【18】 次の①〜⑤の各文は,「学校の管理下の災害―25　―基本統計―(負傷・疾病の概況)」(独立行政法人日本スポーツ振興センター)に示された,平成23年度中に医療費を給付した負傷に関する記述である。適切でないものを,次の①〜⑤から一つ選びなさい。

①　小学校は「休憩時間」に最も多く発生し,全体の約半数を占めている。

②　中学校以上になると,「課外指導」に最も多く発生している。「課外指導」のほとんどは「体育的部活動」によるものである。

③　各学校種ごとの負傷における男女の割合については,全ての学校種において,男の方が多くの割合を占めている。

④　体育活動中のけがが最も多い運動種目は,小学校では「ドッジボール」,中学校では「バレーボール」,高等学校では「野球・ソフトボール」である。

⑤　保育所・幼稚園では,小学校,中学校,高等学校と比較して「頭部」「顔部」の発生割合が高い。また,小学校,中学校,高等学校と学年が上がるにつれて,「上肢部」「下肢部」の発生割合が増加している。

(☆☆☆☆◎◎)

【19】 次の文は，学校保健安全法の条文である。文中の(ア)〜(エ)に当てはまる語句を条文のとおりに答えなさい。ただし，同じ記号には同じ語句が入る。

第7条 学校には，(ア)，(イ)，保健指導，(ウ)その他の保健に関する措置を行うため，保健室を設けるものとする。

第9条 養護教諭その他の職員は，相互に連携して，(イ)又は児童生徒等の健康状態の日常的な観察により，児童生徒等の心身の状況を把握し，健康上の問題があると認めるときは，遅滞なく，当該児童生徒等に対して必要な指導を行うとともに，必要に応じ，その保護者(学校教育法第16条に規定する保護者をいう。第24条及び第30条において同じ。)に対して必要な(エ)を行うものとする。

(☆☆◎◎◎◎)

【20】 「児童生徒の健康診断マニュアル(改訂版)」(平成18年財団法人日本学校保健会)に示されている平均聴力の算出法(4分法)を用いて，下記の検査結果が出た生徒の平均聴力レベルを求めなさい。ただし，計算式及び平均聴力レベルを正しく記入しなさい。

○検査結果

500Hzの閾値40dB

1000Hzの閾値50dB

2000Hzの閾値60dB

4000Hzの閾値65dB

(☆☆◎◎◎◎)

【21】次の図は，ヒトの骨格について表したものである。図中の(ア)～
(オ)に当てはまる語句を記入しなさい。

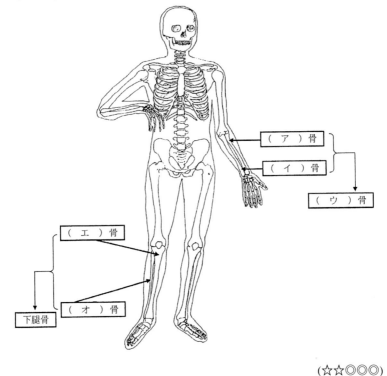

(☆☆◎◎◎)

【22】次の文は，ヒトの腎臓の構造について述べたものであり，あとの図は
ヒトの腎臓の構造を表した図である。文中及び図中の(ア)～(エ)
に当てはまる語句を漢字で記入しなさい。ただし，文中と図中の同じ
記号には同じ語句が入る。

　腎臓は，第12胸椎から第3腰椎の位置で腹腔の背中側に脊柱をはさ
んで左右に1個ずつ，合計で2個ある臓器である。腎臓のほぼ中央のへ
こんでいる部分を腎門部と呼ぶ。腎門部には，腎動脈，腎静脈，(ア)
が連結されている。腎臓は，血液を濾過して原尿を作り出す(イ)

と，原尿から体にとって必要な蛋白質・水・電解質を再吸収したり逆に排泄したりする(ウ)の二つに大きく分けることが出来る。原尿は(ウ)，集合管を経て(エ)に到達し，(ア)，膀胱を経て最終的に尿として体外に排泄される。

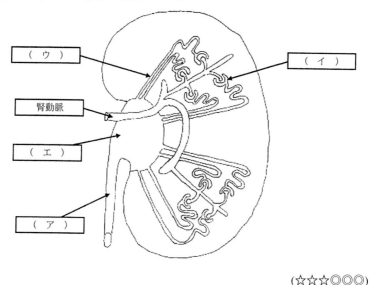

(ウ)

(イ)

腎動脈

(エ)

(ア)

(☆☆☆◎◎◎)

【23】次の文は，「「生きる力」を育む小学校保健教育の手引き」(平成25年3月文部科学省)「第1章　総説」「第2節　指導の基本的な考え方」の一部を抜粋したものである。図中の(ア)〜(ウ)に当てはまる語句を記入しなさい。

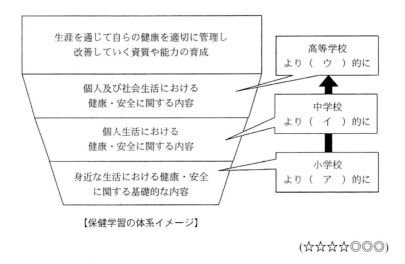

【保健学習の体系イメージ】

(☆☆☆◎◎◎)

【24】次のグラフは，平成16年6月末時点における，公立の小，中，高等学校に所属する児童生徒のアレルギー疾患の有病率を表したものである。(ア)に当てはまる疾患名を答えなさい。

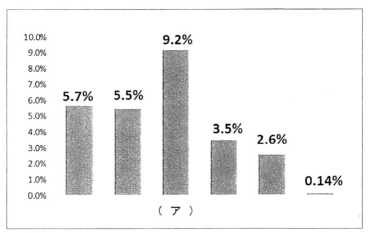

「アレルギー疾患に関する調査研究報告書」(平成19年文部科学省)

(☆☆☆◎◎◎)

【25】「学校保健の課題とその対応　－養護教諭の職務等に関する調査結果から－」(平成24年3月財団法人日本学校保健会)に示されている感染症予防の3原則について，次の(ア)～(ウ)に入る語句を漢字で答えなさい。

(ア)の除去

(イ)の遮断

(ウ)を高める

(☆☆☆○○○)

解答・解説

【1】①

〈解説〉アは21日，オは結核が正しい。学校保健安全法は，主に学校における児童生徒等及び職員の健康の保持増進を図ることを目的する法律であり，その細則が学校保健安全法施行規則である。養護教諭の職務を行う上で基本となる法規なので，学校保健安全法とあわせて，規則も読み込んでおこう。

【2】③

〈解説〉アは肥満傾向，オは人工妊娠中絶が正しい。子どもの肥満は増加傾向にあり，9～17歳で10％を超えるといわれている。そのようなこともあってか，学習指導要領などでは「生きる力」を構成する要素の一つとして「健やかな体」を示しており，学校教育活動全体の中で行うものとしている。その中で食育は特定の教科だけでなく，特別活動などにおいてもその教科の特性に応じて適切に行うものとしている。

【３】④

〈解説〉bは主体，eは明るさが正しい。小学校の保健学習について，第3
　学年及び第4学年では「毎日の生活と健康」「育ちゆく体とわたし」，
　第5学年及び第6学年では「心の健康」「けがの防止」「病気の予防」に
　ついて学習する。なお，部屋(教室)の温度や換気については，『学校環
　境衛生基準』が定められており，頻出項目の一つである。数値の混同
　に注意しながら学習しておこう。

【４】②

〈解説〉保健指導の種類は「個別の保健指導」と「特別活動における保健
　指導」に大別される。個別の保健指導は，学校保健安全法第9条が根
　拠となっており，日常生活における児童生徒の心身の健康問題全般を
　対象とする。一方，「特別活動における保健指導」は学習指導要領を
　根拠としており，生徒が当面する諸課題に対応する健康に関する内容
　を対象としている。双方の差異などを学習・整理しておくこと。

【５】⑤

〈解説〉選択肢にあるブレインストーミングは，参加者それぞれがアイデ
　アを出し合う会議方法で，発想の誘発や相互交錯の連鎖反応を期待す
　るもの。ロールプレイングは役割演技と呼ばれるもので，疑似体験な
　どを通じて，実際に事柄が起きた場合，適切に対応できるといった効
　果を期待するものである。学習法などの分野で頻出なので，覚えてお
　きたい。

【６】④

〈解説〉アの歯垢の付着状態は，「ほとんど付着なし」，「若干の付着あり」，
　「相当の付着あり」の3区分が正しい。イについて，むし歯は乳歯，永
　久歯ともに未処置歯と処置歯に区分し，未処置歯はC，処置歯は○と
　記入する。なお，オについて，学校歯科医所見欄には，「規則第7条の
　規定によって，学校においてとるべき事後措置に関連して学校歯科医

が必要と認める所見を記入押印し，押印した月日を記入する」となっ
ていることも，あわせておさえておこう。

【7】④
〈解説〉イは「教科体育は学校生活管理指導表に沿ったものとする」，ウ
　　　は「心停止の判断において，脈拍の触知は小児では信頼性がないため，
　　　反応がなく，呼吸がない，もしくは異常な呼吸(死戦期呼吸：あえぎ呼
　　　吸：しゃくりあげるような呼吸がとぎれとぎれおきる呼吸)があれば心
　　　停止と判断し，直ちに心肺蘇生を開始する」が正しい。

【8】②
〈解説〉ウ　保健室利用方法等の基本的事項については，毎年大きく変化
　　　するものではなく，必要時に適宜見直しが図られることから，保健室
　　　経営計画とは別立てとする。　エ　保健室経営計画は，単年度計画と
　　　している。

【9】①
〈解説〉ウは「自他」，オは「保健管理」が正しい。(3)　学級担任や教科
　　　担任等については，全部で5項目あり，問題文のほかに学校保健活動
　　　への主体的な取り組み等，健康観察の研修など，食育と学校保健の一
　　　体的な推進，幼児期の保健指導の充実について述べられている。

【10】⑤
〈解説〉イ　本資料によると「トラウマ体験の重篤さとトラウマ反応は比
　　　例し(量-反応関係)，人為的な要素が加わるほど，トラウマ反応が大き
　　　くなる」としている。　オ　本資料によると，トラウマ体験について
　　　「その半数以上が，専門的な支援を受けなくても自然に回復すること
　　　がわかっています」とある。

【11】⑤

〈解説〉問題では「『子供たちを児童虐待から守るために…の一部』となっているが，実際には，厚生労働省の最新資料などを確認する必要があるので注意したい。　ア　平成25年のデータでは児童虐待を種類別に見ると心理的虐待，身体的虐待の順となっている。平成24年度以前と比較すると，心理的虐待が急伸し，最も件数が多くなっていることに注意したい。　エ　平成25年度における被虐待者の年齢別構成は，「小学生」が最も多く，次いで「3歳～学齢前」「0～3歳未満」の順となっている。

【12】③

〈解説〉ア　大麻事犯の検挙人員は，平成21年をピークに長期的には減少傾向にあるが，平成26年度は微増した。また，20歳代以下の若年層の検挙人員は，覚醒剤事犯とは異なり，依然としてこれらの若年層が高い比率を占めている。　ウ　覚醒剤事犯については，20歳代以下の若年層は大幅な減少傾向がみられた。

【13】①

〈解説〉エ　本資料では，これまで免疫がなくても，麻しん患者と接触して3日以内に予防接種を受ければ，予防接種による免疫が侵入してきた野生ウイルスの増殖を防ぐことになり，発症を予防できる可能性があるとしている。　オ　学校長は，麻しんを発症した者に対して出席停止の措置をとるとともに，患者以外で発熱等の症状があり麻しんが疑われる者についても，学校医及び保健所等と相談し，出席停止の措置をとる必要がある。根拠法は学校保健安全法第19条である。なお，臨時休業に関わる条文は同法第20条である。あわせて学習しておくこと。

【14】⑤

〈解説〉ア　本資料によると，思春期貧血は鉄欠乏による栄養障害が多いとしている。　イ　本資料によると，思春期貧血は適量の鉄剤を投与することにより，劇的に改善する，とある。思春期貧血は一般的に自覚症状を欠くが，学習能力や運動能力の低下を伴うケースがあり，学校生活に影響を与えることが指摘されている。

【15】②

〈解説〉イ　正しくは「頭皮，頭蓋骨を貫き脳に達している恐れがあるきずは，ガーゼを広く厚めに当て，大至急医療機関に搬送しなければならない」である。　ウ　破傷風の予防には，ワクチンが非常に有効であるが，終生免疫を得ることはできず，10年毎に追加接種を行えば，防御抗体レベル以上の血中抗体価を維持することができると考えられている。　オ　頭皮から出血があっても，頭部を高くせず，体位は水平に保つのが正しい。

【16】①

〈解説〉ア　溺れている人の救助で心肺蘇生をする場合は，水を吐かせるより先に人工呼吸をし，できるだけ早く肺に空気を送り込む必要がある。　イ　雷は，周囲より少しでも高いところに落ちるため，落雷による事故を防止するために避難に適した場所は，野外であればくぼ地があればこれに身を伏せ，高い木があれば根元から離れて姿勢を低くすることが大切である。　エ　ハチ(スズメバチ，アシナガバチ)に刺されると局所の痛みと腫れが起こり，ハチ毒に過敏な人は，一匹に刺されてもショック状態になったり，呼吸停止を起こし死亡することがある。

【17】③

〈解説〉ウ　小児によく観察されるのは「熱失神」である。　エ　水分補
　　給には体温を下げる役割もあるので，冷たい水を摂取するほうが好ま
　　しい。　オ　食塩水は0.1～0.2％程度にする。

【18】④

〈解説〉体育活動中のけがが最も多い運動種目は，小学校では「バスケッ
　　トボール」と「跳箱」，中学校では「バスケットボール」，高等学校で
　　も小学校・中学校と同じく「バスケットボール」に最も多く発生して
　　いる。

【19】ア　健康診断　　イ　健康相談　　ウ　救急処置　　エ　助言

〈解説〉学校保健安全法第7条は保健室，第9条は保健指導に関する条文で
　　ある。なお，保健指導には個別の保健指導と集団への保健指導があげ
　　られる。それぞれの特徴などについて問われることもあるので，学習
　　しておこう。

【20】式…$\dfrac{40+2\times50+60}{4}=50$　　　答…50db(65db)

〈解説〉500Hzの閾値をa(db)，1000Hzの閾値をb(db)，2000Hzの閾値を
　　c(db)とすると，平均聴力の算出は，以下の式で算出される。なお，
　　4000Hzの閾値はカッコで記入する。

　　平均聴力$=\dfrac{a+2b+c}{4}$

【21】ア　橈　　イ　尺　　ウ　前腕　　エ　脛　　オ　腓

〈解説〉解剖におけるヒトの骨格は，基礎知識である。その他，脳，心臓，
　　感覚器，筋肉等，出題範囲は広い。漢字を正確に記述できるようにし
　　ておこう。

【22】ア　尿管　　イ　糸球体　　ウ　尿細管　　エ　腎盂
〈解説〉人体の生理機能も重要な基礎知識である。各臓器のはたらきや，ホルモン，神経，血液等確認しておこう。生理機能と疾病と関連させて学習しておくことが望ましい。

【23】ア　実践　　イ　科学　　ウ　総合
〈解説〉小学校における体育科保健領域は，健康・安全に関する包括的な内容について，第3〜6学年にかけて系統的に合計24単位時間程度指導される。本問では小・中・高等学校における保健教育の特徴を示しているが，特に小学校では「身近な生活」「実践的に理解する」が重視されていることおさえておきたい。

【24】アレルギー性鼻炎
〈解説〉なお，図中の他の疾患は，ぜん息5.7％，アトピー性皮膚炎5.5％，アレルギー性結膜炎3.5％，食物アレルギー2.6％，アナフィラキシー0.14％である。

【25】ア　感染源　　イ　感染経路　　ウ　抵抗力
〈解説〉感染源の除去とは，患者の隔離，汚染源の排除，消毒などにより感染源となるものの除去を指す。感染経路の遮断とは，日頃からの手洗いや咳エチケット，うがい，食品の衛生管理などを徹底させ，体内に感染源(病原体)を入れないようにすることを指す。そして，抵抗力を高める(感受性対策)とは，バランスがとれた食事，適度な運動，規則正しい生活習慣を身に付けたり，予防接種を受けるなどして免疫力を高めることである。

2015年度　　実施問題

【1】次のア〜オの各文は，学校保健安全法の条文について示したもので
ある。文中の下線部a〜eについて，正しいものを○，誤っているもの
を×としたとき，正しい組合せを，下の①〜⑤から一つ選びなさい。

ア　<u>文部科学大臣</u>は，学校における換気，採光，照明，保温，清潔
保持その他環境衛生に係る事項について，児童生徒等及び職員の健
康を保護する上で維持されることが望ましい基準を定めるものとす
る。(第6条)

イ　学校においては，児童生徒等の心身の健康に関し，<u>健康診断</u>を
行うものとする。(第8条)

ウ　学校においては，救急処置，<u>健康相談又は保健指導</u>を行うに当
たつては，必要に応じ，当該学校の所在する地域の医療機関その他
の関係機関との連携を図るよう努めるものとする。(第10条)

エ　学校においては，前条の健康診断の結果に基づき，疾病の予防措
置を行い，又は治療を指示し，並びに<u>学習及び作業を軽減する等</u>
適切な措置をとらなければならない。(第14条)

オ　学校においては，児童生徒等の安全の確保を図るため，児童生徒
等の保護者との連携を図るとともに，当該学校が所在する地域の実
情に応じて，当該地域を管轄する<u>警察署</u>その他の関係機関，地域
の安全を確保するための活動を行う団体その他の関係団体，当該地
域の住民その他の関係者との連携を図るよう努めるものとする。
(第30条)

	a	b	c	d	e
①	×	○	○	×	○
②	×	×	○	×	×
③	○	×	○	×	○
④	○	×	×	○	×
⑤	×	○	×	×	○

(☆☆☆◎◎◎◎)

【2】次の文は，学校保健安全法の条文について示したものである。文中の下線部a〜eについて，正しいものを〇，誤っているものを×としたとき，正しい組合せを，下の①〜⑤から一つ選びなさい。

第29条 学校においては，児童生徒等の安全の確保を図るため，当該学校の_a実情に応じて，危険等発生時において_b当該学校の児童生徒がとるべき措置の具体的内容及び_c手順を定めた対処要領を作成するものとする。

2 (略)

3 学校においては，事故等により児童生徒等に危害が生じた場合において，当該児童生徒等及び当該事故等により_d心理的外傷その他の心身の健康に対する影響を受けた児童生徒等その他の関係者の_e日常生活を回復させるため，これらの者に対して必要な支援を行うものとする。この場合においては，第10条の規定を準用する。

	a	b	c	d	e
①	×	×	×	〇	〇
②	〇	×	〇	〇	×
③	〇	〇	〇	×	×
④	×	〇	×	〇	〇
⑤	×	〇	〇	×	×

(☆☆☆〇〇〇)

【3】次の文は，小学校学習指導要領(平成20年告示)「第2章 各教科」「第9節 体育」「第2 各学年の目標及び内容」〔第5学年及び第6学年〕「2 内容」「G 保健」の一部を示したものである。文中の(ア)〜(オ)にあてはまる語句を語群a〜jから選んだとき，正しい組合せを，あとの①〜⑤から一つ選びなさい。ただし，同じ記号には同じ語句が入る。

(1) 心の発達及び不安，悩みへの対処について理解できるようにする。
　○ 心は，いろいろな(ア)を通して，(イ)に伴って発達すること。

○　心と体は，相互に影響し合うこと。

○　不安や悩みへの対処には，大人や友達に相談する，仲間と遊ぶ，（　ウ　）をするなどいろいろな方法があること。

(2)　けがの防止について理解するとともに，けがなどの簡単な手当ができるようにする。

　　（略）

(3)　病気の予防について理解できるようにする。

○　病気は，病原体，体の抵抗力，（　エ　），環境がかかわり合って起こること。

○　病原体が主な要因となって起こる病気の予防には，病原体が体に入るのを防ぐことや病原体に対する体の抵抗力を高めることが必要であること。

○　生活習慣病など(　エ　)が主な要因となって起こる病気の予防には，栄養の偏りのない食事をとること，口腔の衛生を保つことなど，望ましい生活習慣を身に付ける必要があること。

○　喫煙，飲酒，薬物乱用などの行為は，健康を損なう原因となること。

○　（　オ　）では，保健にかかわる様々な活動が行われていること。

≪語群≫

a　成長　　b　運動　　　c　ストレス　　d　学校　　e　生活経験
f　休養　　g　生活行動　h　社会体験　　i　年齢　　j　地域

	ア	イ	ウ	エ	オ
①	e	i	b	g	d
②	g	a	b	c	d
③	e	i	b	g	j
④	h	a	f	g	j
⑤	g	a	f	c	d

(☆☆☆◎◎◎◎)

【4】次の文は，中学校学習指導要領(平成20年告示)「第2章　各教科」「第7節　保健体育」「第2　各分野の目標及び内容」〔保健分野〕「2　内容」及び「3　内容の取扱い」の一部について述べたものである。文中の下線部a〜eについて正しいものを○，誤っているものを×としたとき，正しい組合せを，あとの①〜⑤から一つ選びなさい。

2　内容

(1)　心身の機能の発達と心の健康について理解できるようにする。

　　ア　身体には，多くの器官が発育し，それに伴い，様々な機能が発達する時期があること。また，発育・発達の時期やその程度には，個人差があること。

　　イ　思春期には，内分泌の働きによって生殖にかかわる機能が_a成熟すること。また，_a成熟に伴う変化に対応した適切な行動が必要となること。

　　ウ　(略)

　　エ　精神と身体は，相互に影響を与え，かかわっていること。

　　　　欲求やストレスは，心身に影響を与えることがあること。また，_b心の健康を保つには，欲求やストレスに適切に対処する必要があること。

3　内容の取扱い

(1)　(略)

(2)　内容の(1)のアについては，_c内分泌系，生殖器系を中心に取り扱うものとする。

(3)　内容の(1)のイについては，妊娠や出産が可能となるような_a成熟が始まるという観点から，受精・妊娠までを取り扱うものとし，_d妊娠の経過は取り扱わないものとする。

　　　また，身体の機能の_a成熟とともに，性衝動が生じたり，異性への関心が高まったりすることなどから，異性の尊重，_e情報への適切な対処や行動の選択が必要となることについて取り扱うものとする。

	a	b	c	d	e
①	◯	×	◯	×	×
②	×	×	◯	×	×
③	◯	◯	◯	◯	×
④	◯	◯	×	◯	◯
⑤	×	×	×	◯	◯

(☆☆☆☆◎◎◎◎)

【５】次の文は，「子どもの心身の健康を守り，安全・安心を確保するために学校全体としての取組を進めるための方策について」(答申)(平成20年1月中央教育審議会)の「Ⅲ　学校における食育の推進を図るための方策について」「2. 食育・学校給食に関する学校内の体制の充実」の一部について述べたものである。文中の下線部a〜eについて，正しいものを◯，誤っているものを×としたとき，正しい組合せを，あとの①〜⑤から一つ選びなさい。

学校における食育は，ₐ家庭科の時間を中心に，特別活動，各教科等の学校教育活動全体において，各教科等の指導内容・方法を生かしつつ，ᵦ教科横断的な指導として関連付け，体系的に行うことが重要である。

このため，各学校において，食に関する指導の全体計画を作成し，c栄養教諭のリーダーシップの下に関係教職員が連携・協力しながら，継続的，体系的な食育を行っていくとともに，関係教職員の食育に対する意識の向上を図ることが必要である。

文部科学省では，各学校における食に関する指導内容を充実させるため，教職員用の指導参考資料d「食に関する指導の手引」を作成し，各学校の取組を支援している。その中で，食に関する指導に係る全体計画に掲げることが望まれる内容や全体計画の作成，全体計画を踏まえた指導を進めるに際しての留意点等を示すとともに，学校における食育の推進に中核的な役割を担う栄養教諭の果たす役割を提示している。

288

今後，学校における食に関する指導の全体計画の策定率を向上させ，継続的，体系的な食に関する指導を充実させるためには，学校給食を_e「生きた教材」として活用した食に関する指導の全体計画の作成に関し，法制度の整備を検討することが望まれる。

	a	b	c	d	e
①	×	○	×	○	○
②	○	○	×	×	×
③	×	○	○	×	×
④	○	×	×	○	×
⑤	○	×	○	×	×

(☆☆☆◎◎◎)

【6】次のア～オの各文は，「児童生徒の健康診断マニュアル(改訂版)」(平成18年3月財団法人日本学校保健会)の一部について述べたものである。正しいものの組合せを，下の①～⑤から一つ選びなさい。

ア　保健調査は，健康診断がより的確に行われるとともに，診断の際の参考になるなど，健康診断を円滑に実施することができるという意義がある。

イ　身長や体重の伸びには個人差があるので，伸びが順調でない者に対しての助言は必要ない。

ウ　肥満ややせ傾向を把握するには，[実測体重(kg)－身長別標準体重(kg)]/身長別標準体重(kg)×100(%)の式に当てはめるより，カウプ指数(kg/m^2)を用いるほうがよい。

エ　視力C(0.6～0.3)・D(0.3未満)の者は，必要に応じて眼科の受診を勧め，その指示に従うよう指導する。

オ　歯科検診後は，要観察歯，歯周疾患要観察者と診断された者への個別指導，治療勧告などの事後措置を行う。

① ア・エ
② ア・オ
③ イ・オ

④　イ・エ
⑤　ウ・エ

(☆☆☆○○○○)

【7】次のア～オの各文は，「児童生徒の健康診断マニュアル(改訂版)」(平成18年3月財団法人日本学校保健会)の「尿の異常の有無」及び「健康診断時に注意すべき疾病及び異常」の腎臓疾患について述べたものである。正しいものを○，誤っているものを×としたとき，正しい組合せを，下の①～⑤から一つ選びなさい。

ア　蛋白尿と血尿とが同時に見られる「蛋白尿，血尿症候群」のほとんどが慢性腎盂腎炎で，血尿の多い症例ほど腎病変が強い傾向がある。学校検尿では，このグループの腎疾患を早期に発見，診断し，必要に応じて治療を勧めることを最大の目的としている。

イ　急性の尿路感染症は，排尿痛，頻尿，発熱腰痛などを訴えるので，症状により診断が可能であるが，慢性の尿路感染症は臨床症状が少なく，その発見が遅れがちであり，集団検尿による早期発見が重要である。

ウ　集団検尿を行うにあたっては，女子で採尿日が生理日及びその前後1～2日であれば，別の日に採尿させて検査する。

エ　起立性蛋白尿(体位性蛋白尿)，遊走腎，家族性良性血尿症候群は，治療は必要ない。

オ　蛋白尿は陰転することがあるので，検査は採尿した当日(採尿後6時間以内)に完了することが望ましいが，12時間後でも問題ない。

	ア	イ	ウ	エ	オ
①	×	○	○	○	×
②	×	○	×	○	○
③	○	○	×	×	×
④	○	×	○	×	×
⑤	×	×	×	○	○

(☆☆☆☆○○○)

290

【8】次の①～⑤の各文は，「児童生徒の健康診断マニュアル(改訂版)」
(平成18年3月財団法人日本学校保健会)の「色覚異常についての検査等」
及び「色覚に関する指導の資料」(文部科学省)の「色覚にかかる指導
のあり方」について述べたものである。適切でないものを，次の①～
⑤から一つ選びなさい。

① 学校で個別に行う色覚検査は，学習に支障が生じる色覚異常があ
るかどうか，色彩に関わる学習に配慮が必要になることがあるかど
うかを知るために行うものである。従って，学習に支障のない軽度
の色覚異常については，特に異常とはみなさない。

② 色覚検査を実施する場合の照明は，十分な明るさがある自然光で
行う。北側の窓からの採光で，だいたい午前10時から午後3時の間
がもっとも良いとされている。

③ 色覚検査を実施する場合には，保護者の同意を得る必要はないが，
児童生徒のプライバシーを守るため，個別検査が実施できる会場の
確保に留意する。

④ 色覚検査の方法は，被検査者を検査台の前に立たせ，眼と検査表
の面がおよそ50～75cmの距離で視線がほぼ垂直になるようにする。

⑤ 進路指導においては，色覚異常を本人の一つの特性と考え，いた
ずらに職業選択を狭めることがないよう，正確な資料に基づいた情
報を提供し，職業選択に役立てるようにすることが大切である。

(☆☆◎◎◎)

【9】次の表は，「〔改訂版〕学校環境衛生管理マニュアル」(平成22年3月
文部科学省)の「定期検査」の一部について述べたものである。表中の
(ア)～(カ)に入る数字または語句の正しい組合せを，あとの
①～⑤から一つ選びなさい。ただし，同じ記号には同じ数字又は語句
が入る。

項目	毎学年の実施回数	基準	事後措置
照度	（　ア　）回	教室及び黒板の照度は，（　イ　）ルクス以上であることが望ましい。	照度が不足する場合は，照明器具の清掃を行い，清掃後も照度が不足する場合は増灯する。
換気	（　ア　）回	二酸化炭素は，（　ウ　）ppm以下であることが望ましい。	二酸化炭素が，（　ウ　）ppmを超えた場合は，換気の強化を行うようにする。
ダニ又はダニアレルゲン	1回　温度及び湿度が高い時期に定期に行う。	（　エ　）匹/m²以下又はこれと同等のアレルゲン量以下であること。	①基準値を超える場合は，掃除等の方法を電気掃除機にし，（　オ　）丁寧に行う等の改善を行う。 ②保健室の寝具には，必ず布団カバーやシーツを掛け，使用頻度等を考慮し適切に取り替える。（　カ　）することによって，布団の中からのダニの出現を防ぐことができる。

	ア	イ	ウ	エ	オ	カ
①	1	800	0.15	10	週に2～3度	のり付け
②	1	500	1500	100	毎日	洗濯
③	2	500	15	10	週に2～3度	洗濯
④	3	300	0.15	50	週に1度	のり付け
⑤	2	500	1500	100	毎日	のり付け

（☆☆◎◎◎◎◎）

【10】次のア～オの各文は，微小粒子状物質(PM2.5)に関して述べたものである。正しいものを○，誤っているものを×としたとき，正しい組合せを，あとの①～⑤から一つ選びなさい。

ア　微小粒子状物質(PM2.5)には，物の燃焼などによって直接排出されるもの(一次生成)と，環境大気中での化学反応により生成されたも

の(二次生成)とがあり，一次生成粒子の発生源としては，ばい煙や粉じんを発生する施設，自動車，船舶，航空機などのほか，土壌，海洋，火山など自然由来のものや越境汚染による影響もある。また，家庭内でも，喫煙や調理，ストーブなどから発生する。

イ　微小粒子状物質(PM2.5)は，粒子の大きさが非常に小さいため，肺の奥深くまで入りやすく，喘息や気管支炎などの呼吸器系疾患のリスクの上昇が懸念されるだけでなく，循環器系への影響も懸念されている。

ウ　環境省に平成25年2月に設置された「微小粒子状物質(PM2.5)に関する専門家会合」では，注意喚起のための暫定的な指針となる値を1日平均値90μg/m³と定めている。しかし，呼吸器系や循環器系の疾患のある者，小児や高齢者などは個人差が大きいと考えられていることから，これより低い濃度でも健康影響が生じる可能性は否定できない。

エ　PM2.5濃度が暫定的な指針となる値を超えた場合には，屋外での長時間の激しい運動や外出をできるだけ減らすことが有効であり，その際屋内においても換気や窓の開閉を必要最小限にする必要がある。

オ　例年，春季から夏季にかけてPM2.5濃度が上昇する傾向がみられ，秋季から冬季にかけては比較的安定した濃度が観測されている。

	ア	イ	ウ	エ	オ
①	×	○	○	×	○
②	○	○	×	×	○
③	×	×	○	○	×
④	○	○	×	○	×
⑤	○	×	○	○	○

(☆☆☆☆☆◎◎)

293

【11】次のア～オの各文は，「保健室利用状況に関する調査報告書」(公益
　財団法人日本学校保健会　平成23年度調査結果)「第4章　保健室利用
　状況調査のまとめと考察」の一部について述べたものである。正しい
　ものを○，誤っているものを×としたとき，正しい組合せを，下の①
　～⑤から一つ選びなさい。

　※全国(岩手県，宮城県，福島県を除く)の公立小学校1,111校，中学校
　　1,101校，高等学校1,186校における調査結果である。

　ア　健康相談等で継続支援した事例「有」の割合は，小学校は6割，
　　中学校は8割，高等学校は9割であった。

　イ　保健室登校している児童生徒「有」の学校の割合は，中学校が高
　　かった。また，どの校種も開始時期は6月，7月が最も多く，次いで
　　5月であった。

　ウ　養護教諭が過去1年間に把握した心身の健康に関する問題等のあ
　　る児童生徒の数は，身体の健康に関してはどの校種もアレルギー疾
　　患が最も多く，次いで肥満傾向であった。

　エ　保健室登校している児童生徒「有」の学校の割合は，全体で1割
　　であった。

　オ　養護教諭が対応した内容は，どの校種も「健康観察」，「バイタル
　　サインの確認」，「けがの手当」，「教室復帰して経過観察」が多かっ
　　た。「健康相談」は，学校段階が上がるにつれ増加していた。

	ア	イ	ウ	エ	オ
①	○	○	×	○	○
②	×	×	×	○	○
③	○	○	○	×	×
④	×	○	○	○	×
⑤	○	×	○	×	○

(☆☆☆☆○○○)

【12】次のア～エの各文は，独立行政法人日本スポーツ振興センターの災害共済給付制度について述べたものである。正しいものを○，誤っているものを×としたとき，正しい組合せを，下の①～⑤から一つ選びなさい。

ア　独立行政法人日本スポーツ振興センターが行う医療費給付は，医療保険各法(健康保険，国民健康保険等)に基づく療養に要する費用の額が500点(5,000円)以上のものが，対象となる。500点の中には，「入院に係る食事療養標準負担額」や「保険外併用療養費」も含まれている。

イ　医療費給付は，負傷でその原因である事由が学校・保育所の管理下において生じたもの，学校給食に起因する中毒，その他の疾病でその原因である事由が学校・保育所の管理下において生じたもののうち文部科学省令で定めたものが対象となる。

ウ　学校の指導要録上，3月30日が卒業日の場合で，卒業式が3月15日の中学3年生が，卒業校での部活動で3月25日にケガをした場合は給付の対象となるが，卒業校での部活動で4月3日にケガをした場合は，給付の対象とならない。

エ　災害共済給付を受ける権利は，その給付事由が生じた日から3年間請求を行わないときは，時効によって消滅する。なお，給付事由が生じた日とは，その負傷・疾病について病院又は診療所に受診した日である。

	ア	イ	ウ	エ
①	×	○	○	×
②	○	×	○	○
③	×	○	×	○
④	○	○	×	×
⑤	×	×	○	○

(☆☆☆☆☆◎◎)

【13】次のア～オの各文は，子どもによくみられる運動器の症状・ケガ・故障について述べたものである。正しいものを○，誤っているものを×としたとき，正しい組合せを，下の①～⑤から一つ選びなさい。

ア　足関節には，内側と外側にしっかりした靱帯がある。足関節靱帯損傷(足首の捻挫)では，外側の靱帯のなかでも，前距腓靱帯という靱帯の損傷や断裂が最も多くみられる。

イ　すねの痛みの原因には，疲労骨折やシンスプリントといった病気がある。シンスプリントは，過労性の脛部骨折であり，すねの内側の下方3分の1に痛みや不快感が出る病気である。陸上のトラック競技や幅跳びなどで多い。

ウ　オスグッドシュラッター病は，繰り返し腱に加えられる外力によって，その付着部の骨・軟骨が損傷されるものである。スポーツと関連し，左右の膝に20～50%生じるといわれる。3：1で男子に多く，好発年齢は男子で10～15歳，女子で8～13歳である。

エ　骨の成長が終了するまでの肘の痛みでは，小頭障害(離断性骨軟骨炎)が最も多い。これは，リトルリーグ肘とも呼ばれ，肘の内側の隆起した骨を押さえると痛みが生じる。治療は，肘の痛みが出る動作を休むことで，多くは2～3週間安静にすれば痛みが消失する。

オ　上腕骨近位骨端線障害は，小・中学生に多くみられる。野球選手に多く，リトルリーグ肩とも呼ばれる。比較的予後は良好だが，再発することも多い。

	ア	イ	ウ	エ	オ
①	×	×	×	○	○
②	○	○	×	○	×
③	○	○	○	×	×
④	×	○	×	×	○
⑤	○	×	×	×	○

(☆☆☆☆☆○○○)

296

【14】 次の①～⑤の各文は，結核について述べたものである。適切でない
ものを，①～⑤から一つ選びなさい。

① 結核は，1950年頃日本における死因の第一位だったが，BCGとい
う予防接種が広く行われ，治療法も進んで，患者数や死亡者数が急
に減った。しかし，その後1997年には患者数が増加したため，厚生
省(現：厚生労働省)では，1999年に「結核緊急事態宣言」を発表し
て結核への注意を呼びかけた。

② 乳幼児から結核の予防接種(BCG)を受けておくことで発病を4分の
1に減らすことができる。BCGとは，牛の結核菌の毒力を弱めて開
発した予防接種用の「細菌」で，人には病気を起こさずに，しかも
人の結核菌にも共通な免疫をつくってくれる「弱毒生ワクチン」で
ある。

③ 学校保健安全法施行規則において，結核の有無の検査は，小学校
(特別支援学校の小学部を含む。)の全学年，中学校(中等教育学校の
前期課程及び特別支援学校の中学部を含む。)の全学年，高等学校(中
等教育学校の後期課程及び特別支援学校の高等部を含む。)及び高等
専門学校の第一学年，大学の第一学年で行うものとされている。

④ 結核は，学校保健安全法施行規則第18条における「学校において
予防すべき感染症」の第一種に当たるので，治癒するまで出席停止
の措置をとらなければならない。

⑤ 結核菌は，患者の口から飛び出す細かいしぶき(飛沫)の中に含ま
れている。この菌は，飛沫でうつるかぜの仲間の病原体と違い，飛
沫の水分が蒸発して裸の状態(飛沫核)になった後も生きていて空中
をただよい，人に吸い込まれれば感染を起こす。これを飛沫核感染
(空気感染)という。

(☆☆☆◎◎◎)

【15】次の文は，糖尿病について述べたものである。文中の下線部a〜eについて，正しいものを○，誤っているものを×としたとき，正しい組合せを，下の①〜⑤から一つ選びなさい。

　健康な人の血液の中のブドウ糖量は常に<u>80〜120mg/dl</u>レベルに保たれている。この調節を行っているホルモンの中で，最も重要なものが膵臓から分泌されるインスリンである。インスリンの分泌量が少なかったり，作用が弱くなったりすると，血中の<u>ブドウ糖</u>を利用したり，グリコーゲンや脂肪として蓄積することがうまくできなくなり，血糖値が上昇する。その血糖値が170mg/dl超えると<u>血液中</u>に糖が検出される。血糖値が著しく高くなると，のどが渇き，ひっきりなしに水を飲む，尿の回数，量が増える，また，疲れやすくゴロゴロして元気がなく，<u>やせてきて</u>，吐き気や嘔吐，腹痛を生じ，ひどくなると昏睡状態になる。このような糖尿病の症状があって，血糖値が200mg/dl以上の場合は，直ちに糖尿病と診断される。もし，このような症状がなくて尿糖が陽性の時は，糖負荷試験を行って診断する。

　糖尿病には，1型と2型の病型があるが，<u>2型糖尿病</u>はインスリンの分泌機能が著しく低下しているので，毎日必ずインスリン注射をしなければならない。そして，インスリン療法と食事療法と運動療法の三つの治療法をうまく組み合わせて治療する。

	a	b	c	d	e
①	○	×	○	×	×
②	○	○	×	○	×
③	×	○	○	×	○
④	○	×	○	○	×
⑤	×	×	×	○	○

(☆☆☆☆☆◎◎◎)

【16】 次の①～⑤の各文は，医薬品について述べたものである。適切でないものを，①～⑤から一つ選びなさい。

①　医療用医薬品は，医師，歯科医師から，または医師，歯科医師の処方せんに基づき薬局において薬剤師からのみ得ることができる。

②　医薬品の副作用とは，「許可医薬品が適正な使用目的に従い，適正に使用された場合においてもその許可医薬品により人に発現する有害な反応をいう。」と定義されており，きまりを守って使用した場合の副作用により生じた健康被害については，「医薬品副作用救済制度」という救済制度がある。

③　薬事法の一部改正(平成21年6月1日施行)により，一般用医薬品の販売等の方法が新たに定められた。それによると，一般用医薬品の分類(第1類，第2類，第3類等)により販売方法が異なり，一般用医薬品の第1類医薬品及び第2類医薬品については，「薬剤師が販売又は授与させなければならない」とされたが，第3類医薬品については，「薬剤師又は登録販売者が販売又は授与させなければならない」とされた。

④　医療用医薬品は，医療保険やその他の公的補助の対象になっている。日本では，医療を受ける際には原則として何らかの公的補助が活用できるようになっている。この制度を「国民皆保険制度」という。

⑤　体内に入った医薬品は，消化器官から循環器官をたどる過程を経て，最終的に血液に入り，その流れにのって患部まで届き作用する。血液の中に含まれている医薬品の濃度を血中濃度といい，この血中濃度によって医薬品の薬効が決まる。

(☆☆☆◎◎◎)

【17】 次のア～オの各文は，応急手当について述べたものである。各文について，正しいものを○，誤っているものを×としたとき，正しい組合せを，下の①～⑤から一つ選びなさい。

ア　捻挫や打撲に対して冷却する目的は，痛みを軽くするためであり，20分以上続けて冷やすことが望ましい。

イ　毒物を摂取した場合，一律に水や牛乳を飲ませない理由は，これらの処置により毒物の消化管からの吸収が促進されたり，嘔吐を誘発し誤嚥する危険性があるからである。

ウ　重症例の低体温では，急速に加温すると温かい血液が中心循環に移動するため，一時的に中心部の体温の上昇，血圧の上昇を起こす。したがって，電気毛布を使用することが望ましい。

エ　全身けいれんが長時間持続する「けいれん重積状態」では，呼吸と循環が障害されることはないため，けいれんが続く場合でも，ただちに医療機関に搬送する必要はない。

オ　脊椎損傷が疑われる傷病者の回復体位は，気道の開通を維持しながら，頸椎の動揺を最小限とすることを目的とし，傷病者の下になる腕を頭側に伸展し，その腕に頭部が乗るようにして体を回転し側臥位とした後に，傷病者の両膝を屈曲させる。

	ア	イ	ウ	エ	オ
①	○	×	×	○	×
②	×	○	○	×	×
③	○	○	×	×	○
④	×	○	×	×	○
⑤	×	×	○	○	×

(☆☆☆◎◎◎)

300

【18】次の文は，ヒトの足の骨のしくみについて述べたものであり，下の
図はヒトの足の骨の図(右足の上面)である。図中の(ア)〜(オ)
に当てはまる語句の正しい組合せを，下の①〜⑤から一つ選びなさい。

　　足根骨は7個の小さい不規則な形の短骨からなる。すなわち踵骨・
距骨・舟状骨(足の)・立方骨，および内側・中間・外側楔状骨である。

　　中足は中手に似ていて，5個の中足骨がある。どの骨も足根骨と足
根中足関節(リスフラン関節)をつくる。

　　足の指骨は，手の指骨と同様である。母指は2個の骨，第2・第3・
第4および小指は3個の骨からなる。

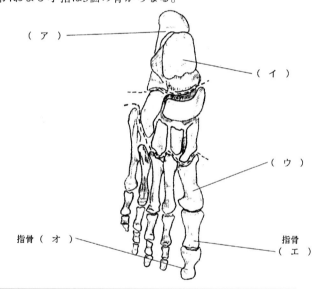

	ア	イ	ウ	エ	オ
①	立方骨	距骨	末節骨	中節骨	基節骨
②	距骨	踵骨	基節骨	中節骨	末節骨
③	踵骨	距骨	中足骨	基節骨	末節骨
④	距骨	踵骨	末節骨	中節骨	基節骨
⑤	踵骨	立方骨	中足骨	基節骨	末節骨

(☆☆☆◎◎)

【19】次の図は，大脳新皮質の機能分化(大脳半球の外側面)を示したものである。図中の(ア)〜(オ)の場所で支配又は調節する運動や感覚を，語群a〜eから選んだとき，正しい組合せを下の①〜⑤から一つ選びなさい。

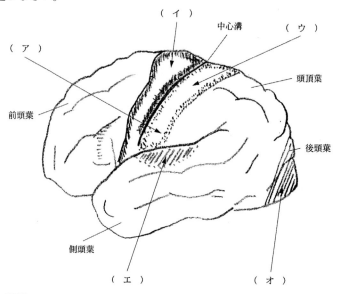

≪語群≫

a 随意運動　　b 聴覚　　c 視覚　　d 味覚　　e 皮膚感覚

	ア	イ	ウ	エ	オ
①	b	a	e	d	c
②	d	a	e	b	c
③	e	d	a	c	b
④	d	e	a	b	c
⑤	d	a	e	c	b

(☆☆☆○○○○)

【20】次の文は，ヒトの脳のしくみについて述べたものであり，下の図は
ヒトの脳(正中断面)の図である。文中及び図中の(ア)～(オ)に
当てはまる語句を記入しなさい。

　脳は，頭蓋腔のなかにあって髄膜や髄液で保護されている。(ア)
は，運動の調節，平衡を保つ中枢である。(イ)は，生命維持にき
わめて重要な呼吸運動や心臓の拍動を調節する中枢である。

　(ウ)は，全身の筋肉運動をコントロールしている。(エ)は，
ホルモン分泌を調節する。(オ)は，脳全体の1％にもならないが，
「生命の中枢」といわれるほど重要な存在である。

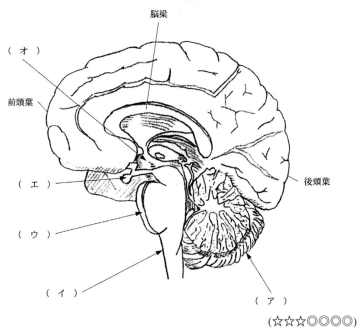

(☆☆☆○○○○)

【21】次の文は，心臓の構造と，児童生徒の心臓病について述べた文である。（　ア　）～（　オ　）に当てはまる語句を記入しなさい。

　正常な心臓は，4つの部屋と2つの壁(中隔)，そしてそれぞれの部屋につながる4種類の主な血管からできている。4つの部屋は右側の右心房と右心室，左側の左心房と左心室と呼ばれる。

　循環の流れは，全身からの血液が集まって大静脈となり右心房につながる。右心房から右心室につながり，右心室から肺動脈に血液は駆出され，肺ではガス交換が行われて赤血球や血液中に酸素を取り込んでから肺静脈に集められて左心房につながる。左心房から左心室につながって，左心室からは全身に血液を送るルートとなる大動脈に駆出される。

　また，心臓の中には4つの弁があって，血液が逆流しないようにしている。これらは右心房と右心室の間にある（　ア　）と右心室の出口にある肺動脈弁，左心房と左心室の間にある（　イ　）と左心室の出口にある大動脈弁である。

　生まれつきの心臓病である先天性心疾患は，出生1000人に対して8～10人位の頻度でみられる。もっとも多いのは（　ウ　）症である。（　エ　）症，動脈管開存症，ファロー四徴症等も多い。これらの4疾患で，先天性心疾患全体の80％以上を占めている。

　後天性心疾患も少なからずみられ，最近でもっとも多くみられるのは，（　オ　）病による心臓後遺症である。

（☆☆☆☆◎◎◎）

【22】 次のグラフは，性感染症報告数(厚生労働省)を示したものである。
グラフのアに当てはまる性感染症名を感染症法で定められた疾患名で
記入しなさい。

平成24年における性感染症の種類別報告数(定点報告)

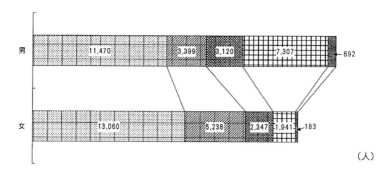

(人)

(☆☆☆☆○○○)

【23】 次の各文は，飲酒と健康について述べたものである。文中の(ア)
～(オ)に当てはまる語句を記入しなさい。ただし，同じ記号には
同じ語句が入る。

酒の主成分は(ア)である。(ア)は，からだの各部位にさまざ
まな作用を与える薬物であり，主な作用には利尿・麻酔がある。麻酔
作用のために現れる症状を酔いという。

酒を飲むと，(ア)は血液に溶けて(ア)を代謝する臓器である
(イ)に運ばれ分解される。

飲酒によって顔が赤くなるのは，(ア)が分解される途中でつく
られる(ウ)の作用によると考えられている。

日本人の約半数近くは，(ウ)を分解する酵素の働きが弱いか，
酵素を持っていないといわれている。

(エ)とは，長年の飲酒によって，心身に害があることがわかっ
ていても，つねに飲みたいという欲望をおさえられず，社会的義務や

責任よりも飲酒が優先する状態であると定義されている(WHO，1975年)。

わが国では，20歳未満は(　オ　)法により飲酒することが禁止されている。

(☆☆☆☆○○○)

【24】次の文は，学校保健安全法施行規則の条文の一部である。文中の(　ア　)～(　オ　)に当てはまる語句を漢字で記入しなさい。ただし，文中の「法」は，「学校保健安全法」を示している。

第6条　法第13条第1項の健康診断における検査の項目は，次のとおりとする。

一　身長，体重及び座高
二　栄養状態
三　(　ア　)及び胸郭の疾病及び異常の有無
四　視力及び聴力
五　眼の疾病及び異常の有無
六　(　イ　)及び皮膚疾患の有無
七　歯及び(　ウ　)の疾病及び異常の有無
八　(　エ　)の有無
九　心臓の疾病及び異常の有無
十　尿
十一　寄生虫卵の有無
十二　その他の疾病及び異常の有無

2　前項各号に掲げるもののほか，(　オ　)及び肺活量，背筋力，握力等の機能を，検査の項目に加えることができる。

(☆☆☆○○○○○)

【25】学校保健安全法施行規則の一部改正(平成24年4月1日施行)により，学校において予防すべき感染症の種類や出席停止期間の基準が改正されたが，第二種感染症に追加された感染症の名称を1つと，出席停止

306

期間の基準が改められた感染症の名称を3つ記入しなさい。

(☆☆☆☆◎◎◎◎)

【26】「養護教諭のための児童虐待対応の手引」(平成19年10月文部科学省)に示された，児童虐待の種類を4つ答えなさい。

(☆☆◎◎◎◎)

解答・解説

【1】③

〈解説〉bは健康相談，dは運動が正しい。学校保健安全法は，養護教諭の職務を行う上で基本となる法規なので学習しておくこと。特に，保健室の設置について記載されている第7条，健康相談に関する第8条，保健指導に関する第9条は頻出であり，条文暗記が望ましい。

【2】②

〈解説〉bは当該学校の職員，eは心身の健康が正しい。学校における安全管理の目的は，潜在する危険を早期に発見するとともに事故災害を防止すること，安全管理の活動を通して安全指導の充実を図ること，危険箇所を発見し安全確保の措置を講ずることの3つがあげられる。

【3】③

〈解説〉学習指導要領に示されている保健学習および保健指導関連に関して確認しておこう。小学校の保健学習の目標は「心と体を一体としてとらえ，(身近な生活における)健康・安全についての理解を通して，健康の保持増進を図り楽しく明るい生活を営む態度を育てる」であり，第3～4学年では「毎日の生活と健康」「育ちゆく体とわたし」について学習する。第5，6学年の学習内容とあわせて覚えておこう。

307

【4】④

〈解説〉cは呼吸器，循環器が正しい。中学校の保健学習について，第1学年では「心身の機能の発達と心の健康」，第2学年では「健康と環境」と「傷害の防止」，第3学年では「健康な生活と疾病の予防」を学習する。なお，性教育を行うにあたっては，保護者に対しても理解と協力を求める等が必要になることもおさえておきたい。

【5】①

〈解説〉aは給食，cは校長が正しい。現代，子どもたちの偏った栄養摂取，朝食欠食等の食生活の乱れや肥満傾向の増大などが見られ，食生活の乱れが生活習慣病を引きおこす一因であることも懸念されている。学校教育においても，子どもたちの生活や学習の基盤としての食に関する指導の充実が求められている。学校における食育の推進にあたっては，6つの目標が掲げられているので覚えておくとよい。

【6】②

〈解説〉イ　発育には個人差があるが，発育期にある子どもの体重の増えが悪い場合や急激に増加したりする場合には何か大きな健康上の問題がある場合も考えられるため，発育曲線等を用いて慎重に調査する必要がある。　ウ　成長期の子どもに関するカウプ指数(BMI)は，年齢や身長によって基準値が大きく異なり，個々の子どもの栄養状態を追跡して評価するには不適当としている。なお，ローレル指数もBMIと同様の問題があることに注意する。

【7】①

〈解説〉アは慢性腎盂腎炎ではなく慢性糸球体腎炎が正しい。オについて，蛋白尿は6〜12時間後に陰転することがあるので，検尿は採尿後およそ5時間以内に行うことが望ましいとされている。

【8】③

〈解説〉保護者の同意を得る必要はないではなく，保護者の同意を得て実施する。学校における色覚検査は必須項目ではないため，必要な場合に行う。学校で検出されるのは主に先天性赤緑色覚異常で，赤色または緑色に感じる錐体細胞のどちらかに異常があるが，その程度はさまざまである。

【9】⑤

〈解説〉学校環境衛生基準に関する問題は，基準・検査方法を覚えていれば容易に解ける問題がほとんどであるので，数値の混同に注意しながら学習するとよい。出題以外にも相対湿度やコンピューター教室等の机上の照度なども頻出なので覚えておこう。

【10】④

〈解説〉ウ　1日平均90μg/m³ではなく，70μg/m³が正しい。　オ　冬季から春季にかけてPM2.5の濃度が上昇，夏季から秋季にかけては比較的安定した濃度が観測されている，が正しい。PM2.5とは，大気中に浮遊する小さな粒子のうち，粒子の大きさが2.5μm(1μm＝1mmの千分の1)以下の非常に小さな粒子のことである。その成分には，炭素成分，硝酸塩，硫酸塩，アンモニウム塩のほか，ケイ素，ナトリウム，アルミニウムなどの無機元素などが含まれている。

【11】⑤

〈解説〉イについて，保健室登校の開始時期は小学校では9月，中学校と高等学校は10月からが最も多い。エは1割ではなく，3割が正しい。保健室利用状況の実態を把握しておくことは，将来養護教諭として働くうえで非常に大切である。なお，養護教諭が対応した内容として，小学校ではけがの手当て，健康観察，中学校では健康観察，バイタルサインの確認，高等学校では健康観察，バイタルサインの確認の順となっている。

【12】①

〈解説〉ア　保険外併用療養費の場合，自由診療分もすべて対象になるわけではない。　エ　3年間ではなく，2年間が正しい。

【13】⑤

〈解説〉スポーツ障害とは，繰り返すスポーツ動作で身体の特定部位が酷使されることによっておこる故障で，例えばジャンパー膝は，主にオスグッドシュラッター病と同様のスポーツ活動で起こるが，やや年齢が高い傾向がある。オスグッド病，野球肘，シンスプリント等のスポーツ障害についてまとめておこう。　イ　シンスプリントは脛部骨折ではなく，脛部痛が正しい。　エ　リトルリーグ肘は，小頭障害ではなく内側上顆障害を指す場合が多い。

【14】④

〈解説〉結核とは結核菌による感染性疾患である。日本では結核の約8割は肺結核で，結核菌が肺の内部で増え，さまざまな炎症が起こる。初期症状はカゼと似ているが咳，痰，発熱などの症状が長く続く特徴がある。ひどくなると，だるさや息切れ，血の混じった痰などが出始め，喀血や呼吸困難に陥り，死に至ることもある。

【15】②

〈解説〉cは尿，eは1型糖尿病が正しい。1型糖尿病は，膵臓のβ細胞というインスリンを作る細胞が破壊され，体内のインスリンの量が絶対的に足りなくなって起こる。子どものうちに始まることが多い。2型糖尿病は，インスリンの出る量が少なくなって起こるものと，肝臓や筋肉などの細胞がインスリン作用をあまり感じなくなるために，ブドウ糖がうまく取り入れられなくなって起こるものがある。食事や運動などの生活習慣が関係している場合が多い。

【16】③

〈解説〉第1類医薬品は「薬剤師が販売又は授与させなければならない」，第2～3類医薬品は「薬剤師又は登録販売者が販売又は授与させなければならない」とされている。医薬品に関しては「学校における薬品管理マニュアル」(財団法人日本学校保健会)を熟読しておこう。特に，学校での一般用医薬品の管理責任者は校長であること，一般用医薬品の取扱いについては，教職員の共通理解を図ること等もおさえておきたい。

【17】④

〈解説〉ア　冷却時間は部位や個人によって差があるが，一般的に15～20分が目安とされている。　ウ　末端部への加温やマッサージは，冷たい末端の血液が体の深部に流れ込むと心室細動をおこす恐れがあるため行なわない。低体温症は寒冷環境や体熱が奪われた状態が原因となり普段の生活の中で起こりうる事故である。冬場だけでなく雨や霧等で濡れた場合も起こりうるので，登山やマラソン時等に特に注意する。エ　「重積状態」であれば脳への影響が考えられるので，救急車で病院へ搬送するほうがよい。「重積」の目安は普段より長く続いた場合，短い発作を何度も繰り返し，発作と発作の間の時間帯に意識がしっかり戻らないとき等があげられる。

【18】③

〈解説〉骨格図や解剖図に関しては，名称をしっかり覚えておこう。なお，人間の全身の骨の数は約200あるが，そのうち「足」は種子骨を加えると左右で56個，つまり約4分の1を占める計算になる。足には小さな骨がたくさん集まっており，体を支え，さまざまな動きを可能としている。

【19】②

〈解説〉大脳は脳のなかで最も主要な部分で，大脳皮質には運動野，体性

感覚野，視覚野，聴覚野，嗅覚野，味覚野，言語野など，機能の諸中枢が特定の部分に分布している。新皮質と大脳皮質(灰白質)は大脳の表面に広がる，神経細胞の灰白質の薄い層のことである。

【20】ア　小脳　　イ　延髄　　ウ　橋　　エ　下垂体　　オ　視床下部
〈解説〉脳の構造やそのはたらきは頻出なので，ポイントをおさえておくこと。なお，間脳は大脳におおわれていて一部が見えるだけである。視床脳と視床下部などに分けられ，嗅覚を除くすべての感覚線維を中継する。中脳は大脳と脊髄，小脳を結ぶ伝導路であり，視覚反射および眼球運動に関する反射の中枢，聴覚刺激に対し反射的に眼球や体の運動をおこす中枢，身体の平衡，姿勢の保持に関する中枢などがある。

【21】ア　三尖弁(右房室弁)　　イ　僧帽弁(左房室弁)　　ウ　心室中隔欠損　　エ　心房中隔欠損　　オ　川崎
〈解説〉心臓病は学校健診で発見されることも多い。どの心筋症も不整脈が伴うと致死性心事故が起こる可能性が高くなるため，見かけ上は元気でも不整脈を予防するための薬の服用や運動制限が必要となる。特に肥大型心筋症は突然死の危険が大きい。保健指導としては，過労・睡眠不足・ストレスなどで心臓に負担を与えないように注意させる。

【22】性器クラミジア感染症
〈解説〉イは性器ヘルペスウイルス感染症，ウは尖圭コンジローマ，エは淋菌感染症，オは梅毒が該当する。性器クラミジア感染症は，男性と女性で症状が異なる。男性は尿道から膿が出る。排尿の時に痛みを伴うが，淋菌性尿道炎より軽いといわれる。一方，女性は自覚症状がない場合が多く，腹膜炎を起こして腹痛で発見されることがある。

【23】ア　アルコール(エチルアルコール，エタノール)　　イ　肝臓　　ウ　アセトアルデヒド　　エ　アルコール依存症　　オ　未成年者飲

酒禁止

〈解説〉発育期にある青少年の飲酒は，急性アルコール中毒，臓器障害，危険行動などを招く危険性がある。特に，急性アルコール中毒は20代の若者と未成年者に多い。また，青少年期からの飲酒は，アルコール依存症になりやすくなる。飲酒を行うことで未成年者飲酒禁止法に違反するだけでなく，学習能力の低下や集中力の低下，学校生活への悪影響などがあることも児童生徒に理解させるような保健教育が求められている。

【24】ア　脊柱　　イ　耳鼻咽頭疾患　　ウ　口腔　　エ　結核
　　　オ　胸囲

〈解説〉児童生徒の定期健診からの出題である。健康診断は養護教諭の重要な職務の一つであるので，検査項目や方法，技術的基準，事後措置等を熟知しておくことは必須である。検査項目は，就学時健診，児童生徒の定期健診，職員の定期健診でそれぞれ異なるので注意すること。また，実施時期や実施主体もそれぞれ異なるので覚えておこう。

【25】追加された感染症名…髄膜炎菌性髄膜炎　　出席停止期間の基準が改められた感染症名…インフルエンザ，流行性耳下腺炎，百日咳

〈解説〉学校で予防すべき感染症は頻出であるので，感染症名や特徴，出席停止期間などを把握しておこう。髄膜炎菌性髄膜炎については，くしゃみなどにより飛沫感染することに加え，治療を行わないとほぼ死に至るという重篤性を配慮して改正された。

【26】性的虐待，ネグレクト，身体的虐待，心理的虐待

〈解説〉児童虐待については本資料のほかに，いわゆる児童虐待防止法を参照すること。なお，児童相談所における児童虐待相談対応件数を見ると，最も多いのは身体的虐待で，続いて心理的虐待，ネグレクトと続く(平成24年)。この3つに大きな差はないので，順位が代わる可能性がある。最新のデータを確認するようにしておこう。

2014年度　　実施問題

【1】次の各文は，学校保健安全法の条文について示したものである。文中の下線部a～dについて，正しいものを○，誤っているものを×としたとき，正しい組合せを，下の①～⑤から一つ選びなさい。

　学校においては，児童生徒等及び職員の心身の健康の保持増進を図るため，児童生徒等及び職員の健康診断，a環境衛生検査，児童生徒等に対する指導その他保健に関する事項について計画を策定し，これを実施しなければならない。

　b校長は，学校環境衛生基準に照らしてその設置する学校の適切な環境の維持に努めなければならない。

　養護教諭その他の職員は，相互に連携して，健康相談又は児童生徒等のc健康状態の日常的な観察により，児童生徒等の心身の状況を把握し，健康上の問題があると認めるときは，遅滞なく，当該児童生徒等に対して必要な指導を行うとともに，必要に応じ，その保護者に対して必要な助言を行うものとする。

　学校の設置者は，この法律の規定による健康診断を行おうとする場合その他政令で定める場合においては，d保健所と連絡するものとする。

	a	b	c	d
①	○	○	×	○
②	×	×	○	×
③	×	○	×	○
④	○	×	○	○
⑤	○	×	×	×

(☆☆☆◎◎◎)

【2】次の文は,「子どもの心身の健康を守り,安全・安心を確保するために学校全体としての取組を進めるための方策について」(答申)(平成20年1月中央教育審議会)の「Ⅱ　学校保健の充実を図るための方策について」「3　学校,家庭,地域社会の連携の推進」の一部を述べたものである。文中の下線部a〜eについて,正しいものを○,誤っているものを×としたとき,正しい組合せを,あとの①〜⑤から一つ選びなさい。

　近年,保健室に来室する子どもが増えており,来室の背景要因としては,「身体に関する問題」より「心に関する問題」が多くなっていることや,「a家庭・生活環境に関する問題」も少なからず見られることから,学校と家庭との連携がより一層必要となっている。

　また,メンタルヘルスに関する課題で,連携が円滑に進められなかった事例の主な理由として,小学校,中学校,高等学校ともに「保護者が連携に消極的であった」ことが挙げられている。

　健康課題に関する子どもの支援に当たっては,家庭の理解と協力を得ることが不可欠なため,日ごろから家庭に対するb経済的支援を行うなど,家庭との信頼関係の構築に絶えず努めておくことが必要である。また,PTAは,学校と家庭との連携を図る上で重要な組織であることから,これらと効果的な連携を図ることが必要である。

　学校と地域の連携については,平成9年の保健体育審議会答申において,「地域にある幼稚園や小学校・中学校・高等学校の学校保健委員会が連携して,地域の子どもたちのc健康課題の協議などを行うため,d地域学校保健計画の策定の促進に努めることが必要である」と提言されている。

　このような中学校区などを単位としたe養護教諭間の連携は引き続き推進する必要があるが,子どもの健康課題は,その地域の特性を踏まえた取組の実施が重要であり,また,教育委員会はもとより母子保健や保健福祉などを担当する機関とも組織的に連携して対応していく必要がある。

	a	b	c	d	e
①	○	×	○	×	×
②	×	×	○	○	×
③	×	○	○	○	×
④	○	×	×	×	○
⑤	○	○	×	×	○

(☆☆☆○○○○)

【3】次の文は，「中学校施設整備指針」(平成22年3月文部科学省)「第3章　平面計画」「第9　管理関係室」「3　保健室」の一部を抜粋したものである。文中の（　ア　）～（　オ　）に当てはまる語句を語群a～jから選んだとき，正しい組合せを，あとの①～⑤から一つ選びなさい。

3　保健室

(1)　（　ア　），良好な日照，採光，通風などの環境を確保することのできる位置に計画することが重要である。

(2)　特に（　イ　）との連絡がよく，生徒の出入りに便利な位置に計画することが重要である。

(3)　救急車，レントゲン車などが容易に近接することのできる位置に計画することが重要である。

(4)　（　ウ　）との連絡及び便所等との関連に十分留意して位置を計画することが望ましい。

(5)　健康に関する情報を伝える掲示板を設定するなど，（　エ　）の中心となるとともに，生徒の（　オ　）の場として，生徒の日常の移動の中で目にふれやすく，立ち寄りやすい位置に計画することが望ましい。

《語群》

a　カウンセリング　　b　来校した保護者　　c　教室
d　職員室　　　　　　e　静かで　　　　　　f　健康教育
g　学習支援　　　　　h　開放的で　　　　　i　情報発信
j　屋内外の運動施設

	ア	イ	ウ	エ	オ
①	e	j	c	i	a
②	h	b	j	f	g
③	e	b	c	i	a
④	h	c	d	f	g
⑤	e	j	d	f	a

(☆☆☆◎◎)

【4】次の各文は、健康増進法の条文について示したものである。文中の下線部a～eについて、正しいものを○、誤っているものを×としたとき、正しい組合せを、下の①～⑤から一つ選びなさい。

　この法律は、我が国における急速な_a医療技術の進展及び_b疾病構造の変化に伴い、国民の健康の増進の重要性が著しく増大していることにかんがみ、国民の健康の増進の総合的な推進に関し基本的な事項を定めるとともに、国民の_c運動の改善その他の国民の健康の増進を図るための措置を講じ、もって_d国民保健の向上を図ることを目的とする。

　国民は、健康な_e生活習慣の重要性に対する関心と理解を深め、生涯にわたって、自らの健康状態を自覚するとともに、健康の増進に努めなければならない。

	a	b	c	d	e
①	×	×	×	○	×
②	○	○	○	○	×
③	○	×	×	×	○
④	×	○	×	○	○
⑤	×	×	○	×	○

(☆☆☆◎◎◎)

【5】次の各文は、小学校学習指導要領(平成20年告示)「第2章　各教科」「第9節　体育」「第2　各学年の目標及び内容」〔第3学年及び第4学年〕「2　内容」「G　保健」の一部について示したものである。文中の下線

部a〜eについて，正しいものを○，誤っているものを×としたとき，正しい組合せを，下の①〜⑤から一つ選びなさい。

毎日を健康に過ごすには，食事，運動，休養及び睡眠の調和のとれた生活を続けること，また，a心の健康を保つことなどが必要であること。

毎日を健康に過ごすには，明るさの調節，換気などのb生活環境を整えることなどが必要であること。

体はc年齢に伴って変化すること。また，体の発育・発達には，d男女差があること。

体は，思春期になると次第に大人の体に近づき，体つきが変わったり，初経，精通などが起こったりすること。また，e異性への関心が芽生えること。

	a	b	c	d	e
①	○	○	×	○	×
②	×	○	○	×	○
③	×	×	×	○	○
④	○	×	○	×	○
⑤	○	×	○	○	×

(☆☆○○○○)

【6】次の各文は，中学校学習指導要領(平成20年告示)「第2章　各教科」「第7節　保健体育」「第2　各分野の目標及び内容」〔保健分野〕「2　内容」の一部を抜粋したものである。文中の(ア)〜(オ)に当てはまる語句を語群a〜jから選んだとき，正しい組合せを，あとの①〜⑤から一つ選びなさい。ただし，同じ記号には同じ語句が入る。

健康は，主体と(ア)の相互作用の下に成り立っていること。また，疾病は，主体の要因と(ア)の要因がかかわり合って発生すること。

喫煙，飲酒，薬物乱用などの行為は，心身に様々な影響を与え，健康を損なう原因となること。また，これらの行為には，個人の(イ)や

人間関係，社会環境が影響することから，それぞれの要因に適切に対処する必要があること。

　感染症は，病原体が主な要因となって発生すること。また，感染症の多くは，発生源をなくすこと，（　ウ　）すること，主体の抵抗力を高めることによって予防できること。

　健康の保持増進や疾病の予防には，保健・（　エ　）機関を有効に利用することがあること。また，（　オ　）は，正しく使用すること。

《語群》

a　行政　　　　　　　b　生活環境　　　c　医療制度

d　感染経路を遮断　　e　環境　　　　　f　医薬品

g　予防接種を普及　　h　医療　　　　　i　心理状態

j　社会

	ア	イ	ウ	エ	オ
①	e	b	d	a	f
②	j	i	d	a	c
③	e	i	g	a	f
④	j	b	g	h	c
⑤	e	i	d	h	f

（☆☆☆○○○○）

【7】次の各文は，児童生徒の健康診断票の記入上の注意について述べたものである。文中の下線部a〜eについて，正しいものを○，誤っているものを×としたとき，正しい組合せを，あとの①〜⑤から一つ選びなさい。

　「栄養状態」の欄には，栄養不良又は肥満傾向で特に注意を要すると認めたものを_a「要指導」と記入する。

　「結核の疾病及び異常」の欄には，_b疑いのある病名又は異常名を記入する。

　「年齢」の欄には，定期の健康診断が行われる_c学年の始まる前日に達する年齢を記入する。

319

「寄生虫卵」の欄には，d寄生虫卵の保有の有無を記入する。
　「学校医」の欄には，学校保健安全法施行規則第9条の規定によって学校においてとるべき事後措置に関連して学校医が必要と認める所見を記入押印し，e押印した月日を記入する。

	a	b	c	d	e
①	×	○	○	×	○
②	○	×	×	○	○
③	×	○	×	×	○
④	×	○	×	○	×
⑤	○	×	○	×	×

(☆☆☆◎◎◎)

【8】次のア～オの各文は，児童生徒の聴力検査の手順について述べたものである。各文について，正しいものを○，誤っているものを×としたとき，正しい組合せを，あとの①～⑤から一つ選びなさい。

ア　検査は聞こえのよい耳から始めるが，どちらが良く聞こえるか分からない時は，右耳から始める。

イ　まず4000Hz　25dBの音を聞かせ，明確な応答が得られたら，1000Hz　30dBの音を聞かせ応答を確かめる。

ウ　検査の結果は，健康診断票の聴力の欄に，応答がなければ○と記入する。さらに応答がない場合は難聴の疑いとして再検査を行う。

エ　検査学年は，小学校3・5年及び中・高等学校3学年を除くことができる。

オ　再検査では，全く聞こえなくなった時から音量を次第に強めていき，初めて聞こえた点を閾値と決めることが重要である。

	ア	イ	ウ	エ	オ
①	×	×	○	○	×
②	×	○	○	×	○
③	○	×	×	○	○
④	○	×	○	×	○
⑤	○	○	×	○	×

(☆☆○○○○)

【9】次のア～オの各文は,「紫外線環境保健マニュアル」(2008年環境省)の一部について述べたものである。各文について,正しいものを○,誤っているものを×としたとき,正しい組合せを,下の①～⑤から一つ選びなさい。

ア　皮膚がんに関しては,有色人種は白色人種に比べて紫外線の影響が大きい。

イ　日焼けは,私たちの体が紫外線による被害を防ごうとする防衛反応であり,その効果は大きい。

ウ　紫外線は,一日のうちでは正午ごろ,日本の季節では6月から8月に最も強くなる。

エ　薄い雲の場合でも紫外線は通過するので,曇った日でも日焼けをする。

オ　日光浴の途中で定期的な休憩をとると,日焼けを起こさない。

	ア	イ	ウ	エ	オ
①	○	×	×	○	○
②	×	○	○	×	×
③	○	×	×	×	○
④	×	×	○	○	×
⑤	×	○	○	○	○

(☆☆☆○)

【10】次の①～⑤の各文は，学校における安全教育について述べたもので
ある。適切でないものを，①～⑤から一つ選びなさい。
① 学校における安全に関する指導は，学習指導要領に基づき，適切
に行うこととされている。
② 学校においては，危険等発生時対処要領(危機管理マニュアル)を
確実に作成し，それに沿った適切な対応ができるようにすることに
加え，個々の児童生徒等の状況等に応じた臨機応変な指導にも留意
する必要がある。
③ 学校安全には，大きく分けて生活安全，交通安全，災害安全の3
つがある。いずれも重要な課題ではあるが，教育課程編成上，時間
の確保が困難なので，重要度は，交通安全を第一とし，第二に生活
安全，第三に災害安全とする。
④ 学校が，学校内外で児童生徒等の安全を守るための取組を効果的
に進めていくためには，学校安全計画を策定し，体制を整備するこ
とが必要である。
⑤ 学校における安全に関する指導は，学校の教育活動全体を通じて
適切に行うこととされている。

(☆☆☆○○○)

【11】〈A群〉a～dは，主な違法薬物名を，〈B群〉ア～エは，それによる
健康への影響と臨床的特徴をそれぞれ説明したものである。A群とB群
の正しい組合せを，あとの①～⑤から一つ選びなさい。
〈A群〉
a 大麻(マリファナ)
b ヘロイン
c LSD
d 覚せい剤
〈B群〉
ア 中枢神経が興奮し，気分が高揚して，疲労がとれたように感じる
が，薬が切れるとその反動で強い疲労感や倦怠感，脱力感が襲って

くる。繰り返し使用することで中枢神経に異常をきたし，幻覚や妄想が現れる。大量に摂取すると死んでしまうことがある。

イ　感覚が異常になり，幻覚や妄想が現れる。乱用を続けていると無気力になる。生殖機能の低下，月経異常を引き起こすとの報告もある。

ウ　落ち着いたような気分を味わうが，薬が切れると嘔吐やけいれんなどの激しい退薬症状(離脱症状)に襲われる。大量に摂取すると，呼吸困難に陥り，死んでしまうこともある。

エ　幻覚が現れる。色彩感覚が麻痺し，空間が歪んだような感覚に襲われる。転落などの事故死の原因になる。

① a－イ　・　b－ウ　・　c－エ　・　d－ア
② a－イ　・　b－ア　・　c－ウ　・　d－エ
③ a－ウ　・　b－イ　・　c－エ　・　d－ア
④ a－エ　・　b－ウ　・　c－ア　・　d－イ
⑤ a－イ　・　b－ア　・　c－エ　・　d－ウ

(☆☆☆◎◎◎)

【12】次のア～オの各文は，生徒指導提要(平成22年文部科学省)「第6章　生徒指導の進め方」「Ⅱ　個別の課題を抱える児童生徒への指導」「第8節　性に関する課題」の一部について述べたものである。各文について，正しいものを○，誤っているものを×としたとき，正しい組合せを，あとの①～⑤から一つ選びなさい。

ア　厚生労働省の「感染症発生動向調査」では，性感染症は，10～29歳の青少年についての年次推移をみると性器クラミジア感染症，淋菌感染症の報告数は平成14年度から年々増加傾向が続いている。

イ　十代の性感染症について，15～19歳の年齢では，女子の感染者の割合が男子よりも多いという特徴がある。平成18年度の状況では淋菌感染症を除いて，性器クラミジア感染症，性器ヘルペス感染症，尖圭コンジローマのそれぞれの報告数は女子が男子の3～4倍となっている。

323

ウ 女子の性感染症，特にヘルペス感染は将来不妊症になる危険性など心身への大きなダメージを受けることになるので，健康教育の推進と併せて，養護教諭の専門性を生かした指導が求められる。

エ 性的虐待や性的被害などに遭遇した児童生徒は，外傷後ストレス障害(PTSD)を引き起こすことも多く，心身に及ぼす影響は深刻なものが多いため，対応が難しい。児童生徒の聞き取りも専門的な技術を要することから，性的虐待が疑われる場合は，早期に専門家に相談することが必要である。その上で，養護教諭，学級担任・ホームルーム担任，学校医，スクールカウンセラーなどが連携し，援助していくとともに，児童相談所や医療機関などと連携して対応に当たることが大切である。

オ 性的虐待や性的被害などに遭った児童生徒に対して，関係者が次々と本人に何度も同じ質問をすることによる二次的被害は避けるよう，最大限の配慮が求められる。

	ア	イ	ウ	エ	オ
①	○	×	○	○	○
②	×	×	×	○	×
③	○	○	○	×	×
④	×	×	○	×	○
⑤	×	○	×	○	○

(☆☆☆☆○○○)

【13】次の文は，食物アレルギーの原因について述べたものである。文中の[ア][イ]に当てはまる語句の正しい組合せを，あとの①〜⑤から一つ選びなさい。

食物アレルギーを引き起こすことが明らかな食品のうち，三大アレルゲンとして知られているのが卵・[ア]・小麦である。また，これら3品目以外に食物アレルギーの症状が重篤なものとしては，そば，[イ]，えび，かにがあげられる。これらの7品目については，食品衛生法施行規則において特定原材料として食品表示が義務付けられている。

	ア	イ
①	大豆	落花生
②	乳	サバ
③	乳	落花生
④	乳	キウイフルーツ
⑤	大豆	サバ

(☆○○○)

【14】次のア～オの各文は，アナフィラキシーについて述べたものである。各文について，正しいものを○，誤っているものを×としたとき，正しい組合せを，あとの①～⑤から一つ選びなさい。

ア　アレルギー反応により，じんましんなどの皮膚症状，腹痛や嘔吐などの消化器症状や呼吸器症状が，複数同時にかつ急激に出現した状態をアナフィラキシーと言い，血圧が低下して意識の低下や脱力を来すような場合を，特にアナフィラキシーショックと言う。

イ　児童生徒に起きるアナフィラキシーの原因のほとんどは食物であるが，それ以外に昆虫刺傷，医薬品，ラテックス(天然ゴム)などが原因となる場合がある。

ウ　アドレナリン自己注射薬「エピペン」を投与するタイミングとしては，アナフィラキシーショック症状が進行する前の初期症状(呼吸困難などの症状が出現したとき)のうちに注射するのが効果的である。

エ　アナフィラキシーショックに対して用いられるアドレナリン自己注射薬「エピペン」のアドレナリンの作用は，もともと人の膵臓から分泌されるホルモンで，主に心臓の働きを強めたり，末梢の血管を収縮させたりして，血圧を上げる作用がある。

オ　運動誘発アナフィラキシーは，昼食後，すぐにサッカーなどの激しい運動をした場合に，じんましんの出現に始まり，咽頭浮腫，喘鳴などの呼吸器症状を伴い，ショック症状を起こすもので，食物と関連が深い。運動だけで起こることはない。

	ア	イ	ウ	エ	オ
①	○	○	○	×	×
②	×	×	○	×	○
③	×	○	×	○	○
④	○	×	○	×	×
⑤	○	○	×	○	×

(☆○○○○)

【15】次のア～オの各文は，応急手当について述べたものである。各文について，正しいものを○，誤っているものを×としたとき，正しい組合せを，あとの①～⑤から一つ選びなさい。

ア　怪我などで出血が多い場合は，迅速かつ適切に止血できないと命の危険がある。止血の方法としては，出血部位にガーゼや布などを当て，直接圧迫する方法(直接圧迫止血法)が有効である。

イ　歯を損傷したとき，歯ぐきからの出血は丸めた綿やティッシュペーパーなどで圧迫して止血する。抜けた歯は歯ぐきに戻さず牛乳に入れて，すみやかに歯科医師の診察を受ける。抜けた歯を持つときは，付け根の部分に触れないようにする。

ウ　やけどに対する冷却は，痛みを和らげ，やけどの深さ，腫れ，感染，そして手術の必要性を減らす。このため，やけどをしたときは氷や氷水で痛みが和らぐまでよく冷やすようにする。やけどの範囲が広い場合は長時間冷やすことが必要である。

エ　医薬品や漂白剤，洗剤などを誤って飲んだときの対応については，飲んだ物質によって異なるが，初期対応として水や牛乳を飲ませ吐かせるとよい。

オ　けいれんしている傷病者については，けいれん中に危険な場所で怪我をするおそれがあることから，体を押さえつけて動かないようにする。また，舌を噛むことを予防するため，口の中へ物を入れるとよい。

	ア	イ	ウ	エ	オ
①	×	×	○	○	×
②	×	○	○	×	○
③	○	×	×	○	○
④	○	○	○	×	×
⑤	○	○	×	×	×

(☆☆○○○○)

【16】次のグラフは，独立行政法人日本スポーツ振興センターが平成23年度中に災害共済給付を行った「負傷・疾病における種類別発生割合」を各学校種ごとに示したものである。グラフのア〜オに当てはまる「負傷・疾病の種類」の正しい組合せを，下の①〜⑤から一つ選びなさい。

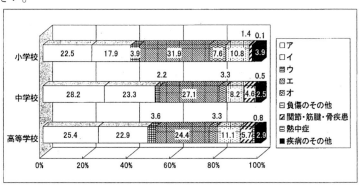

	ア	イ	ウ	エ	オ
①	捻挫	挫傷・打撲	脱臼	骨折	挫創
②	骨折	捻挫	脱臼	挫傷・打撲	挫創
③	捻挫	骨折	挫創	挫傷・打撲	脱臼
④	挫傷・打撲	捻挫	脱臼	骨折	挫創
⑤	骨折	捻挫	挫創	挫傷・打撲	脱臼

(☆☆☆☆○○)

【17】次の①〜⑤の各文は，毒ヘビやハチ(スズメバチ，アシナガバチ)に
よる咬創に対する手当について述べたものである。適切でないものを，
①〜⑤から一つ選びなさい。

① 毒ヘビに咬まれたときは，安静にして，手足を曲げ伸ばしたり走
　ったりしないようにする。

② 毒ヘビの毒素により脱水症状を起こしやすいので，水分を与える。

③ 毒ヘビに咬まれたときは，なるべく早くきず口に口をつけて吸い
　出すことが効果的である。

④ 毒ヘビの毒液が目に入ったときには，すぐに水で洗い流す。

⑤ ハチ(スズメバチ，アシナガバチ)に刺されたときは，針が残って
　いるものは，根元から毛抜きで抜くか，横に払って落とす。針をつ
　かむと，針の中の毒がさらに注入することがある。

(☆◎◎)

【18】〈A群〉a〜cは，学童期によくみられる心臓の疾患名を，〈B群〉ア
〜ウは，その原因や症状をそれぞれ説明したものである。A群とB群の
正しい組合せを，あとの①〜⑤から一つ選びなさい。

〈A群〉

a 心筋症

b 心筋炎

c 感染性心内膜炎

〈B群〉

ア リウマチ熱，ウイルス感染，細菌感染などによって起こる。ウイ
　ルスによるものがもっとも多く，突然死をきたすことがある。特に
　子どもで問題になるのは不顕性のもので，「健康そのものだったの
　に突然死した」というような例も少なくない。この疾患は症状もな
　く，心電図にも異常がないものがある。

イ 敗血症の一種であり，先天性心疾患，手術後の心疾患などに合併
　する。心臓だけでなく，中枢神経，腎臓など種々の臓器が障害され
　る。

ウ　いろいろな原因で起こる疾患である。種類としては，肥大型と拡張型が主である。肥大型には左心室の出口が狭くなっている閉塞性と狭くなっていない非閉塞性とがある。いずれも突然死を起こしやすい。

①　a－ウ　　・　　b－ア
②　a－イ　　・　　b－ア
③　b－ウ　　・　　c－イ
④　a－ウ　　・　　c－ア
⑤　b－イ　　・　　c－ウ

(☆☆☆◎◎)

【19】次の①～⑤の各文は，心臓疾患のある児童生徒に対する学校での生活管理の実際について述べたものである。適切でないものを，①～⑤から一つ選びなさい。

①　学校生活管理指導表における指導区分「D」の目安とは，同年齢の平均的児童生徒にとっての軽い運動では，少し息がはずむものの息苦しくはなく，中等度の運動では動悸や息苦しさを感じるものである。時に起こる軽度の心不全，ごく軽いチアノーゼ，ほぼコントロールされている運動誘発性不整脈などである。

②　選手を目指すものではない運動部(クラブ)への参加もあり得る。記録係など必ずしも強い身体活動を要しない参加であれば，「C」や「D」区分の子どもにも参加の機会を与え，社会性や人間性の育成に役立てることができる。

③　生活指導区分と学校生活管理指導表に則った身体活動指導が求められる。心疾患の管理指導が不十分であったために不慮の心臓性突然死が起こることがないよう努力すべきことは当然であるが，心疾患の病態は年齢や時間の経過によって変化することはないので，日常的に運動や生活の制限を過度に行うことは必要ない。

④　生活管理が必要な場合，本人に何故このような生活が必要なのか理解させ，それを実行しようとする意識を育てることが大切である。そのため，本人に対して主治医(専門医)より専門的な見地から疾病

理解を促し，日常生活を安全に過ごすことができるよう説明を行うことが必要である。

⑤　学校医においては，健康診断の結果から学校生活管理指導表が必要と思われる児童生徒のチェックや指導区分等について学校から相談を受けた時には，指導助言を行うことが必要である。

(☆☆☆☆◎◎)

【20】次のア～オの各文は，風しんについて述べたものである。各文について，正しいものを○，誤っているものを×としたとき，正しい組合せを，下の①～⑤から一つ選びなさい。

ア　風しんの潜伏期間は，主に5～10日で，感染経路は空気感染である。

イ　発熱と同時に発しんに気付く疾患である。発熱は麻しんほど顕著ではないが，バラ色の発しんが全身に出現する。3～5日で消えて治るため，三日はしかとも呼ばれる。

ウ　妊娠早期の妊婦の感染により，胎児が脳，耳，眼，心臓の異常や精神運動発達遅滞を有する先天性風しん症候群を発症することがある。

エ　予防接種は2006年度より，麻しん風しん(MR)混合生ワクチンとして，3歳時に第1期接種，小学校入学後1年以内に第2期定期接種を実施している。

オ　脳炎，血小板減少性紫斑病，関節炎などの合併症がみられることもある。

	ア	イ	ウ	エ	オ
①	×	×	○	○	×
②	×	○	○	×	○
③	×	○	×	○	○
④	○	×	○	×	×
⑤	○	○	×	○	×

(☆☆◎◎◎)

330

【21】次の図は，ヒトの耳の図である。図中の(ア)～(オ)の名称を記入しなさい。ただし，ア～オの名称については，漢字で記入すること。

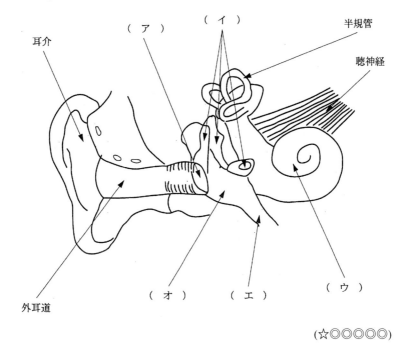

（☆○○○○○）

【22】次の文は，ヒトの歯のしくみについて述べたものであり，次の図は
ヒトの歯の組織図である。文中の（　ア　）〜（　オ　）に当てはまる名称
を記入しなさい。ただし，同じ記号には同じ語句が入る。

　歯肉から出ている歯冠部の表面は，硬い（　ア　）で覆われている。
この（　ア　）はカルシウムを多く含み，体の中で最も硬い組織である。
歯肉の中に埋まっている歯の表面は，（　イ　）で覆われている。（　ア　）
と（　イ　）で覆われている内側には（　ウ　）があり，この（　ウ　）の部
分は，（　ア　）の$\frac{3}{4}$程度の硬さとなっている。そのため，質がもろく，
むし歯などの病変がここまで及ぶと，その後の進行は急に早くな
る。（　ウ　）の内側には，血管と神経が存在する（　エ　）がある。ま
た，歯槽骨に歯を植立する組織を（　オ　）といい，咬み合う歯との接
触・位置関係を調整するクッションの役割を果たし，歯の咀嚼機能を
スムーズにしている。

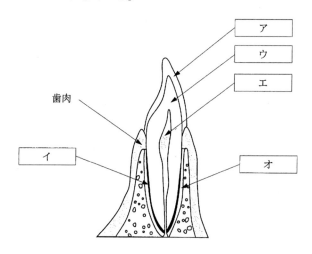

（☆○○○○○）

【23】次の表は，[改訂版]「学校環境衛生管理マニュアル」(平成22年3月文部科学省)「Ⅱ　学校環境衛生基準」「第5　日常における環境衛生に係る学校環境衛生基準」「1　教室等の環境」の検査項目及び基準を示したものである。(A)〜(E)に当てはまる語句または数字を記入しなさい。ただし，同じ記号には同じ語句等が入る。

検　査　項　目	基　　　　準
(1)　換気	(ア)　外部から教室に入ったとき，不快な（ A ）や（ B ）がないこと。 (イ)　換気が適切に行われていること。
(2)　温度	（ C ）℃以上，30℃以下であることが望ましい。
(3)　（ D ）と（ E ）	(ア)　黒板面や机上等の文字，図形等がよく見える（ D ）があること。 (イ)　黒板面，机上面及びその周辺に見え方を邪魔する（ E ）がないこと。 (ウ)　黒板面に光るような箇所がないこと。
(4)　騒音	学習指導のための教師の声等が聞き取りにくいことがないこと。

(☆○○○○○)

【24】次の各文は，学校保健安全法施行規則第18条で定められている，学校において予防すべき感染症の出席停止の期間の基準について述べたものである。文中の(ア)〜(オ)に当てはまる語句を記入しなさい。

・百日咳にあっては，(ア)が消失するまで又は5日間の適正な抗菌性物質製剤による治療が終了するまで。

・麻疹にあっては，解熱後3日を経過するまで。

・流行性耳下腺炎(おたふくかぜ)にあっては，耳下腺，顎下腺又は(イ)が発現した後5日を経過し，かつ，全身状態が良好になるまで。

・風疹にあっては，(ウ)が消失するまで。

・咽頭結膜熱(プール熱)にあっては，主要症状が消退した後2日を経過するまで。

・インフルエンザ(鳥インフルエンザ(H5N1)及び新型インフルエンザ等感染症を除く)にあっては，（　エ　）後5日を経過し，かつ，（　オ　）後2日(幼児にあっては3日)を経過するまで。

(☆☆◎◎◎◎◎)

【25】学校保健安全法第24条に「地方公共団体は，その設置する小学校，中学校，中等教育学校の前期課程又は特別支援学校の小学部若しくは中学部の児童又は生徒が，感染性又は学習に支障を生ずるおそれのある疾病で政令で定めるものにかかり，学校において治療の指示を受けたときは，当該児童又は生徒の保護者で次の各号のいずれかに該当するものに対して，その疾病の治療のための医療に要する費用について必要な援助を行うものとする。」とある。

　　文中の政令(学校保健安全法施行令)で定める疾病をすべてあげなさい。

(☆☆☆☆◎)

【26】捻挫や打撲の応急処置は，RICE処置が用いられているが，RICE処置について下の問いに答えなさい。

(1) RICE処置の効果を3つあげなさい。

(2) RICEの4つの処置方法を，それぞれ日本語で説明しなさい。

(☆☆◎◎◎◎)

解答・解説

【1】④

〈解説〉aの条文は学校保健安全法第5条，bは同法第6条第2項，cは同法第9条，dは同法第18条からである。bは，正しくは「学校の設置者」である。法規類は頻出なのでよく確認しておこう。

【2】①

〈解説〉bは「啓発活動」，dは「地域学校保健委員会の設置」，eは「学校間」が正しい。

【3】⑤

〈解説〉抜粋された部分は，内容としては小学校・中学校・高等学校に共通したものであるので，よく覚えておくこと。

【4】④

〈解説〉健康増進法第1条と第2条からの出題である。aは「高齢化」，cは「栄養」が正しい。

【5】②

〈解説〉aは「体の清潔」，dは「個人差」が正しい。

【6】⑤

〈解説〉学習指導要領は，学校種や学年で特徴があり，それぞれ関連させながらポイントを押さえておく必要がある。

【7】①

〈解説〉aは「要注意」，dは「保有する寄生虫卵の寄生虫名」が正しい。視力や聴力についても「学校保健法施行規則の一部改正等について(通知)」をよく確認しておこう。

【8】④

〈解説〉イは順番が逆であり，エは小学校4・6年及び中・高等学校2学年が正しい。その他の項目の手順も確認しておこう。

【9】④

〈解説〉日本人をはじめ有色人種は白色人種に比べて紫外線の影響が少ない。日焼けは防衛反応ではあるものの，その効果は小さい。また，紫外線ばく露は1日を通して蓄積されていくため，休憩をとっても日焼けは起こる。

【10】③

〈解説〉生活安全・交通安全・災害安全は，総合的に推進されなければならず，教職員の役割分担や地域・家庭との連携により，計画的に進める必要があり，どの項目も重要である。災害安全については，所在する地域の実情に応じて適切な対応に努めることとされている。

【11】①

〈解説〉シンナー等有機溶剤，MDMA，違法ドラッグ(脱法ドラッグ)についても確認しておくとよい。薬物乱用と合わせて，未成年者の飲酒・喫煙の害についても答えられるようにしておこう。

【12】⑤

〈解説〉アは「年々増加傾向」ではなく「減少傾向」，ウは「ヘルペス感染」ではなく「クラミジア感染」が正しい。

【13】 ③

〈解説〉学校での食物アレルギー対策についてもよく出題されるので覚えておこう。「学校のアレルギー疾患に対する取り組みガイドライン」(日本学校保健会)を読むとよい。

【14】 ①

〈解説〉アドレナリンは副腎髄質から分泌される。また，運動誘発アナフィラキシーの症状は「咽頭浮腫」ではなく「喉頭浮腫」である。「食物アレルギーによるアナフィラキシー学校対応マニュアル」(日本小児アレルギー学会)を読んでおくとよい。

【15】 ⑤

〈解説〉やけどの範囲が広い場合は流水で冷やすが，体温が下がりすぎないよう，長時間の冷却は避けるべきである。また，漂白剤や住居用洗剤のような強い酸性又はアルカリ性のものは，粘膜を腐食するため，吐かせてはいけない。さらに，けいれんの際には，口の中へ物を入れると口の中を傷つけたり，窒息の原因になったりすることがある。気道を確保することで，窒息や舌を噛むことを防ぐことができる。

【16】 ②

〈解説〉災害共済給付やその範囲等については，独立行政法人日本スポーツ振興センター法や同法施行令および省令に示されている。

【17】 ③

〈解説〉多くの研究結果から有効でないことが明らかとなり，現在では推奨されていない。専門家でない者が，直接口をつけて対処しようとするのは，処置する側にも感染症等のリスクが考えられるので，避けた方がよい。

【18】①

〈解説〉危険性がある不整脈や突然死の危険性がある心疾患を挙げられる
　　　ようにしておくとよい。

【19】③

〈解説〉心疾患の経過は一様ではなく，成長・発達等によって異なり，個
　　　人差がある。家族，主治医と連絡を密にとり，個々の子どもの病状に
　　　添った対応が必要である。

【20】②

〈解説〉風しんの潜伏期間は14〜23日であり，飛沫感染・接触感染により
　　　感染する。また，予防接種においては，第1期接種は1歳時となってい
　　　る。

【21】ア　鼓膜　　イ　耳小骨　　ウ　蝸牛　　エ　耳管　　オ　中耳腔

〈解説〉解剖学からの出題は多く，基本である。正確に漢字で書けるよう
　　　にし，それぞれのはたらきについても答えられるようにしておくとよ
　　　い。

【22】ア　エナメル質　　イ　セメント質　　ウ　象牙質　　エ　歯髄
　　　オ　歯根膜

〈解説〉健康診断の項目から解剖が出題されることが多い。特に歯につい
　　　ては，保健指導においても重要視されるため，関係する箇所をよく確
　　　認しておこう。

【23】A　刺激　　B　臭気　　C　10　　D　明るさ　　E　まぶしさ

〈解説〉毎授業日に行うもので，検査方法は官能法によるもののほか，学
　　　校環境衛生基準の第1から第4に掲げる方法に準ずるとされている。学
　　　校環境衛生基準の穴埋めは頻出なので，正確に答えられるようにして
　　　おくこと。

【24】ア　特有の咳　　イ　舌下腺の腫脹　　ウ　発疹　　エ　発症した　オ　解熱した

〈解説〉学校において予防すべき感染症は頻出である。第1種，第2種，第3種それぞれにあてはまる感染症を答えさせる問いや，第1種と第3種の出席停止期間を答えさせる問いにも対応できるようにしておくとよい。学校保健安全法施行規則第18条および第19条にそれぞれまとめられている。

【25】トラコーマ，結膜炎，白癬，疥癬，膿痂疹，中耳炎，慢性副鼻腔炎，アデノイド，齲歯，寄生虫病(虫卵保有を含む。)

〈解説〉学校保健安全法施行令第8条に挙げられている。

【26】(1)　　・内出血が抑えられる。　　・腫れが抑えられる。　　・痛みが抑えられる。　　(2)　R：(患部を動かさないで)安静に休む。I：(ビニール袋(氷のう)で)患部を冷やす。　C：(包帯やテーピングで)患部を圧迫する。　E：患部を(心臓より)高く上げる。

〈解説〉(1)　長時間の冷却や固定・圧迫のし過ぎは避けなければならない。　(2)　Rはrest(安静)，Iはice(冷却)，Cはcompression(圧迫)，Eはelevation(拳上)のそれぞれ頭文字である。

●書籍内容の訂正等について

　弊社では教員採用試験対策シリーズ（参考書，過去問，全国まるごと過去問題集），公務員試験対策シリーズ，公立幼稚園・保育士試験対策シリーズ，会社別就職試験対策シリーズについて，正誤表をホームページ（https://www.kyodo-s.jp）に掲載いたします。内容に訂正等，疑問点がございましたら，まずホームページをご確認ください。もし，正誤表に掲載されていない訂正等，疑問点がございましたら，下記項目をご記入の上，以下の送付先までお送りいただくようお願いいたします。

---

① **書籍名，都道府県（学校）名，年度**
　（例：教員採用試験過去問シリーズ　小学校教諭 過去問　2025年度版）
② **ページ数**（書籍に記載されているページ数をご記入ください。）
③ **訂正等，疑問点**（内容は具体的にご記入ください。）
　（例：問題文では"ア〜オの中から選べ"とあるが，選択肢はエまでしかない）

〔ご注意〕

○ 電話での質問や相談等につきましては，受付けておりません。ご注意ください。

○ 正誤表の更新は適宜行います。

○ いただいた疑問点につきましては，当社編集制作部で検討の上，正誤表への反映を決定させていただきます（個別回答は，原則行いませんのであしからずご了承ください）。

●情報提供のお願い

　協同教育研究会では，これから教員採用試験を受験される方々に，より正確な問題を，より多くご提供できるよう情報の収集を行っております。つきましては，教員採用試験に関する次の項目の情報を，以下の送付先までお送りいただけますと幸いでございます。お送りいただきました方には謝礼を差し上げます。
（情報量があまりに少ない場合は，謝礼をご用意できかねる場合があります）。

◆あなたの受験された面接試験，論作文試験の実施方法や質問内容

◆教員採用試験の受験体験記

送付先
○電子メール：edit@kyodo-s.jp
○FAX：03-3233-1233（協同出版株式会社　編集制作部 行）
○郵送：〒101-0054　東京都千代田区神田錦町2-5
　　　　協同出版株式会社　編集制作部 行
○HP：https://kyodo-s.jp/provision（右記のQRコードからもアクセスできます）

　※謝礼をお送りする関係から，いずれの方法でお送りいただく際にも，「お名前」「ご住所」は，必ず明記いただきますよう，よろしくお願い申し上げます。

教員採用試験「過去問」シリーズ

福岡県・福岡市・北九州市の
養護教諭 過去問

編　集	©協同教育研究会
発　行	令和6年2月25日
発行者	小貫　輝雄
発行所	協同出版株式会社
	〒101-0054　東京都千代田区神田錦町2‐5
	電話　03－3295－1341
	振替　東京00190－4－94061
印刷所	協同出版・POD工場

落丁・乱丁はお取り替えいたします。